Genehmigungen bei Betreuung und Bevollmächtigung

AF645076

Genehmigungen bei Betreuung und Bevollmächtigung

Ein Leitfaden mit zahlreichen Fallbeispielen

bearbeitet von

Dr. Szymon Mazur,
Betreuungsrichter am Amtsgericht Fulda

4., vollständig neu bearbeitete Auflage

Reguvis

Bibliografische Information der Deutschen Nationalbibliothek
Die Deutsche Nationalbibliothek verzeichnet diese Publikation in der Deutschen Nationalbibliografie; detaillierte bibliografische Daten sind im Internet über http://dnb.d-nb.de abrufbar.

Reguvis Fachmedien GmbH
Amsterdamer Str. 192
50735 Köln
www.reguvis.de

Beratung und Bestellung:
Tel.: +49 (0) 221 97668-229
Fax: +49 (0) 221 97668-236
E-Mail: familie-betreuung@reguvis.de

ISBN (Print): 978-3-8462-1329-2
ISBN (E-Book): 978-3-8462-1330-8

© 2023 Reguvis Fachmedien GmbH, Amsterdamer Str. 192, 50735 Köln

Alle Rechte vorbehalten. Das Werk einschließlich seiner Teile ist urheberrechtlich geschützt. Jede Verwertung außerhalb der Grenzen des Urheberrechtsgesetzes bedarf der vorherigen Zustimmung des Verlags. Dies gilt auch für die fotomechanische Vervielfältigung (Fotokopie/Mikrokopie) und die Einspeicherung und Verarbeitung in elektronischen Systemen. Hinsichtlich der in diesem Werk ggf. enthaltenen Texte von Normen weisen wir darauf hin, dass rechtsverbindlich allein die amtlich verkündeten Texte sind.

Herstellung: Günter Fabritius
Lektorat: Dorothea Venator
Satz: Cicero Computer GmbH, Bonn
Druck und buchbinderische Verarbeitung: Appel & Klinger Druck und Medien GmbH, Schneckenlohe

Printed in Germany

Vorwort

Am 1.1.2023 ist die Reform des Vormundschafts- und Betreuungsrechts in Kraft getreten. Die mit der Reform einhergehenden Änderungen im Bürgerlichen Gesetzbuch werden als die umfassendsten Änderungen seit dem Inkrafttreten des Bürgerlichen Gesetzbuches am 1.1.1900 bezeichnet.[1]

Die umfassende Reform hat auch auf die Genehmigungsverfahren für Betreuer, Bevollmächtigte und – jetzt neu – auch für die vertretenden Ehegatten nach § 1358 BGB Einfluss. Das künftig in §§ 1773 bis 1813 BGB geregelte Vormundschaftsrecht nimmt die Regelungen der Vermögenssorge im Wesentlichen aus dem Vormundschaftsrecht heraus. Die umfassenden Regelungen zur Vermögenssorge haben nun ihren Standort im Betreuungsrecht. Zwar verweist § 1799 Abs. 1 BGB für die nach dem Vormundschaftsrecht genehmigungsbedürftigen Rechtsgeschäfte auf die §§ 1848 bis 1854 BGB, allerdings dürfen diese durch das Familiengericht nur dann genehmigt werden, wenn die Rechtsgeschäfte den Grundsätzen des § 1798 Abs. 1 BGB nicht widersprechen. Nach diesen muss der Vormund die Vermögenssorge zum Wohl des Mündels unter Berücksichtigung der Grundsätze einer wirtschaftlichen Vermögensverwaltung wahrnehmen. Die Vermögensverwaltung im Betreuungsrecht zielt hingegen auf die Umsetzung des Selbstbestimmungsrechts der betreuten Person. Aus diesem Grund wurden in dieser Neuauflage die Genehmigungserfordernisse im Rahmen der Vormundschaft herausgenommen. Insgesamt wurde das Werk für diese 4. Auflage vollständig neu strukturiert und bearbeitet.

Die **Übersichten in Teil B** ermöglichen Ihnen eine schnelle Orientierung über die genehmigungsbedürftigen Entscheidungen – in alphabetischer Reihenfolge – und zeigen auch den Vergleich zur bisherigen Regelung auf. Auch die Bevollmächtigten und vertretenden Ehegatten können sich in weiteren Übersichten schnell einen Überblick über die für sie relevanten Genehmigungserfordernisse verschaffen.

Teil C befasst sich in einem neuen Aufbau mit den Genehmigungserfordernissen im Rahmen der Personensorge und **Teil D** greift die neue gesetzliche Gliederung der Genehmigungserfordernisse im Rahmen der Vermögenssorge auf. In **Teil E** wird das neu eingeführte Genehmigungserfordernis des Widerrufs einer Vorsorgevollmacht behandelt.

Fulda, Februar 2023

Dr. Szymon Mazur

Hinweis

Gendergerechte Sprache sind Autor und Verlag ein Anliegen. Allein der besseren Lesbarkeit halber wird in diesem Werk das generische Maskulinum verwendet. Alle verwendeten Personenbezeichnungen beziehen sich – sofern nicht anders kenntlich gemacht – auf alle Geschlechter.

---

1 *Schwab*, FamRZ 2020, 1321.

Inhaltsverzeichnis

B
Der Genehmigungsvorbehalt

C
Die Personensorge

D
Die Vermögenssorge

Abkürzungen

Abs.	Absatz
AO	Abgabenordnung
Art.	Artikel
BeckOGK-BGB	Beck-Online- Großkommentar BGB (siehe Literatur, *Gsell/Krüger/Lorenz/Reymann*)
BGB	Bürgerliches Gesetzbuch
BGH	Bundesgerichtshof
BT-Drucks.	Bundestags-Drucksache
BtGB	Betreuungsbehördengesetz
BtKomm	Systematischer Praxiskommentar Betreuungsrecht (siehe Literatur *Doddege/Roth*)
BtOG	Betreuungsorgnisationsgesetz
BtRegV	Betreuungsregistrierungsverordnung
BtPrax	Betreuungsrechtliche Praxis (Zeitschrift)
BudgetV	Budgetverordnung
BWahlG	Bundes-Wahlgesetz
FamRZ	Zeitschrift für das gesamte Familienrecht
FamFG	Gesetz über das Verfahren in Familiensachen und in den Angelegenheiten der freiwilligen Gerichtsbarkeit
FEVG	Gesetz über das gerichtliche Verfahren bei Freiheitsentziehungen
GBO	Grundbuchordnung
GG	Grundgesetz
GNotKG	Gerichts- und Notarkostengesetz
GoA	Geschäftsführung ohne Auftrag
HGB	Handelsgesetzbuch
HK-BUR	Heidelberger Kommentar zum Betreuungs- und Unterbringungsrecht (siehe Literatur *Bauer/Klie/Lütgens/Schwedler*)
h.M.	herrschende Meinung
JVEG	Justizvergütungs und -entschädigungsgesetz
KostO	Kostenordnung
LPartG	Lebenspartnerschaftsgesetz
MüKo	Münchener Kommentar (siehe Literatur *Münchener Kommentar*)
NJW	Neue Juristische Wochenschrift (Zeitschrift)
PsychKG	Gesetz für psychisch Kranke
RPfleger	Der Deutsche Rechtspfleger (Zeitschrift)
RPflG	Rechtspflegergesetz
StGB	Strafgesetzbuch
StPO	Strafprozessordnung
str.	strittig

TPG	Transplantationsgesetz
VBVG	Vormünder- und Betreuervergütungsgesetz
VermG	Vermögensgesetz
VVG	Versicherungsvertragsgesetz
WG	Wechselgesetz
ZPO	Zivilprozessordnung
ZVG	Zwangsvollstreckungsgesetz

Literatur

Bauer/Klie/Lütgens/Schwedler (Hrsg.)	Heidelberger Kommentar zum Betreuungs- und Unterbringungsrecht, Loseblattwerk, Verlag C.F. Müller, Heidelberg (zitiert: HK-BUR)
Bienwald/Sonnenfeld/Harm/Felix/Reh/Reinfarth	Betreuungsrecht. Materielles und Verfahrensrecht – Vergütungsrecht – Betreuungsorganisationsrecht, 7. Auflage, Gieseking Verlag, Bielefeld 2023
Dodegge,/Roth	Systematischer Praxiskommentar Betreuungsrecht, 6. Auflage, Reguvis Fachmedien, Köln 2023
Ellenberger/Bunte (Hrsg.)	Bankrechts-Handbuch, 6. Auflage; Verlag C.H. Beck, München 2022
Gurke/Kießling/Mazur	Ich sehe was, was du nicht siehst … Freier Wille und Zwang bei Menschen mit psychiatrischer Erkrankung, BtPrax 2022, 85 ff.
Gsell/Krüger/Lorenz/Reymann (Hrsg.)	Beck-Online, Großkommentar BGB, Verlag C.H. Beck, München
Joecker, Torsten	Das neue Betreuungsrecht, Einführung – Erläuterungen – Materialien – Schnellübersicht, 2. Auflage, Reguvis Fachmedien, Köln 2023
Jürgens, Andreas (Hrsg.)	Betreuungsrecht. Kommentar, 7. Auflage, Verlag C.H. Beck, München 2023
Keidel (Hrsg.)	FamFG, Gesetz über das Verfahren in Familiensachen und in den Angelegenheiten der freiwilligen Gerichtsbarkeit, 21. Auflage, Verlag C.H. Beck, München 2023
Kersting, Philipp	Nur Wunsch, kein Wohl? – Zu den Pflichten bei der Betreuungsführung nach § 1821 BGB n.F., BtPrax 2021, 203 ff.
Mazur, Szymon	Reform des Betreuungsrechts aus richterlicher Sicht (Teil 1, Teil 2), BtPrax 2021, 128 ff., 168 ff.
Mazur, Szymon	Rechtliche Grundlagen für Fixierungen in Krankenhäusern und Pflegeeinrichtungen, GUP 2019, 121 ff.
Mazur, Szymon	Rechtmäßigkeit der Freiheitsentziehung durch technische Weglaufsperren und Ortungsanlagen, BtPrax 2016, 227 ff.
Münchener Kommentar zum Bürgerlichen Gesetzbuch	BGB, Band 10: Familienrecht II, 8. Auflage, Verlag C.H. Beck, München 2020 (zitiert: MüKo-BGB)
Münchener Kommentar zum FamFG	Münchener Kommentar zum FamFG, 3. Auflage, Verlag C.H. Beck, München 2018 (zitiert: MüKo-FamFG)
Prütting/Helms (Hrsg.)	FamFG, Kommentar, 6. Auflage Verlag Dr. Otto Schmidt, Köln 2022
Schnellenbach/Normann-Scheerer/Giers/Thielke	Betreuungsrecht für die Praxis, Gieseking Verlag, Bielefeld 2023
Wassermann/Kirsch	Zehn Jahre Werdenfelser Weg, BtPrax 2017, 180 ff.

A Einleitung

1 Grundsatz des selbstbestimmten Lebens

Das eigene Leben nach seinen eigenen Wünschen und Vorstellungen zu führen, ist für uns eine Selbstverständlichkeit. Im Rahmen der vorhandenen Gegebenheiten und unserer Möglichkeiten entscheiden wir selbst, was wir machen und wofür wir unser Geld ausgeben. Dabei sind unsere Entscheidungen so unterschiedlich, wie auch wir unterschiedlich sind. Die einen leben gesund und sparsam, die anderen ziehen ein ausgelassenes Leben vor. Dementsprechend fallen auch die einzelnen Entscheidungen im Leben äußerst unterschiedlich aus: Während die einen regelmäßig zum Arzt gehen und alle empfohlenen Therapien wahrnehmen, ziehen die anderen vor, ihre Gesundheitssorge auf das Nötigste zu beschränken; während die einen vorziehen, zurückgezogen allein zu leben, suchen die anderen ein Zusammenleben in Gemeinschaft; während die einen gern sparen und investieren, geben die anderen das vorhandene Geld für „schöne Sachen" aus und „genießen das Leben". Kann man aber eines dieser unterschiedlichen Lebenskonzepte als vernünftig und vorzugswürdig erachten? Klar, jeder wird das Lebenskonzept, mit dem er sich am ehesten identifiziert, als „vernünftig" und „vorzugswürdig" bezeichnen. Und damit wird schon deutlich, dass Bezeichnungen als „vernünftig" oder „zum eigenen Wohl" ebenfalls subjektive Beurteilungen aus der jeweils eigenen Perspektive sind. Um das neue Betreuungsrecht und die daraus resultierenden Pflichten für betreuende und bevollmächtigte Personen richtig zu verstehen, muss man sich dessen bewusst sein.

1.1 Unterstützung tatsächlicher und rechtlicher Art

Wie ist es aber, wenn eine Person aufgrund einer Krankheit oder Behinderung ihr Leben nicht selbstbestimmt führen und damit im Rahmen ihrer Möglichkeiten ihr Leben *nicht* nach ihren Wünschen gestalten kann?[1] In dem Fall bedarf sie einer Unterstützung. Diese Unterstützung kann rein tatsächlicher Art sein. So beispielsweise, wenn jemand mit einem gebrochenen Bein im Bett liegt und eine andere Person darum bittet, für ihn bestimmte Einkäufe zu tätigen, den Briefkasten zu leeren oder zur Post zu gehen.

Oft ist allerdings die Unterstützung tatsächlicher Art nicht ausreichend. Muss beispielsweise aufgrund längerer Erkrankung ein ambulanter Pflegedienst beauftragt werden oder eine Haushaltshilfe gesucht werden und müssen womöglich Anträge auf Kostenübernahme dieser Hilfen gestellt werden, so handelt es sich hierbei um eine Unterstützung rechtlicher Art. Diese Unterstützung kann durch die rechtliche Betreuung geleistet werden, allerdings nur dann, wenn diese rechtliche Unterstützung nicht auf andere Weise erbracht werden kann.

1 Vgl. dazu § 1821 Absatz 2 Satz 1 BGB.

1.2 Sicherstellung der Selbstbestimmung durch Betreuung

Die rechtliche Betreuung soll folglich – genau wie andere Hilfen, die eine rechtliche Betreuung entbehrlich machen können – nicht das Selbstbestimmungsrecht der zu betreuenden Person einschränken, sondern im Gegenteil: Die Person, die infolge einer Krankheit oder Behinderung ihr Selbstbestimmungsrecht nicht voll ausüben kann, soll durch die rechtliche Betreuung in die Lage versetzt werden, aufgrund dieser Unterstützung ein selbstbestimmtes Leben zu führen.

1.3 Sicherstellung der Selbstbestimmung durch Genehmigungserfordernis

In besonders sensiblen Bereichen sieht das Gesetz eine doppelte Absicherung des Selbstbestimmungsrechts vor. Zum einen unterliegt die betreuende oder bevollmächtigte Person der Pflicht, bei ihrer Aufgabenerfüllung das Selbstbestimmungsrecht zu beachten. Dies ergibt sich bei der Betreuung aus § 1821 BGB und der Bevollmächtigung aus der Absprache im Innenverhältnis (dazu näher unten unter 3.1), wobei es durchaus möglich ist, dass in bestimmten Fällen der geäußerte Wunsch nicht beachtet werden darf und dann dem Selbstbestimmungsrecht durch Umsetzung des mutmaßlichen Willens Geltung zu verschaffen ist. Gerade in diesen sensiblen Bereichen der Gesundheitssorge, insbesondere wenn Zwang angewendet werden soll, sieht das Gesetz sowohl für betreuende wie auch für bevollmächtigte Personen bestimmte Genehmigungsvorbehalte vor. Hier soll das Gericht im Rahmen des Genehmigungsverfahrens überprüfen, ob die gesetzlichen Voraussetzungen der vom Betreuer oder Bevollmächtigten beabsichtigten Anordnung vorliegen oder nicht. Ein anderer sensibler Bereich ist der der Vermögenssorge. Hier trifft den Betreuer – nicht den Bevollmächtigten – die Pflicht, vor bestimmten Entscheidungen die Genehmigung des Betreuungsgerichts einzuholen.

2 Betreuerbestellung

Das Betreuungsrecht ist in den §§ 1814 bis 1881 BGB geregelt. Betreuungsrecht ist nur auf volljährige Personen anwendbar. Das Recht der minderjährigen Personen wird durch das Vormundschaftsrecht geregelt.

Vor der Bestellung eines rechtlichen Betreuers prüft das Betreuungsgericht die Voraussetzungen der Betreuung, legt den Umfang der Betreuung fest und wählt schließlich einen geeigneten Betreuer aus. Das Betreuungsverfahren wird entweder durch den **Antrag** der zu betreuenden Person selbst oder **von Amts wegen** eingeleitet. Von Amts wegen bedeutet allerdings nicht, dass das Gericht von sich aus ein Betreuungsverfahren einleitet. Dies geschieht in den allerwenigsten Fällen, in denen das Gericht im Rahmen seiner Tätigkeit in einem anderen Verfahren auf einen möglichen Betreuungsbedarf stößt. In den allermeisten Fällen wird die rechtliche Betreuung durch Anregung Dritter eingeleitet. Das können Familienangehörige, Freunde oder Nachbarn, aber auch die Betreuungsbehörde selbst sein. In allen diesen Fällen unterrichtet das Betreuungsgericht die betroffene Person von der Einleitung des Verfahrens in möglichst adressatengerechter Weise und informiert sie über die Aufgaben eines Betreuers, den möglichen Verlauf des Verfahrens und über die möglichen Kosten des Betreuungsverfahrens (§ 275 Absatz 2 FamFG).

2.1 Voraussetzungen der Betreuung

Bei den Voraussetzungen der Betreuung wird zwischen der subjektiven Betreuungsbedürftigkeit und dem objektiven Betreuungsbedarf unterschieden. Auch ist zu beachten, dass die Betreuung gegenüber anderen, niederschwelligen Unterstützungsmöglichkeiten oder gegenüber der eigenen Vorsorge subsidiär ist.

2.1.1 Betreuungsbedürftigkeit

§ 1814 Absatz 1 BGB beschreibt die Voraussetzung der rechtlichen Betreuung wie folgt:

> „Kann ein Volljähriger seine Angelegenheiten ganz oder teilweise rechtlich nicht besorgen und beruht dies auf einer Krankheit oder Behinderung, so bestellt das Betreuungsgericht für ihn einen rechtlichen Betreuer (Betreuer)."

Damit steht als Voraussetzung der rechtlichen Betreuung das persönliche Unvermögen, die eigenen Angelegenheiten ganz oder teilweise rechtlich besorgen zu können, an erster Stelle. Dieses Unvermögen muss allerdings zwingend seine Ursache in einer Krankheit oder Behinderung haben. Kann eine Person beispielsweise ihre Angelegenheiten nicht erledigen, weil sie weder lesen noch schreiben kann, und ist dieses Unvermögen in der eigenen Biografie begründet, nicht jedoch in einer Krankheit oder Behinderung, so besteht die Voraussetzung einer rechtlichen Betreuung nicht.

Fallbeispiel

Die Person P kommt aus einem Land, in welchem sie nie die Möglichkeit hatte, eine Schule zu besuchen.

Lösung:

Hier beruht dieses Unvermögen auf den biografischen Gegebenheiten, nicht jedoch auf einer Krankheit oder Behinderung. Freilich bedarf die Person einer Unterstützung, allerdings ist das Betreuungsrecht nicht die einschlägige Unterstützungsmöglichkeit. Würde das Unvermögen des Lesens und Schreibens allerdings auf einer angeborenen Intelligenzminderung beruhen, so würde dies eine Behinderung darstellen, mit der Folge, dass zumindest eine subjektive Betreuungsbedürftigkeit hier zu bejahen wäre. In dieser zweiten Konstellation wäre die Person aufgrund ihrer Intelligenzminderung – also Behinderung – nicht in der Lage, bestimmte Angelegenheiten selbst zu besorgen. Es bestände somit eine Betreuungsbedürftigkeit.

2.1.2 Betreuungsbedarf

Nicht jede Betreuungsbedürftigkeit führt allerdings zur Bestellung eines rechtlichen Betreuers. Zunächst einmal muss neben der subjektiven Betreuungsbedürftigkeit auch ein objektiver Betreuungsbedarf bestehen. Mit anderen Worten, es müssen zumindest in der nahen Zukunft Angelegenheiten überhaupt besorgt werden müssen. Wenn es folglich, das obere Beispiel aufgreifend, überhaupt keinen Bedarf gibt, eine Angelegenheit durch Lesen oder Schreiben zu erledigen, beispielsweise weil gar keine Anträge gestellt und keine Schreiben bearbeitet werden müssen, so besteht zwar eine subjektive Betreuungsbedürftigkeit, aber zumindest derzeit kein objektiver Betreuungsbedarf. So kann gemäß § 1814 Absatz 3 BGB ein Betreuer nur dann bestellt werden, wenn dies auch erforderlich ist.

2.1.3 Subsidiarität der rechtlichen Betreuung

Die Erforderlichkeit setzt nicht nur voraus, dass eine bestimmte Angelegenheit jetzt oder in naher Zukunft voraussichtlich besorgt werden muss, sondern darüber hinaus, dass es keine anderen Möglichkeiten der Erledigung jener Angelegenheit gibt. § 1814 Absatz 3 BGB zählt zwei dieser Möglichkeiten explizit auf, allerdings ist diese Aufzählung nicht abschließend.

Eine Angelegenheit kann auch rechtlich besorgt werden durch:

- eine bevollmächtigte Person,
- andere Hilfen, die auf sozialen Rechten oder anderen Vorschriften beruhen,
- das Notvertretungsrecht der Ehegatten gemäß § 1358 BGB.

2.2 Umfang der Betreuung

Der Umfang der Betreuung bestimmt die Befugnis des rechtlichen Betreuers zum Tätigwerden. Er legt fest, in welchen Bereichen der Betreuer tätig werden *kann*. Ob er im Innenverhältnis zu seiner betreuten Person auch tätig werden *darf*, richtet sich dann nach § 1821 BGB (siehe dazu unten 3.2).

2.2.1 Aufgabenkreis

Anders als vor der Reform des Betreuungsrechts muss das Betreuungsgericht den Umfang der Betreuung durch die Festlegung eines oder mehrerer Aufgabenbereiche, welche im Einzelnen angeordnet werden müssen (§ 1815 Absatz 1 BGB), bestimmen. Die Anordnung des Aufgabenkreises *„alle Angelegenheiten"* ist damit unzulässig.

Das Gesetz spricht auch von dem Aufgaben**kreis** als dem Umfang der Betreuung, welcher aus einem oder mehreren Aufgaben**bereichen** besteht. Die Übertragung des einen oder mehrerer Aufgabenbereiche richtet sich nach der tatsächlichen Erforderlichkeit, denn gemäß § 1815 Absatz 1 Satz 3 BGB kann ein Aufgabenbereich nur angeordnet werden, *„**wenn** und **soweit** dessen rechtliche Wahrnehmung durch einen Betreuer erforderlich ist"*. Nehmen die Gerichte diesen engen Erforderlichkeitsgrundsatz ernst, werden sie künftig die einzelnen Aufgabenbereiche enger fassen müssen.[2]

Aber nicht nur die Aufgabenbereiche sind eng zu fassen. Bestimmte Angelegenheiten darf der Betreuer nur dann erledigen und die dazugehörigen Entscheidungen nur dann treffen,

2 Näher dazu *Mazur*, BtPrax 2021, 168 f.

wenn ihm bestimmte **Bereiche ausdrücklich übertragen** worden sind. Dabei wurde die Liste der ausdrücklich zu übertragenen Aufgabenbereiche im § 1815 Absatz 2 BGB erheblich erweitert. Damit müssen dem Betreuer folgende Bereiche ausdrücklich übertragen worden sein, damit er in diesen Bereichen Entscheidungen treffen darf:

- eine mit Freiheitsentziehung verbundene Unterbringung des Betreuten nach § 1831 Absatz BGB,
- eine freiheitsentziehende Maßnahme im Sinne des § 1831 Absatz 4 BGB, unabhängig davon, wo der Betreute sich aufhält,
- die Bestimmung des gewöhnlichen Aufenthalts des Betreuten im Ausland,
- die Bestimmung des Umgangs des Betreuten,
- die Entscheidung über die Telekommunikation des Betreuten einschließlich seiner elektronischen Kommunikation,
- die Entscheidung über die Entgegennahme, das Öffnen und das Anhalten der Post des Betreuten.

2.2.2 Relevanz für das Genehmigungsverfahren

Das Erfordernis der ausdrücklichen Übertragung bestimmter Aufgabenbereiche ist auch für das Genehmigungsverfahren von erheblicher Bedeutung. Möchte der Betreuer eine Entscheidung treffen, die der Genehmigung des Betreuungsgerichts bedarf, muss er vor der Beantragung dieser Genehmigung prüfen, ob die beabsichtigte Entscheidung überhaupt in seinen Aufgabenkreis fällt. Ist dies nicht der Fall, so muss er das dem Betreuungsgericht möglichst frühzeitig mitteilen (§ 1864 Absatz 2 Nr. 3 BGB). Zu beachten ist hierbei, dass für die Genehmigungen im Bereich der Vermögenssorge funktionell der Rechtspfleger zuständig ist, für die Erweiterung des Aufgabenkreises allerdings der Richter. Auch die erforderliche Verfahrensdauer des Erweiterungsverfahrens – inklusive der möglicherweise erforderlichen erneuten Begutachtung und persönlichen Anhörung – soll hierbei beachtet werden.

2.2.3 Personensorge

Der Aufgabenbereich der „Personensorge" wird in dieser Form – wenn überhaupt – äußerst selten angeordnet. Auch könnten die Befugnisse des Betreuers aufgrund dieses Aufgabenbereichs nicht eindeutig bestimmt werden.[3] In der Praxis werden daher Teile der Personensorge in dem Aufgabenkreis einzeln aufgezählt. Dazu gehören üblicherweise die **Gesundheitssorge und das Aufenthaltsbestimmungsrecht**. Beide Bereiche können selbstverständlich auch enger gefasst werden, sodass beispielsweise das Aufenthaltsbestimmungsrecht nur zur zeitlich begrenzten Regelung des Aufenthalts oder zur Bestimmung des Aufenthalts nur in bestimmten Bereichen – beispielsweise im Rahmen der Gesundheitssorge – übertragen wird und damit die Befugnis zur Begründung eines neuen – dauerhaften – Wohnsitzes ausgeschlossen wird.

3 *Braun,* in: HK-BUR, § 293 FamFG, Rn. 13.

Für das Genehmigungserfordernis ist auch hier zu beachten, dass bestimmte Bereiche ausdrücklich übertragen sein müssen. So kann der Betreuer mit dem Aufgabenbereich der Gesundheitssorge eine Genehmigung einer gefährlichen ärztlichen Maßnahme nach § 1829 BGB beantragen. Von manchen Gerichten wird allerdings verlangt, dass neben der Gesundheitssorge auch der Aufgabenbereich der Zustimmung zu ärztlichen Heilbehandlungen übertragen sein muss, um in eine solche Heilbehandlung einwilligen zu können.

Entgegen der früheren Rechtspraxis reicht der Aufgabenbereich der Gesundheitssorge und Aufenthaltsbestimmung allerdings nicht mehr aus, um eine Anordnung in eine **freiheitsentziehende Unterbringung oder freiheitsentziehende Maßnahme nach** § 1831 BGB zu treffen. Beide Bereiche müssen gemäß § 1815 Absatz 2 Nr. 1 und 2 BGB ausdrücklich dem Betreuer übertragen werden. Allerdings gibt es eine Übergangsvorschrift in Art. 229 § 54 EGBGB, wonach bis (längstens) zum 1.1.2028 die ausdrückliche Aufzählung nach § 1815 Absatz 2 BGB für Altverfahren – also Betreuerbestellungen vor dem 1.1.2023 – keine Anwendung findet, wobei bei der nächsten Entscheidung über die Aufhebung oder Verlängerung der Betreuung oder im Rahmen eines gerichtlichen Genehmigungsverfahrens nach § 1831 Absatz 2 BGB das Betreuungsgericht über den Aufgabenkreis nach Maßgabe des § 1815 Absatz 2 BGB zu entscheiden hat.

2.2.4 Vermögenssorge

Der Begriff der Vermögenssorge wird im Gesetz nicht näher definiert. Gemeint ist damit die Regelung aller finanziellen Angelegenheiten. Auch hier kann der Aufgabenbereich anders benannt werden – beispielsweise *„Regelung finanzieller Angelegenheiten"* – oder in seinem Umfang begrenzt werden. Möglich ist demnach die Beschränkung auf die Vermögensverwaltung oder, noch näher beschränkt, auf die Verwaltung einer bestimmten Immobilie. Üblich ist auch die Begrenzung auf die Schuldenregulierung, Geltendmachung einzelner spezifischer Forderungen oder Unterhaltszahlungen.

Wurde dem Betreuer der Bereich der Vermögenssorge als solches übertragen, ist er verpflichtet, alle finanziellen Angelegenheiten der betreuten Person zu regeln. Dazu gehören zu Beginn die Ermittlung des Vermögens und die Erstellung eines entsprechenden Vermögensverzeichnisses (§ 1835 BGB). Im Laufe der Betreuung gehören dazu die Vermögensverwaltung, die Erfüllung steuerlicher Pflichten, die Durchsetzung bestehender Forderungen und der Schutz des Vermögens vor dem Zugriff Dritter. Auch die jährliche Berichts- und Rechnungslegungspflicht gehört hierzu (§§ 1863 bis 1865 BGB).

Vor der Einholung einer Genehmigung muss auch hier der Betreuer stets beachten, ob die beabsichtigte, genehmigungsbedürftige Entscheidung von seinem Aufgabenkreis umfasst ist. Ist beispielsweise als Aufgabenbereich die Verwaltung einer bestimmten Immobilie übertragen worden, so dürfte die Veräußerung derselben zur Finanzierung des Lebensunterhalts des Betreuten davon nicht umfasst sein. Denn Verwaltung ist nicht Veräußerung. Hier müsste eine Erweiterung des Aufgabenkreises des Betreuers erfolgen, bevor dann die Genehmigung der Veräußerung erteilt wird.

Praxistipp

▶ *Da das Betreuungsgericht auch Beratungspflichten (§ 1861 BGB) treffen, empfiehlt es sich, frühzeitig mit dem Betreuungsgericht Kontakt aufzunehmen, um abzuklären, ob die benötigte Genehmigung möglicherweise erteilt wird. Ist bereits von vornherein klar, dass die beabsichtigte Genehmigung nicht erteilt werden kann, so bedarf es auch keiner Erweiterung des Aufgabenkreises.*

2.2.5 Vermögens- und Personensorge

Eine klare Trennung zwischen der Personensorge und der Vermögenssorge ist nicht immer möglich, aber auch nicht notwendig. Viele Bereiche haben **Bestandteile sowohl der Personensorge wie auch der Vermögenssorge**. Der Bereich der Organisation ambulanter Hilfen beinhaltet klar den Bereich der Vermögenssorge, wenn es darum geht, Pflegeleistungen bei der zuständigen Versicherung geltend zu machen. Die nähere Ausgestaltung der ambulanten Hilfen, die beispielsweise sicherstellen soll, dass eine weitere häusliche Versorgung möglich ist, ist ein Teil der Personensorge. Beim Bereich der Wohnungsangelegenheiten ist die Beurteilung ebenfalls schwierig. Die Befugnis zur Aufgabe des vom Betreuten bewohnten Wohnraums ist Teil der Personensorge (§ 1833 BGB), die Kündigung des Mietverhältnisses und der Abschluss eines neuen Vertrages berühren aber auch Teile der Vermögenssorge.

Damit ist eine klare Trennung zwischen dem Bereich der Personensorge und der Vermögenssorge nicht immer ganz klar. Sie ist meistens auch nicht erforderlich. Allerdings sollte klar sein, dass die Personenangelegenheiten nach den Vorschriften der §§ 1827 bis 1834 BGB zu besorgen sind und die Vermögensangelegenheiten nach den Vorschriften der §§ 1835 bis 1854 BGB.

Für ein mögliches Genehmigungsverfahren bedeutet das konkret, dass geprüft werden muss, ob eine bestimmte Maßnahme nach den Vorschriften der Personenangelegenheiten oder den der Vermögensangelegenheiten genehmigungsbedürftig ist. Beabsichtigt der Betreuer die von seiner betreuten Person selbst genutzte Immobilie zu veräußern – beispielsweise um einen künftigen Platz in einer Einrichtung finanzieren zu können –, so bestimmt sich die Genehmigung der Veräußerung des Wohnraums zum einen nach § 1833 Absatz 3 Nr. 4 BGB – also Personenangelegenheit – und zum anderen nach § 1850 Nr. 1 BGB – also Vermögensangelegenheit.

Auch hat bei der Genehmigung ein und derselben Veräußerung das Betreuungsgericht zwei unterschiedliche Prüfungsschwerpunkte. Zum einen wird das Gericht zu prüfen haben, ob die mit der Veräußerung einhergehende Aufgabe des Wohnraums den Wünschen der betreuten Person entspricht oder ein Ausnahmefall nach § 1821 Absatz 3 BGB vorliegt, sodass dem mutmaßlichen Willen zu folgen ist (§ 1833 Absatz 1 i.V.m. § 1821 BGB). Zum anderen wird das Gericht im Rahmen der Veräußerung aber schauen, ob die Veräußerung im Rahmen der Vermögensverwaltung zu beanstanden ist, wenn beispielsweise der Veräußerungserlös deutlich unter dem Marktwert liegen sollte.

2.3 Betreuerauswahl

Das Betreuungsgericht darf eine Person zum Betreuer nur dann bestellen, wenn diese geeignet und zuverlässig ist. Dies hat der ehrenamtliche Betreuer gegenüber der Betreuungsbehörde durch Vorlage eines Führungszeugnisses und der Auskunft aus dem zentralen Schuldnerverzeichnis nachzuweisen. Des Weiteren enthält § 1816 Absatz 6 BGB eine – wenn auch widerlegbare – Vermutung für die fehlende persönliche Eignung bei Personen, die zu einem Träger von Einrichtungen oder Diensten, der in der Versorgung des Betreuten tätig ist, in einem Abhängigkeitsverhältnis oder in einer anderen engen Beziehung stehen. Damit soll Interessenkonflikten zwischen dem Arbeitgeber bzw. Auftraggeber und der Pflicht der Wahrnehmung der Angelegenheiten gegenüber der betreuten Person vorgebeugt werden. So kann beispielsweise ein Pfleger, der in derselben Einrichtung tätig ist, in der die betreute Person wohnt, generell nicht die Betreuung übernehmen.

Im Übrigen sieht das Betreuungsrecht einen Vorrang bestimmter Betreuer gegenüber anderen.

2.3.1 Von der zu betreuenden Person gewünschter Betreuer

Aus einem möglichen Pool an Personen, die potenziell die Betreuung übernehmen könnten, hat das Betreuungsgericht stets die Person zu bestellen, die sich die zu betreuende Person wünscht. Dabei hat das Betreuungsgericht keinen Ermessensspielraum. Lediglich wenn es feststellt, dass die gewünschte Person nicht geeignet ist, die Betreuung zu übernehmen, ist es an den Wunsch der zu betreuenden Person nicht gebunden.

Nicht geklärt ist die Konstellation, wenn die zu betreuende Person sich die Bestellung eines beruflichen Betreuers (im Folgenden auch: Berufsbetreuer) wünscht, gleichzeitig aber ehrenamtliche Personen, die geeignet wären, ebenfalls zur Verfügung stehen würden. Generell soll nach § 1817 Absatz 5 BGB ein **beruflicher Betreuer** nur dann bestellt werden, wenn **kein geeigneter ehrenamtlicher Betreuer** zur Verfügung steht. Dies widerspricht allerdings der Regelung des § 1816 Absatz 2 BGB. Dem klaren Wortlaut des Absatz 2 folgend („*ist* [...] zu entsprechen") dürfte der Wunsch der zu betreuenden Person gegenüber der *Soll*vorschrift des Absatz 5 vorrangig sein.[4]

Übrigens ist es unerheblich, ob der Wunsch gegenwärtig geäußert wird oder früher geäußert wurde, es sei denn, dass die zu betreuende Person an jenem früheren Wunsch erkennbar nicht mehr festhalten will. Zu solchen früher geäußerten Wünschen gehören auch die Festlegungen in einer Betreuungsverfügung. Damit hat jeder, der sich im Besitz solch einer Betreuungsverfügung befindet, bei Kenntnis der Einleitung eines Betreuungsverfahrens diese dem Betreuungsgericht zu übermitteln (§ 1816 Absatz 2 Satz 4 BGB). Ob die zu betreuende Person an dem früher geäußerten Wunsch noch festhalten möchte, kann einerseits durch die Betreuungsbehörde im Rahmen ihrer Pflicht zur Erstellung eines Sozialberichts oder durch das Gericht im Rahmen der persönlichen Anhörung ermittelt werden, ferner – in dem Fall, in dem die zu betreuende Person diesen Willen nicht mehr äußern kann – durch weitere Anhaltspunkte. Hat die zu betreuende Person den Wunsch geäußert,

4 Vgl. a.A. BT-Drucks. 19/24445, S. 239.

durch ihren Ehegatten vertreten zu werden, spricht ein in der Zwischenzeit eingetretenes Zerwürfnis zwischen den beiden Personen – womöglich verbunden mit einer streitigen Scheidung – erkennbar dagegen, dass die zu betreuende Person an jenem Wunsch nach wie vor noch festhalten möchte.

2.3.2 Ehrenamtlicher Angehörigenbetreuer

Wenn die zu betreuende Person keinen Vorschlag unterbreitet oder die vorgeschlagene Person ungeeignet ist, muss das Gericht eine andere Person zum Betreuer bestellen. Hierbei ist allerdings zu beachten, dass gegen den freien Willen der zu betreuenden Person kein Betreuer bestellt werden darf (§ 1814 Absatz 2 BGB). Das bedeutet in letzter Konsequenz, dass, wenn die zur freien Willensbildung befähigte zu betreuende Person an ihrem Wunsch festhält und eine andere Person als Betreuer ablehnt und das Gericht eine ungeeignete Person unter keinen Umständen zum Betreuer bestellen darf, durch das Betreuungsgericht gar kein Betreuer bestellt wird.

Liegt kein beachtlicher Wunsch der zu betreuenden Person vor, muss das Betreuungsgericht zunächst einmal bei der Auswahl des Betreuers die **familiären Beziehungen** der zu betreuenden Person, insbesondere zum Ehegatten, Eltern bzw. Kindern und die persönliche Bindung zu diesen oder anderen Bezugspersonen, wie Freunden, beachten. Gleichzeitig muss allerdings das Betreuungsgericht auch die Gefahr von Interessenkollisionen beachten. Diese Gefahr der Interessenkollision darf aber nicht überspannt werden. So kann nicht generell bei Kindern der zu betreuenden Person von einer Gefahr der Interessenkollision ausgegangen werden, nur weil sie später als potenzielle Erben in Betracht kommen. Solch ein Interessenkonflikt liegt aber im Bereich der Vermögenssorge vor, wenn der Sohn der zu Betreuenden alleiniger Geschäftsführer einer GmbH ist und die zu betreuende Person alleinige Gesellschafterin jener GmbH ist. Hier kann der Sohn nicht als gesetzlicher Vertreter der alleinigen Gesellschafterin Kontrolle über seine eigene Tätigkeit ausüben.[5]

Stehen folglich mehrere Personen aus dem familiären Umfeld und aus dem Freundeskreis der zu betreuenden Person zur Verfügung, soll diejenige Person ausgewählt werden, die die engste Bindung hat und auch am besten in der Lage ist, den persönlichen Kontakt zu halten, sowie am besten in der Lage ist, die Wünsche der zu betreuenden Person umzusetzen. Ebenfalls zu beachten ist, dass zwar generell eine Übernahmepflicht der Betreuung besteht, anderseits die ausgewählte Person erst dann zum Betreuer bestellt werden darf, wenn sie sich zur Übernahme der Betreuung bereit erklärt hat (§ 1819 Absatz 1 und 2 BGB).

2.3.3 Ehrenamtlicher Fremdbetreuer

Unter einem ehrenamtlichen Fremdbetreuer versteht man eine Person, die keine familiäre Beziehung oder persönliche Bindung zu der zu betreuenden Person hat. Diese Person soll allerdings nur dann zum ehrenamtlichen Betreuer bestellt werden, wenn sie mit einem Betreuungsverein oder mit der Betreuungsbehörde eine **Vereinbarung über eine Begleitung und Unterstützung** nach § 15 Absatz 1 oder § 5 Absatz 2 Satz 3 BtOG geschlossen

5 BGH, BtPrax 2021, 114.

hat. Der Abschluss der Vereinbarung über Begleitung und Unterstützung soll die Qualität der rechtlichen Betreuung sichern. Während die beruflichen Betreuer einen Nachweis über ihre Sachkunde, die sie zur Führung einer Betreuung qualifiziert, erbringen müssen, besteht solch eine Verpflichtung für die ehrenamtlichen Betreuer nicht. Daher *können* die ehrenamtlichen Angehörigenbetreuer und *sollen* die ehrenamtlichen Fremdbetreuer solch eine Vereinbarung abschließen (§ 22 BtOG).

2.3.4 Beruflicher Betreuer

Erst wenn kein ehrenamtlicher Betreuer zur Verfügung steht, soll gemäß § 1816 Absatz 5 BGB ein beruflicher Betreuer bestellt werden. Das Gesetz definiert nun den beruflichen Betreuer in § 19 Absatz 2 BtOG. Demnach sind berufliche Betreuer natürliche Personen, die **selbstständig oder als Mitarbeiter eines anerkannten Betreuungsvereins** rechtliche Betreuungen führen. Damit sind berufliche Betreuer sowohl die selbstständigen Berufsbetreuer wie auch die nach § 24 BtOG bzw. 32 BtOG registrierten Vereinsbetreuer. Das Gesetz präferiert hier also die Wahl einer **natürlichen Person** als Betreuer. Die Person kann durchaus Mitarbeiter eines Betreuungsvereins sein, soll aber namentlich persönlich bestellt werden.

Sowohl der selbstständige Berufsbetreuer wie auch der Vereinsbetreuer müssen beide nach § 24 BtOG registriert sein, um als berufliche Betreuer bestellt werden zu können. Für berufliche Betreuer, die vor dem Inkrafttreten der Betreuungsrechtsreform am 1.1.2023 bereits berufsmäßig Betreuungen geführt haben, enthält § 32 BtOG eine Übergangsvorschrift. Im Rahmen der **Registrierung** wird die Eignung und Zuverlässigkeit des Betreuers geprüft. Insbesondere hat der berufliche Betreuer die erforderliche Sachkunde, also die Kenntnisse des Betreuungs- und Unterbringungsrechts, der sozialrechtlichen Unterstützungssysteme, aber auch der Kommunikation mit Personen mit Erkrankungen und Behinderungen sowie Methoden der unterstützten Entscheidungsfindung, nachzuweisen. Näheres ist in der Betreuungsregistrierungsverordnung (BtRegV)[6] geregelt.

2.3.5 Betreuungsvereine

Das Betreuungsgericht kann auch einen Betreuungsverein selbst zum Betreuer bestellen. Dies erfolgt mit Einwilligung des Betreuungsvereins, wenn die zu betreuende Person das wünscht oder wenn sie durch eine oder mehrere natürliche Personen nicht hinreichend betreut werden kann. Der zweite Fall kommt in der Praxis nahezu nicht vor. Denn wenn es vor Ort einen Betreuungsverein gibt, werden meistens auch Mitarbeiter des Betreuungsvereins, die bereits registriert sind und die Betreuungen beruflich führen, zur Verfügung stehen. Inwiefern von der ab dem 1.1.2023 bestehenden Möglichkeit der Bestellung eines Betreuungsvereins auf Wunsch der zu betreuenden Person in der Praxis Gebrauch gemacht wird, bleibt abzuwarten. Es ist allerdings durchaus denkbar, dass insbesondere die zu betreuenden Personen, die Mitglieder eines bestimmten Vereins, z.B. eines Sozialverbandes sind, und dieser Verein auch ein anerkannter Betreuungsverein ist, sich die Betreuung durch ebendiesen Verein, dem sie angehören, wünschen.

6 Vom 13.7.2022 (BGBl. I S. 1154).

2.3.6 Betreuungsbehörde

Als allerletzter Notanker kann auch die Betreuungsbehörde zum Betreuer bestellt werden. Dies allerdings nur, wenn keine natürliche Person und kein Betreuungsverein bestellt werden kann (§ 1818 Absatz 4 BGB). In der Praxis spielt diese Norm kaum eine Rolle. In Betracht kommt die Bestellung der Betreuungsbehörde beispielsweise bei einer sehr vermögenden Person, bei der es viel Streit um das Vermögen gibt und damit gegenüber den Betreuern erhebliche Haftungsprobleme in Betracht kommen, welche durch ihre jeweiligen Haftpflichtversicherungen von der Deckungssumme nicht gedeckt sind, und die potenziellen beruflichen Betreuer sowie Betreuungsvereine sich aus diesem Grund mit der Übernahme der Betreuung nicht einverstanden erklären und außer diesen Personen kein geeigneter ehrenamtlicher Betreuer zur Verfügung steht.

2.4 Mehrere Betreuer

Zu einer besseren Ausübung der Betreuung kann es durchaus erforderlich sein, dass mehrere Betreuer sich dieses Amt teilen.

2.4.1 Mehrere ehrenamtliche Betreuer

Gemäß § 1817 Absatz 1 BGB kann das Betreuungsgericht auch mehrere Betreuer bestellen, wenn die Angelegenheiten des Betreuten hierdurch besser besorgt werden können. Diese Konstellation gilt allerdings nicht für die beruflichen Betreuer. Bei der Bestellung mehrerer (ehrenamtlicher) Betreuer ergeben sich verschiedene denkbare Konstellationen:

- So können mehrere **Betreuer mit unterschiedlichen Aufgabenbereichen** bestellt werden. Es ist in der Praxis durchaus üblich, dass eine Mutter im fortgeschrittenen Alter einer zu betreuenden Person mit geistiger Behinderung bereit ist, die Personensorge, insbesondere Gesundheitssorge auszuüben, sich aber mit den „bürokratischen" Aufgaben überfordert fühlt. Hier kann ein weiterer Verwandter der zu betreuenden Person bestellt werden, dem die Vermögensverwaltung nichts ausmacht, der auch die Möglichkeit hat, die Angelegenheiten mit der betreuten Person stets zu besprechen, jedoch beispielsweise aus beruflichen Gründen zur Ausübung der anderen Aufgabenbereiche nicht in der Lage ist.
- Die weitere Konstellation ist, dass beide Betreuer die **Betreuung mit demselben Aufgabenkreis** übernehmen. Hier sieht allerdings das Gesetz vor, dass – soweit nichts anderes bestimmt ist – die Betreuer diese Angelegenheiten des Betreuten nur gemeinsam besorgen können (§ 1817 Absatz 3 BGB). Das bedeutet, dass die zu treffenden Entscheidungen gemeinsam getroffen werden müssen. Muss eine Genehmigung des Betreuungsgerichts eingeholt werden, so müssten beide Betreuer gemeinsam dies wünschen. Zwar kennen Eltern von gerade erwachsen gewordenen Betreuten diese Konstellation, weil sie der regelmäßigen Ausübung des Sorgerechts durch beide Eltern entspricht, gleichwohl ist diese gemeinsame Ausübung des Vertretungsrechts in der Praxis oft mühsam.
- Die dritte Konstellation betrifft die Möglichkeit der Bestellung beider Betreuer mit demselben Aufgabenkreis und der ausdrücklichen Anordnung, dass beide jeweils einzeln

zur Ausübung der Betreuung befugt sind. In dieser Konstellation ist jeder Betreuer für sich vertretungsbefugt und kann die Entscheidung zumindest nach außen allein treffen. Hier liegt die Gefahr von konträren Entscheidungen durch beide Betreuer, die jeweils für sich wirksam sind, auf der Hand. Deshalb sollte diese Konstellation in der Praxis nach Möglichkeit vermieden werden.

2.4.2 Verhinderungsbetreuer

Gemäß § 1817 Absatz 3 BGB kann das Betreuungsgericht auch vorsorglich einen sogenannten Verhinderungsbetreuer oder Ersatzbetreuer bestellen, der die Angelegenheiten der zu betreuenden Person dann besorgen soll, wenn der Betreuer aus **tatsächlichen Gründen** verhindert ist. Hier kann auch ein Berufsbetreuer zum Verhinderungsbetreuer bestellt werden, und zwar auch dann, wenn die Betreuung durch einen anderen Berufsbetreuer ausgeübt wird. Als Verhinderungsbetreuer kann auch ein Betreuungsverein bestellt werden, ohne dass die strengen Voraussetzungen, die für die Bestellung des Betreuungsvereins zum Hauptbetreuer gelten, hier erfüllt sein müssten. In der Praxis ist es üblich, einen Mitarbeiter des Betreuungsvereins als beruflichen Betreuer zu bestellen und den Betreuungsverein als Verhinderungsbetreuer. So kann eine durchgehende Betreuung sichergestellt werden. Im Zusammenhang mit dem Abschluss einer Vereinbarung über eine Begleitung und Unterstützung eines ehrenamtlichen Betreuers mit einem Betreuungsverein bietet sich auch hier die Bestellung des Betreuungsvereins als Verhinderungsbetreuer an. So kann insbesondere bei ehrenamtlichen Fremdbetreuern – aber auch bei Angehörigenbetreuern, die solch eine Vereinbarung abgeschlossen haben – sichergestellt werden, dass während ihrer Urlaubsabwesenheit oder im Krankheitsfall eine durchgehende Betreuung sichergestellt ist. Bei selbstständigen Berufsbetreuern bietet sich die gleichzeitige Bestellung eines Verhinderungsbetreuers ebenfalls an, um so gerade in Notfällen eine durchgehende Betreuung zu gewährleisten.

2.4.3 Ergänzungsbetreuer

Während die Verhinderungsbetreuung die tatsächliche Verhinderung voraussetzt, setzt die Bestellung eines Ergänzungsbetreuers voraus, dass der Betreuer aus **rechtlichen Gründen** gehindert ist, einzelne Angelegenheiten des Betreuten zu besorgen. Dies betrifft die Fälle der Betreuung durch Familienangehörige, die bestimmte Angelegenheiten aus rechtlichen Gründen nicht erledigen können.

Die rechtliche Verhinderung zur Erledigung eines bestimmten Geschäfts beruht meistens auf § 181 BGB, der die **Vornahme eines sogenannten Insichgeschäfts** verbietet. Danach kann der Vertreter nicht im Namen des Vertretenen mit sich selbst im eigenen Namen oder als Vertreter eines Dritten ein Rechtsgeschäft vornehmen, es sei denn, dass das Rechtsgeschäft ausschließlich in der Erfüllung einer Verbindlichkeit besteht. Muss beispielsweise der ehrenamtliche Betreuer eine Immobilie der betreuten Person verkaufen und würde sie gern selbst erwerben, so würde er bei diesem Vertrag gleichzeitig als Verkäufer – in Vertretung der betreuten Person – und als Käufer agieren und mit sich selbst den Vertrag schließen. Das ist rechtlich nicht möglich. Darüber hinaus beinhaltet auch § 1824 BGB Ausschlussgründe von der Vertretungsbefugnis des Betreuers.

Hat ein ehrenamtlicher Betreuer die Vermögenssorge, so würde der Verkauf einer Immobilie durchaus in seinen Aufgabenkreis fallen. Er ist allerdings aus rechtlichen Gründen an der Erledigung dieser Angelegenheit gehindert, wenn er diese selbst erwerben möchte. In diesen Fällen bestellt das Betreuungsgericht für diesen eng umfassten Aufgabenbereich – beispielsweise Veräußerung der Immobilie XY – einen sogenannten Ergänzungsbetreuer. Dieser Ergänzungsbetreuer kann ein beruflicher Betreuer sein, muss es aber nicht. Es ist durchaus möglich, dass eine weitere Person aus dem Freundes- und Bekanntenkreis die Ersatzbetreuung übernimmt, soweit keine Gefahr von Interessenkonflikten zu befürchten ist. Zu beachten ist hierbei, dass seit der Betreuungsrechtsreform für die Bestellung eines Ergänzungsbetreuers funktionell der Rechtspfleger zuständig ist.

2.4.4 Sterilisationsbetreuer

Das Gesetz kennt einen einzigen Fall, in welchem ein gesonderter Betreuer mit einem einzigen Aufgabenbereich bestellt werden muss. Das ist der sogenannte Sterilisationsbetreuer nach § 1817 Absatz 2 BGB. Die Voraussetzungen der Einwilligung und Genehmigung der Sterilisation sind in § 1830 BGB geregelt. Die Entscheidung über die Einwilligung in eine Sterilisation kann aber nur durch einen gesonderten Betreuer getroffen werden, der ansonsten in keinem weiteren Bereich eine Betreuung für dieselbe betreute Person führt.

2.4.5 Sonderfall: Kontrollbetreuer

Streng genommen handelt es sich bei einem Kontrollbetreuer nicht um einen weiteren Betreuer. In der Regel wird ein Kontrollbetreuer bestellt, wenn es noch gar keinen Betreuer gibt. Der Begriff des Kontrollbetreuers ist in § 1815 Absatz 3 BGB definiert. Bei einem Kontrollbetreuer handelt es sich demnach um einen Betreuer, der die Aufgabenbereiche der Geltendmachung von Rechten des Betreuten gegenüber seinem Bevollmächtigten sowie zusätzlich der Geltendmachung von Auskunfts- und Rechenschaftsansprüchen des Betreuten gegenüber Dritten übertragen bekommen hat. Die Kontrollbetreuung setzt demnach das **Vorhandensein einer Vollmacht** voraus. Damit wird der Kontrollbetreuer zwar nicht als ein weiterer Betreuer bestellt, aber als eine weitere Person, die befugt ist, die Angelegenheiten der betroffenen Person rechtlich wahrzunehmen.

Anderseits ist das Vorhandensein einer Vorsorgevollmacht nicht die einzige Voraussetzung der Kontrollbetreuung. Der Sinn und Zweck einer Vorsorgevollmacht ist eben, dass einer Betreuerbestellung vorgebeugt werden soll. Die Erteilung einer Vorsorgevollmacht ist Ausfluss des Selbstbestimmungsrechts, da hier der Vollmachtgeber selbst über die Person des Bevollmächtigten, aber auch über den Umfang der Vollmacht selbst entscheiden kann. Der Vollmachtgeber kann darüber hinaus im Innenverhältnis mit dem Bevollmächtigten zusätzlich eine Vereinbarung treffen, wie die Vollmacht im Einzelnen auszuüben ist. Damit ist die Bestellung einer weiteren Person, die die Ausübung jener Vollmacht überwacht, ein empfindlicher Eingriff in jenes Selbstbestimmungsrecht, welcher nur unter den Voraussetzungen des § 1820 Absatz 3 BGB gerechtfertigt ist.

Dies setzt zweierlei voraus: Zum einen darf der Vollmachtgeber aufgrund einer Krankheit oder Behinderung selbst nicht mehr in der Lage sein, seine Rechte gegenüber dem Bevollmächtigten auszuüben, und zum anderen ist aufgrund konkreter Anhaltspunkte davon auszugehen, dass der Bevollmächtigte die Angelegenheiten des Vollmachtgebers nicht entsprechend der Vereinbarung oder dem erklärten bzw. mutmaßlichen Willen des Vollmachtgebers besorgt. Damit müssen **konkrete Anhaltspunkte** dafür vorhanden sein, dass der Bevollmächtigte die Vollmacht im Widerspruch zu der Vereinbarung im Innenverhältnis ausübt oder diese entgegen dem geäußerten oder mutmaßlichen Willen des Vollmachtgebers ausübt. Aufgrund konkreter Anhaltspunkte muss der Verdacht bestehen, dass der Bevollmächtigte die Vollmacht nicht korrekt ausübt. Aus diesen Anhaltspunkten muss sich der Verdacht der Unredlichkeit oder der Untauglichkeit des Bevollmächtigten ergeben. Andererseits reichen die Anhaltspunkte für die Bestellung eines Kontrollbetreuers aus. Ein Beweis über die Unredlichkeit oder Untauglichkeit muss nicht erbracht werden. Werden beispielsweise laufende Rechnungen nicht bezahlt, obwohl bekannt ist, dass der Vollmachtgeber vermögend ist, und kann der Bevollmächtigte hierfür auch keine plausible Erklärung geben, so rechtfertigt dies den Verdacht, dass der Bevollmächtigte entweder unredlich oder mit der Situation überfordert ist.

Möchte der Kontrollbetreuer die **Vorsorgevollmacht** allerdings **widerrufen**, so bedarf er hierfür der Genehmigung des Betreuungsgerichts (§ 1820 Absatz 5 Satz 2 BGB).

→ *Zum Widerruf der Vorsorgevollmacht siehe in Teil B unter 3.4. und Kapitel E.*

3 Führung der Betreuung

Bevor die Pflichten eines rechtlichen Betreuers kurz erörtert werden, die auch für das Genehmigungsverfahren eine erhebliche Rolle spielen, soll zunächst einmal das Zusammenspiel des rechtlichen „Handelnkönnens" – also des Außenverhältnisses – mit dem rechtlichen „Handelndürfen" – also dem Innenverhältnis – näher erörtert werden.

3.1 Innen- und Außenverhältnis

Bei der Betreuerbestellung legt das Gericht nach Maßgabe des § 1815 BGB den Aufgabenkreis, also den Umfang der Betreuung fest. Das betrifft das **Außenverhältnis** der Beziehung „Betreuer-Betreuter" und ist **für Außenstehende bindend**. Das bedeutet, dass der Betreuer im Rahmen des ihm übertragenen Aufgabenkreises befugt ist, rechtlich erhebliche Erklärungen gegenüber Dritten mit Bindungswirkung für den Betreuten abzugeben. Willigt der Betreuer beispielsweise in eine medizinische Maßnahme ein, dann ist diese Einwilligung dem Betreuten zuzurechnen, mit der Folge, dass rechtlich gesehen eine wirksame Einwilligung in eine medizinische Maßnahme gegenüber dem Betreuten gemäß § 630d Absatz 1 BGB vorliegt. Dasselbe gilt im Rahmen der Vermögensverwaltung: Schließt der Betreuer im Rahmen der Vermögenssorge einen Vertrag ab, so ist der Betreute zur Einhaltung der vertraglichen Pflichten, beispielsweise Bezahlung des vereinbarten Entgelts, aus seinem eigenen Vermögen verpflichtet. Der Vertrag ist zwischen dem Dritten und dem Betreuten rechtswirksam durch den Betreuer geschlossen worden.

Dies entspricht dem Umfang einer **Vorsorgevollmacht**. Umfasst die Vollmacht die Gesundheitssorge – gegebenenfalls inklusive Zustimmung zu ärztlichen Heilbehandlungen –, so kann der Bevollmächtigte genau wie ein Betreuer die Einwilligung abgeben. Umfasst die Vorsorgevollmacht auch die Vermögenssorge, so kann auch der Bevollmächtigte wirksam Verträge mit Dritten schließen, deren Wirkung den Vollmachtgeber trifft.

Mit einer Vorsorgevollmacht – im Außenverhältnis – geht eine (vertragliche) Vereinbarung zwischen dem Vollmachtgeber und dem Bevollmächtigten – im Innenverhältnis – einher. Meistens handelt es sich um ein Auftragsverhältnis. Dieses Auftragsverhältnis muss nicht ausdrücklich oder gar schriftlich vereinbart worden sein. Streng genommen muss der Bevollmächtigte bei der Erteilung der Vollmacht nicht einmal davon Kenntnis haben. Es reicht aus, dass der Vollmachtgeber bei der Erstellung der Vollmacht zumindest konkludent solch einen Willen zum Abschluss des Auftragsverhältnisses kundtut und der Bevollmächtigte spätestens durch den Willen zur Ausübung jener Vollmacht – was auch Jahre später sein kann – dieses Auftragsverhältnis annimmt (vgl. § 151 BGB). Was Inhalt solch einer Vereinbarung ist, muss dann durch Auslegung ermittelt werden. Oft werden in diesem Zusammenhang Wünsche des Vollmachtgebers zum Inhalt des Auftragsverhältnisses. Der Vollmachtgeber möchte möglicherweise im Alter auf eine bestimmte Art und Weise versorgt werden – beispielsweise zieht er die häusliche Versorgung einer Versorgung in einer Pflegeeinrichtung vor –, teilt dies dem Bevollmächtigten mit und beauftragt ihn – zumindest konkludent –, diese Wünsche in einer bestimmten Art und Weise umzusetzen.

Diese geäußerten Wünsche gelten allerdings nur im Innenverhältnis. Kann der Vollmachtgeber beispielsweise zu Hause noch ganz gut versorgt werden, schließt der Bevollmächtigte aber aufgrund einer umfassenden Vollmacht einen Heimvertrag mit einer Pflegeeinrichtung ab, so ist dieser Heimvertrag wirksam. Der Bevollmächtigte handelt im Innenverhältnis absprachewidrig, im Außenverhältnis allerdings im Rahmen der ihm übertragenen Vollmacht. Mit anderen Worten: Der Bevollmächtigte *kann* einen wirksamen Heimvertrag abschließen, *darf* es allerdings aufgrund der Festlegung im Innenverhältnis nicht.

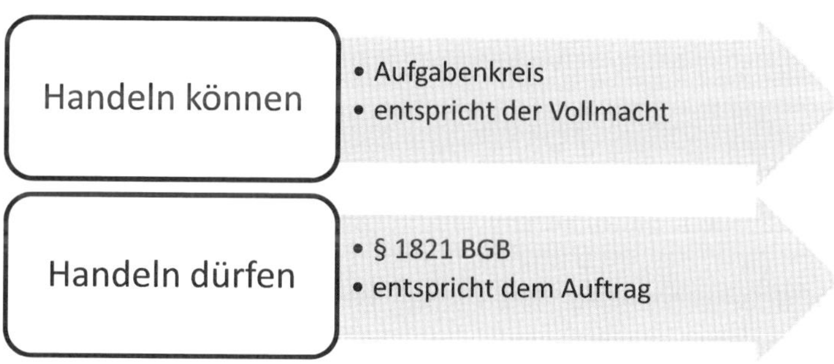

Solch ein Innenverhältnis wird im Betreuungsrecht durch die §§ 1821 ff. BGB festgelegt. Die wichtigste Bestimmung ist hierbei die sogenannte *Magna Charta* des § 1821 BGB.

3.2 Magna Charta – die Sicherung der Selbstbestimmung

Den Sinn und Zweck der rechtlichen Betreuung bringt § 1821 Absatz 2 Satz 1 BGB genau auf den Punkt.

> „Der Betreuer hat die Angelegenheiten des Betreuten so zu besorgen, dass dieser im Rahmen seiner Möglichkeiten sein Leben nach seinen Wünschen gestalten kann."

Durch die Betreuung soll folglich der Betreute sein Leben so gestalten können, wie er es gern im Rahmen seiner Möglichkeiten selbst gestalten würde. Mit anderen Worten: Die Betreuung soll ihm ermöglichen, so zu leben, wie er es tun würde, wenn ihn die Krankheit oder Behinderung nicht daran hindern würde. Dies soll allerdings in erster Linie nicht durch stellvertretendes Handeln des Betreuers geschehen. Der Vorrang der Unterstützung vor der Stellvertretung spielt später für das Genehmigungsverfahren ebenfalls eine erhebliche Rolle.

3.2.1 Primat der Unterstützung

Das Primat der Unterstützung war dem Gesetzgeber so wichtig, dass er es gleich an den Anfang der Regelung über die Pflichten des Betreuers gestellt hat. Damit werden die Pflichten des Betreuers in § 1821 Absatz 1 BGB wie folgt eingeleitet:

> „Der Betreuer nimmt alle Tätigkeiten vor, die erforderlich sind, um die Angelegenheiten des Betreuten rechtlich zu besorgen. Er unterstützt den Betreuten dabei, seine Angelegenheiten rechtlich selbst zu besorgen, und macht von seiner Vertretungsmacht nach § 1823 nur Gebrauch, soweit dies erforderlich ist."

Damit wird zunächst einmal klargestellt, dass es keinerlei Einschränkungen bezüglich des Umfangs der Tätigkeiten im Rahmen des übertragenen Aufgabenkreises gibt. Im Rahmen des übertragenen Aufgabenkreises besteht demnach ein umfassendes Erfordernis des Tätigwerdens, ohne dass die Art der erforderlichen Tätigkeit näher bestimmt wird. Satz 2 stellt allerdings klar, dass sich die Tätigkeit in erster Linie auf die Unterstützung der betreuten Person zur eigenständigen Erledigung dieser Angelegenheit beschränken soll. Erst wenn dies nicht ausreichend ist und auch nur in dem Rahmen, in dem es erforderlich ist, sollte der Betreuer von seiner Vertretungsmacht Gebrauch machen.

Ist beispielsweise der Betreute mit der Ausfüllung eines Antrags auf Sozialleistungen überfordert, so ist der Betreuer zunächst einmal verpflichtet, den Betreuten bei der eigenständigen Ausfüllung des Antrags zu unterstützen. Nur wenn dies nicht möglich ist – weil beispielsweise der Betreute geschäftsunfähig und damit gar nicht in der Lage ist, eine rechtserhebliche Erklärung abzugeben –, darf der Betreuer stellvertretend für ihn diesen Antrag stellen. Freilich entbindet das den Betreuer nicht von der generellen Besprechungspflicht, sodass er generell auch einem geschäftsunfähigen Betreuten gegenüber verpflichtet ist, diese Angelegenheit mit ihm zu besprechen (§ 1821 Absatz 5 BGB).

Übrigens trifft das Genehmigungserfordernis lediglich Handlungen des Betreuers, nicht die des Betreuten. Soweit der Betreute – rechtlich und tatsächlich – in der Lage ist, seine Angelegenheiten selbst wahrzunehmen, darf er dies selbstverständlich ohne Genehmigung des Betreuungsgerichts tun, und zwar unabhängig davon, ob diese Angelegenheit in den Aufgabenkreis seines Betreuers fällt oder nicht.

Problematisch werden in der Praxis freilich die Fälle, bei denen man nicht ohne Weiteres feststellen kann, ob die betreute Person allein in der Lage ist, jede Angelegenheit selbst zu besorgen. Insbesondere bei **Zweifeln bezüglich der Geschäftsfähigkeit** der betreuten Person läuft man Gefahr, dem Betreuten die selbstständige Erledigung jener Angelegenheit zu überlassen, ohne sich sicher zu sein, ob die Person eine rechtlich erhebliche Erklärung überhaupt abgeben kann.

Fallbeispiel

D leidet unter einer Demenz. Vor drei Jahren wurde B zum Betreuer mit den Aufgabenbereichen der Gesundheitssorge und Vermögenssorge bestellt. Damals stellte das Sachverständigengutachten fest, dass bei D eine relativ schnell voranschreitende Alzheimerdemenz vorliegt, D allerdings zum Zeitpunkt der Gutachtenerstellung in der Lage war, einen freien Willen zu bilden. D wünschte sich auch zu dem Zeitpunkt die Unterstützung durch einen rechtlichen Betreuer. Da D bis jetzt in einem großen Haus allein wohnte, äußerte sie den Wunsch, irgendwohin zu ziehen, wo sie nicht so allein sei und man sich mehr um sie kümmere.

B möchte nach Rücksprache mit D einen Umzug in ein betreutes Wohnen organisieren, weil D sich hiervon verspricht, dort besser versorgt zu werden, und sie Angst hat, in dem großen Haus weiterhin allein zu wohnen. Zur Finanzierung des betreuten Wohnens soll das im Alleineigentum der D stehende Haus verkauft werden. B kann alles mit D besprechen, ist sich aber unsicher, ob D noch geschäftsfähig ist, um den Kaufvertrag bezüglich der Immobilie selbstständig schließen zu können. Zum einen liegt das letzte Gutachten drei Jahre zurück und zum anderen hat B in der letzten Zeit gemerkt, wie D „immer mehr abgebaut hatte".

Dieses Fallbeispiel zeigt, in welcher Zwickmühle sich ein Betreuer befinden kann: Lässt er D die Immobilie selbstständig verkaufen, können später Zweifel über die Wirksamkeit des Kaufvertrages aufkommen. Stellt sich beispielsweise in der Folgezeit heraus, dass D zu dem Zeitpunkt nicht geschäftsfähig war, wäre sowohl der Kaufvertrag wie auch die Übereignung des Grundstücks nichtig, mit erheblichen Folgen sowohl für D wie auch für den Käufer und damit verbunden mit erheblichen Haftungsrisiken für den Betreuer.

Darüber hinaus müsste sich B dem Vorwurf des Betreuungsgerichts ausgesetzt sehen, seine Pflichten nicht ordnungsgemäß erfüllt zu haben, insbesondere das Genehmigungserfordernis des § 1850 Absatz 1 Nr. 1 BGB umgangen zu haben. Schließt er den Kaufvertrag allerdings selbst ab, könnte er sich dem Vorwurf aussetzen, von seinem Vertretungsrecht Gebrauch gemacht zu haben, obwohl dies nicht erforderlich war. Auch dies würde eine Pflichtverletzung des Betreuers bedeuten.

Praxistipp

Bei derart folgereichen Entscheidungen empfiehlt sich eine möglichst frühzeitige Rücksprache mit dem Betreuungsgericht – namentlich mit dem zuständigen Rechtspfleger. Auch empfiehlt sich dringend die Einholung einer Einschätzung des behandelnden Neurologen oder Psychiaters. In der Praxis wird allerdings oft eine klare Aussage mit einer klaren Einschätzung bei diesem Krankheitsbild nicht möglich sein. In diesen Fällen empfiehlt es sich, die Entscheidung gemeinsam zu treffen und beide Erklärungen abzugeben. So können beide – sowohl B als auch D – bei dem notariellen Vertrag auf der Verkäuferseite – hier die betreuungsgerichtliche Genehmigung für den B vorausgesetzt – handeln. Möglich ist auch, dass eine Einwilligung in eine ärztliche Maßnahme gemeinsam abgegeben wird oder bestimmte Anträge durch beide unterzeichnet werden und damit durch beide Personen gestellt werden. Ob die Mitentscheidung des Betreuers eine vertretende Entscheidung oder lediglich unterstützende Entscheidung ist, kann dahingestellt bleiben.

3.2.2 Bindung an die Wünsche

Da der Betreuung keine vertragliche Vereinbarung im Innenverhältnis – wie bei einer Vorsorgevollmacht – zugrunde liegt, wird diese durch die gesetzliche Regelung der **Magna Charta** ersetzt. Die Führung eines selbstbestimmten Lebens ist hierbei das Kernstück der rechtlichen Betreuung. Durch diese rechtliche Betreuung soll der Betreute die Möglichkeit bekommen, sein Leben nach seinen eigenen Wünschen zu führen und es zu gestalten. Das Ziel der Betreuung muss folglich sein, die Betreuung – wenn möglich – auch wieder entbehrlich zu machen. Daher verpflichtet § 1821 Absatz 6 BGB den Betreuer, dass er innerhalb seines Aufgabenkreises dazu beiträgt, dass alle Möglichkeiten genutzt werden, diese Fähigkeiten des Betreuten zur eigenständigen Besorgung seiner Angelegenheiten wiederherzustellen oder zumindest zu verbessern. Mit anderen Worten: Die Betreuung ist dann erfolgreich, wenn sie entbehrlich wird, weil der Betreute nun durch die Betreuung wieder in der Lage ist, seine Angelegenheiten selbst zu besorgen.

Bei der rechtlichen Betreuung geht es daher nicht darum, sich um das Wohl des Betreuten zu kümmern und Maßnahmen, die zu „seinem Besten" sind, zu ergreifen. Das ist auch der Grund dafür, dass der „Wohl-Begriff" trotz der bereits nach altem Recht subjektiven Auslegung durch die Rechtsprechung[7] ersatzlos aus dem Gesetz gestrichen worden ist. Es geht bei der rechtlichen Betreuung nämlich nicht darum, bestimmte Büroarbeiten zu erledigen, Anträge zu stellen und Rechnungen zu bezahlen. Das kann zwar auch notwendig sein, die Betreuung geht aber viel weiter. Es geht vor allem darum, zu schauen, welche Möglichkeiten für den Betreuten vorhanden sind, ein selbstbestimmtes Leben zu führen.

3.2.3 Feststellung der Wünsche

Um Wünsche überhaupt umsetzen zu können oder um überhaupt entscheiden zu können, ob man an diese Wünsche gebunden ist, muss man sie zunächst einmal feststellen. Die Pflicht zur Feststellung dieser Wünsche besteht übrigens unabhängig davon, ob sie später befolgt werden müssen oder nicht und ob diese Wünsche auf einer freien Willensbildung beruhen oder nicht. Auch eine Person, die zur freien Willensbildung nicht in der Lage ist, hat Wünsche und generell – unter Vorbehalt der Ausnahmen in § 1821 Absatz 3 BGB – auch das Recht, ein selbstbestimmtes Leben unter Zugrundelegung jener Wünsche zu führen.

Die Feststellung dieser Wünsche wird sicherlich eine große Herausforderung sein, denn einerseits ist es dem Betreuer untersagt, dem Betreuten seine eigenen Vorstellungen in den Mund zu legen, und andererseits gibt es sicherlich Situationen, bei denen sich die Betroffenen aufgrund ihrer Krankheit oder Behinderung schwertun, ihre Wünsche zu äußern. Daher werden bei den beruflichen Betreuern künftig auch Kenntnisse der Kommunikation mit Personen mit Erkrankungen und Behinderungen und von Methoden der Unterstüt-

7 BGH, BtPrax 2009, 290.

zung bei der Entscheidungsfindung (vgl. § 23 Absatz 3 Nr. 3 BtOG) zu Recht erwartet, um die Wünsche überhaupt erst mal eruieren zu können.

3.2.4 Generelle Wunschbefolgungspflicht

Gemäß § 1821 Absatz 2 Satz 3 BGB ist der Betreuer verpflichtet, den festgestellten Wünschen der betreuten Person zu entsprechen und die betreute Person bei deren Umsetzung rechtlich zu unterstützen. **Ausnahmen von dieser Pflicht** sind abschließend in § 1821 Absatz 3 BGB geregelt, soweit sich die Wunschbefolgung im Rahmen des Möglichen bewegt. Die Besorgungspflicht gemäß § 1821 Absatz 2 Satz 1 BGB besteht nämlich nur im Rahmen der faktischen und finanziellen Möglichkeiten, die der betreuten Person zur Verfügung stehen. Wünsche, die außerhalb dieser Möglichkeiten liegen, werden nicht geschuldet.

Fallbeispiel 1

I hat eine Behinderung in Form einer leichten Intelligenzminderung. Sie lebt von Sozialleistungen und kommt allgemein gut zurecht, ist aber bei komplexen Sachverhalten, insbesondere im Zusammenhang mit finanziellen Angelegenheiten, überfordert. Sie bittet ihre Betreuerin B, sie dabei zu unterstützen, eine schöne kleine Wohnung mit einem kleinen Balkon und einer schönen Aussicht in der Innenstadt von München für sie zu suchen. Dabei ist es völlig unmöglich, mit dem Einkommen der I eine Wohnung, die annähernd den Vorstellungen der I entspricht, in dieser Lage zu finden.

Lösung:

Die Wünsche der I sprengen bei Weitem ihre finanziellen Möglichkeiten. Demnach ist B zur Unterstützung der I in diesem – nicht umsetzbaren – Vorhaben nicht verpflichtet. Im Rahmen ihres Aufgabenbereiches besteht allerdings weiterhin für B die Pflicht, die Angelegenheit mit I persönlich zu besprechen und nach einer Lösung im Rahmen des Möglichen zu suchen.

Im Übrigen ist der Betreuer nicht nur zu der Befolgung der gegenwärtig geäußerten Wünsche der betreuten Person verpflichtet, sondern auch zur Befolgung der Wünsche, die die betreute Person bereits vor der Bestellung des Betreuers geäußert hat, es sei denn, dass sie an diesen Wünschen erkennbar nicht festhalten will. Solche Wünsche können im **Rahmen einer Betreuungsverfügung oder im Rahmen einer Patientenverfügung**, die beispielsweise aufgrund formelhafter und nicht bestimmter Bezeichnung ärztlicher Maßnahmen nicht nach § 1827 Absatz 1 BGB unmittelbar Anwendung findet (dazu siehe unten 5.2), festgelegt worden sein. Dazu können aber auch alle anderen im Laufe des Lebens geäußerten Wünsche zählen, insbesondere frühere Äußerungen bezüglich der eigenen Vorstellung von der Ausgestaltung der Versorgung im Alter.

Fallbeispiel 2

W ist verwitwet. Er hat daher die nun in seinem Alleineigentum stehende Immobilie auf seinen einzigen Sohn S übertragen, sich aber ein im Grundbuch eingetragenes lebenslanges Wohnrecht in dieser Immobilie gesichert. Dieser Festlegung lag der Wunsch zugrunde, in einer kleinen Einliegerwohnung, die zu dem großen Haus gehörte, zusammen mit S und seiner Familie zu wohnen. Im Laufe der Zeit kam es zu einer großen Zwietracht zwischen S samt seiner Familie und dem W. Darüber hinaus ließ sich S in der Folgezeit auch scheiden und zog aus dem Haus aus. Auch W fühlte sich in diesem Haus nicht mehr wohl und zog ebenfalls aus.

Lösung:

Offensichtlich möchte W an seinem früheren Wunsch, in jener Immobilie lebenslang wohnen zu können, nicht mehr festhalten. Dies ist auch für den Betreuer für eine mögliche spätere Entscheidung, ob das lebenslange Wohnrecht abgelöst und im Grundbuch gelöscht werden soll, wozu eine entsprechende Genehmigung des Betreuungsgerichts eingeholt werden müsste (§ 1850 BGB), von erheblicher Bedeutung.

3.2.5 Ausnahmen von der Wunschbefolgungspflicht

§ 1821 Absatz 3 BGB beinhaltet zwei Fallgruppen, bei denen der Betreuer von der generellen Wunschbefolgungspflicht nach § 1821 Absatz 2 BGB befreit ist.

3.2.5.1 Erhebliche Selbstgefährdung

Die erste Fallgruppe betrifft den Fall einer erheblichen Selbstgefährdung. Dementsprechend hat der Betreuer den Wünschen des Betreuten nicht zu entsprechen, soweit

> „die Person des Betreuten oder dessen Vermögen hierdurch erheblich gefährdet würde und der Betreute diese Gefahr aufgrund seiner Krankheit oder Behinderung nicht erkennen oder nicht nach dieser Einsicht handeln kann“ (§ 1821 Absatz 3 Nr. 1 BGB).

Diese Fallgruppe setzt dreierlei voraus:

- Zunächst einmal muss eine erhebliche Gefahr für das Leben oder das Vermögen der betreuten Person vorliegen.
- Des Weiteren darf die betreute Person aufgrund ihrer Krankheit oder Behinderung zur freien Willensbildung nicht mehr in der Lage sein.
- Und schließlich muss gerade die fehlende freie Willensbildung ursächlich dafür sein, dass die betreute Person jene erhebliche Gefahr für ihr Leben oder ihr Vermögen nicht erkennt oder zwar erkennt, jedoch nach dieser Einsicht nicht handeln kann.

Zu beachten ist in diesem Zusammenhang allerdings, dass es sich bei der Gefahr für die Gesundheit oder das Vermögen um eine *erhebliche* Gefahr handeln muss. Das bedeutet, dass irgendwie geartete Gefahren unterhalb dieser Erheblichkeitsschwelle nicht hierzugehören. Sicherlich wird die Festlegung dieser **Erheblichkeitsschwelle** in der Praxis eine Herausforderung darstellen. Eine pauschale Festlegung ist weder bei der Gesundheitsgefahr noch bei der Gefahr für das Vermögen möglich. Ein Alkoholiker, welcher seine Gesundheit jahrelang sukzessive durch übermäßigen Alkoholkonsum schädigt und bei dem aufgrund des in der Zwischenzeit eingetretenen Abbaus der Gehirnmasse (sogenanntes Korsakow-Syndrom) die freie Willensbildung verneint worden ist, schädigt seine Gesundheit natürlich nach wie vor durch den weiteren Alkoholkonsum. Das allein reicht allerdings nicht aus, nun von einer erheblichen Gesundheitsschädigung auszugehen.

Auch ist die Verfügungsmöglichkeit über gewisse Geldbeträge vielen Menschen im Alter sehr wichtig. Lässt bei ihnen aufgrund einer Demenzerkrankung sowohl die Merkfähigkeit wie auch der Bezug zu dem Geldwert nach, rechtfertigt dies nicht für sich allein eine restriktive Einteilung vom „Taschengeld" oder gar die Wegnahme jeglicher Geldmittel, wenn der drohende Verlust des Geldes sich nicht nennenswert auf das Vermögen der zu betreuenden Person auswirkt und im Gegenzug eine Teilhabe am Leben ermöglicht wird.

Selbst wenn man von solch einer erheblichen Gefahr ausgeht, muss zusätzlich diese Gefahr in der fehlenden freien Willensbildung ihren Ursprung haben. Ist eine Person zu einer freien Willensbildung in der Lage und geht solch eine Gefahr ein, so ist dies generell hinzunehmen. Das Bundesverfassungsgericht geht sogar so weit, dass jeder, der zur freien Willensbildung in der Lage ist, selbst darüber entscheiden kann, wann er sein Leben beenden möchte, und das unabhängig von den Gründen (z.B. wegen schwerer Krebserkrankung verbunden mit erheblichen Schmerzen) für diese Entscheidung.[8]

3.2.5.2 Unzumutbarkeit

Die zweite Konstellation der Entbindung von der generellen Wunschbefolgungspflicht beinhaltet § 1821 Absatz 3 Nr. 2 BGB. Demnach muss der Betreuer den Wünschen seines Betreuten nicht entsprechen, wenn ihm dies nicht zuzumuten ist. Zu beachten ist hierbei, dass die Wunschbefolgung *einem* Betreuer nicht zuzumuten ist und nicht *dem* konkreten Betreuer. Ist eine Wunschbefolgung einem Betreuer generell zuzumuten, im konkreten Fall allerdings aufgrund persönlicher Bindung, religiöser oder ethischer Überzeugung dem bestellten Betreuer jedoch nicht, so dürfte in diesem Bereich jener Betreuer zur Ausübung der Betreuung nicht geeignet sein. Hierbei beinhaltet die Eignung kein wertendes Element. Ist beispielsweise die Ehefrau zur Betreuerin ihres Mannes bestellt worden und fühlt sich emotional nicht in der Lage, die Patientenverfügung ihres Mannes bezüglich des Abbruchs lebensverlängernder Maßnahmen umzusetzen, so ist dies durchaus verständlich und nachvollziehbar. Gleichwohl ist sie zur Ausübung des Aufgabenbereichs der Gesundheitsfürsorge nicht geeignet.

Bezüglich der Unzumutbarkeit haben sich im Wesentlichen **drei Fallgruppen** herauskristallisiert:

- Der Wunsch gehört nicht zum Aufgabenkreis des Betreuers, so bei sozialer statt rechtlicher Betreuung, wenn die betreute Person beispielsweise wünscht, dass ihr Betreuer mit ihr spazieren oder Kaffee trinken geht.
- Die Umsetzung des Wunsches wäre rechtswidrig, so beispielsweise bei falschen Angaben im Sozialhilfeantrag, wenn der Betreute den Betreuer darum bittet, Vermögenswerte in einem Antrag auf soziale Leistungen nicht anzugeben.
- Die Umsetzung des Wunsches wäre sittenwidrig. Das wäre beispielsweise der Fall beim Wunsch des Betreuten, ihn beim freiverantwortlichen Suizid zu unterstützen.

8 BVerfG, BtPrax 2020, 114.

Neben diesen anerkannten Gruppen ist eine Unzumutbarkeit auch dann anzunehmen, wenn die Unterstützung ein aktives Tätigwerden des Betreuers erfordern würde, welches die Fallgruppe Nr. 1 jedoch nicht betrifft, weil die Erheblichkeitsschwelle nicht erreicht ist oder der Betreute zur freien Willensbildung in der Lage ist. So fällt der schädliche und kontinuierliche Konsum von Alkohol zwar nicht unter die Fallgruppe des § 1821 Absatz 3 Nr. 1 BGB, gleichwohl dürfte dem Betreuer nicht zuzumuten sein, seinen Betreuten bei der Beschaffung des Alkohols aktiv zu unterstützen. Damit ist allerdings auch nicht das absichtliche Vorenthalten von Geld, um so den Alkoholkonsum zu verhindern, gemeint. Auch eine auf freier Willensbildung beruhende erhebliche Selbstschädigung ist vom Betreuer hinzunehmen, eine aktive Unterstützung derselben ist ihm aber nicht zuzumuten. Damit dürfte auch die aktive Unterstützung einer Selbstschädigung oder Schädigung des Vermögens unterhalb der Erheblichkeitsschwelle wie auch eine auf freier Willensbildung beruhende Schädigung für den Betreuer nicht zumutbar sein.

3.2.6 Der mutmaßliche Wille

Können keine aktuellen oder vergangenen Wünsche der zu betreuenden Person ermittelt werden oder sind diese gemäß § 1821 Absatz 3 BGB nicht zu befolgen, so tritt an ihre Stelle gleichwohl nicht eine Fürsorgepflicht des Betreuers, „zu seinem Wohle das Beste zu tun", sondern es ist vielmehr durch den Betreuer der mutmaßliche Wille der zu betreuenden Person zu ermitteln. Demnach ist zu fragen: Was würde sich die betreute Person in ihrer jetzigen Situation wünschen, wenn sie zu einer freien Willensbildung in der Lage wäre? Gibt es keinerlei Anhaltspunkte für einen subjektiven Wunsch der zu betreuenden Person, wird man nicht umhinkommen, zumindest zu vermuten, dass eine Handlung zum Wohl des Betreuten auch seinem mutmaßlichen Willen entspricht.[9] Diese Vermutung ist allerdings erst dann zulässig, wenn der Betreuer alle Möglichkeiten der Feststellung des mutmaßlichen Willens ausgeschöpft hat. Hier sind neben den früheren Äußerungen der betreuten Person auch ihre ethischen oder religiösen Überzeugungen und sonstige persönliche Werte und Wertvorstellungen zu beachten. Dies kann durch Gespräche mit näheren Angehörigen oder sonstigen Vertrauenspersonen oder durch sonstige Anhaltspunkte in der Biografie der betreuten Person ermittelt werden.

Insbesondere im Rahmen der Gesundheitssorge kann die Ermittlung des mutmaßlichen Willens auch vor der Beantragung einer möglichen Genehmigung bei einer gefährlichen medizinischen Maßnahme nach § 1829 BGB eine Rolle spielen. Steht der Betreuer vor der Entscheidung, ob er in eine Amputation eines erheblich geschwächten Beines einwilligt oder den sicheren Tod der zu betreuenden Person akzeptiert, muss neben der medizinischen Indikation auch der mutmaßliche Wille der betreuten Person ermittelt werden. Damit muss der Betreuer, bevor er eine entsprechende Genehmigung beim Betreuungsgericht beantragt, sich fragen, nicht nur welchen medizinischen Vorteil der Betreute durch die Maßnahme erfährt, sondern auch, welche Folgen die Maßnahme für die gesamte Versorgung und das gesamte Wohlbefinden des Betreuten hat und wie der Betreute sich in Kenntnis all dieser Voraussetzungen mutmaßlich entscheiden würde.

9 So auch *Kersting*, BtPrax 2021, 203.

4 Pflichten des Betreuers

Der rechtliche Betreuer wird bei der Ausübung seiner Tätigkeit durch das Betreuungsgericht beraten (§ 1861 BGB), aber auch beaufsichtigt (§ 1862 BGB). Die Aufsichtspflichten des Betreuungsgerichts sind nicht einem generellen Misstrauen gegenüber den Betreuern geschuldet, sondern ergeben sich aus der hoheitlichen Bestellung eines Betreuers, der die Angelegenheiten der betreuten Person erledigen soll. Da die betreute Person selbst betreuungsbedürftig und demnach nicht in der Lage ist, ihre Angelegenheiten selbst zu besorgen, wird sie auch nur eingeschränkt in der Lage sein, die Tätigkeit des Betreuers zu überwachen. Wenn der Staat allerdings einen Betreuer bestellt hat, so trifft ihn auch die Pflicht, diesen zu beaufsichtigen.

Das erklärt auch, warum eine Vielzahl von Genehmigungserfordernissen nur für Betreuer, nicht aber für Bevollmächtigte gilt.

4.1 Anfangsbericht

Binnen einer **Frist von drei Monaten** nach der Betreuerbestellung muss der Betreuer dem Betreuungsgericht gemäß § 1863 BGB einen Anfangsbericht übermitteln.

Der Anfangsbericht muss zu folgenden Sachverhalten Stellung nehmen:

- persönliche Situation des Betreuten,
- Ziele der Betreuung,
- bereits durchgeführte und beabsichtigte Maßnahmen,
- beabsichtigte Maßnahmen, die die Fähigkeiten des Betreuten, seine eigenen Angelegenheiten zu besorgen, wiederherstellen oder verbessern sollen (§ 1821 Absatz 6 BGB),
- die Wünsche des Betreuten hinsichtlich der Betreuung.
- Soweit das Vermögensverzeichnis gemäß § 1835 BGB zu erstellen ist, soll es dem Anfangsbericht ebenfalls beigefügt werden.

Der Anfangsbericht ist eine Art Fahrplan für die weitere Betreuung. Der Betreuer wurde zu einem bestimmten Zweck bestellt. Zu Beginn der Betreuung muss sich der Betreuer daher zusammen mit der zu betreuenden Person Gedanken darüber machen, wie die Betreuung am besten umgesetzt werden kann. Dabei kann es durchaus um konkrete Maßnahmen gehen – z.B. Veräußerung einer Immobilie , dies aber nie für sich allein, sondern eingebettet in einem Gesamtkonzept der Betreuung.

Sollte sich also die betreute Person mehr Selbstständigkeit wünschen und kann diese Selbstständigkeit am besten durch einen Umzug in ein betreutes Wohnen verwirklicht werden, wofür wiederum die Veräußerung der Immobilie erforderlich werden könnte, so ist die Veräußerung der Immobilie eben nur ein Teilaspekt der beabsichtigten Maßnahmen. Im weiteren Verlauf der Betreuung wird der Betreuer sich an den Zielen des Anfangsberichts messen lassen müssen – dies beispielsweise im Rahmen des Jahresberichts, aber auch spätestens bei der Frage nach der Verlängerung der Betreuung. Dabei wird es in erster Linie darum gehen, zu prüfen, ob der Wunsch der betreuten Person nach mehr Selbstständigkeit tatsächlich umgesetzt werden konnte. Ist dies nicht der Fall, wird kritisch zu hinterfragen sein, ob die in Angriff genommenen Maßnahmen hierfür geeignet und ausreichend waren. Ist das Ziel nicht erreichbar, da es außerhalb des Möglichen liegt, so wird man sich weiterhin fragen müssen, ob eine weitere Betreuung noch erforderlich ist. Aber auch wenn das Ziel bereits erreicht wurde, stellt sich dieselbe Frage nach der Erforderlichkeit einer weiteren Betreuung. Im optimalen Fall wurde die Angelegenheit erledigt, das Ziel der Betreuung erreicht und damit die Betreuung entbehrlich.

Selbstverständlich sind allerdings auch Fälle denkbar, bei denen sich die Betreuungsführung auf eine möglichst lange Aufrechterhaltung des *Status quo* richten wird. Bei der Betreuung beispielsweise einer hoch dementen Person bieten bereits die eingeschränkten tatsächlichen Möglichkeiten der Ausgestaltung der Betreuung einen recht engen Spielraum für die Verwirklichung der Wünsche oder des mutmaßlichen Willens der betreuten Person.

Von der Pflicht zur Erstellung eines Anfangsberichts ist gemäß § 1863 Absatz 2 BGB der sogenannte Angehörigenbetreuer, also der Betreuer, der die Betreuung ehrenamtlich als Familienangehöriger oder als eine Person mit persönlichen Bindungen zur betreuten Person führt, befreit. In diesen Fällen kann das Betreuungsgericht auf den Wunsch der betreuten Person oder „in anderen geeigneten Fällen" ein Gespräch zwischen der betreuten Person und dem Betreuer führen. In welchen „geeigneten" Fällen das Betreuungsgericht neben dem ausdrücklichen Wunsch der betreuten Person von dieser Möglichkeit Gebrauch machen wird, wird sich in der Praxis noch herauskristallisiert müssen.

4.2 Jahresbericht

Das Betreuungsgericht ist verpflichtet, die Betreuungsführung eng zu überwachen. Aus diesem Grund ist auch der Betreuer verpflichtet, über die persönlichen Verhältnisse der betreuten Person **mindestens einmal im Jahr** zu berichten. Das geschieht durch die Pflicht zur Einreichung eines sogenannten Jahresberichtes. Diesen Jahresbericht muss der Betreuer mit seinem Betreuten besprechen, es sei denn, dass aus der Besprechung erhebliche Nachteile für die Gesundheit der betreuten Person zu befürchten sind oder die betreute Person offensichtlich nicht in der Lage ist, den Inhalt des Jahresberichts zur Kenntnis zu nehmen. Der Jahresbericht soll zu folgenden Fragen Stellung nehmen:

- In welcher Art, in welchem Umfang und aus welchen Anlässen wurde persönlicher Kontakt zum Betreuten gehalten und welchen persönlichen Eindruck vom Betreuten hat der Betreuer?
- Welche Betreuungsziele konnten umgesetzt werden?
- Welche Maßnahmen wurden bereits durchgeführt und welche sind weiterhin beabsichtigt?
- Welche Maßnahmen wurden gegen den Willen des Betreuten durchgeführt und welche Maßnahmen sind gegen seinen Willen beabsichtigt?
- Aus welchen Gründen ist eine weitere Betreuung – gegebenenfalls ein weiterer Einwilligungsvorbehalt – erforderlich?

- In welchem Umfang ist gegebenenfalls eine weitere Betreuung erforderlich?
- Welche Sichtweise hat der Betreute zu den eben aufgeführten Punkten selbst?
- Bei einer beruflich geführten Betreuung: Kann die Betreuung künftig auch ehrenamtlich geführt werden?

4.3 Vermögensverzeichnis und Vermögensverwaltung

Wenn zum Aufgabenkreis des Betreuers auch die Verwaltung des Vermögens gehört, ist er verpflichtet, ein Vermögensverzeichnis zu erstellen (§ 1835 BGB). Das Vermögensverzeichnis hat der Betreuer mit der Versicherung der Richtigkeit und Vollständigkeit beim Betreuungsgericht einzureichen.

Praxistipp

Bei der Übernahme einer Betreuung mit erheblichem Vermögen empfiehlt sich eine zeitnahe Rücksprache mit dem Betreuungsgericht – Rechtspfleger. Das Betreuungsgericht hat nämlich die Möglichkeit, eine dritte Person als Zeugen bei der Erstellung des Vermögensverzeichnisses hinzuzuziehen. Damit wird nicht nur das Vermögen der betreuten Person geschützt, sondern auch der Betreuer wird vor möglichen Vorwürfen des Vermögensverlustes und möglicherweise vor Rechtsstreitigkeiten, die eine Haftung zur Folge haben könnten, bewahrt. Auch besteht die Möglichkeit, in bestimmten Fällen die Betreuungsbehörde, einen Notar oder gar einen Sachverständigen zur Erstellung des Verzeichnisses hinzuzuziehen.

Das Vermögensverzeichnis soll durch die Auflistung des vorhandenen Vermögens, also die **Gegenüberstellung von Aktiva und Passiva,** aufgestellt werden.

Zu den Aktiva gehören Immobilien, Bargeld, Barguthaben inklusive Sparkonten und Festgeldkonten, Lebensversicherungen, Bausparverträge, Sterbegeldversicherungen, Wertpapierdepots, Fahrzeuge, Beteiligungen an Gesellschaften, Mietkautionen, Forderungen gegen Dritte wie Darlehen oder Schadensersatzforderungen, aber auch Wertgegenstände wie Schmuck, Edelsteine oder Kunstgegenstände.

Zu den Passiva zählen Schulden, sei es bei einer Bank oder bei Dritten, Mietrückstände, fällige Rechnungen und sonstige Verbindlichkeiten. Darüber hinaus sind in das Vermögensverzeichnis die regelmäßigen Einnahmen und Ausgaben des Betreuten aufzunehmen.

Damit muss auch dem Vermögensverzeichnis entnommen werden, von was die betreute Person lebt, welche Renten sie erhält, welche Leistungen aus Sozialkassen oder Pensionen und welche regelmäßigen Ausgaben z.B. für Miete oder private Krankenversicherung usw. dem entgegenstehen.

4.4 Auskunftspflichten gegenüber Angehörigen

Mit der Reform des Betreuungsrechts ist die Pflicht der Betreuer neu ins Betreuungsrecht aufgenommen worden, nahestehenden Angehörigen und sonstigen Vertrauenspersonen der betreuten Person auf deren Verlangen Auskunft über die persönlichen Lebensumstände der betreuten Person zu erteilen. Damit soll einem natürlichen menschlichen Bedürfnis nach allgemeinen Informationen zu den aktuellen Lebensumständen des Familienangehörigen oder eines Freundes Rechnung getragen werden.

Zu beachten ist allerdings, dass es sich nicht um eine detaillierte Auskunft oder gar eine Rechenschaftspflicht gegenüber den Angehörigen handelt. Es geht lediglich um allgemeine Informationen, beispielsweise über den aktuellen Gesundheitszustand, die Wohnsituation und die Versorgungssituation. Dabei ist auch bei der Auskunftserteilung das Selbstbestimmungsrecht der betreuten Person zu beachten. Damit kann die Auskunft nur erteilt werden, wenn dies dem Wunsch oder zumindest dem mutmaßlichen Willen der betreuten Person entspricht.

4.5 Haftung des Betreuers

Die Pflicht zum Schadensersatz des Betreuers gegenüber seinem Betreuten ergibt sich aus § 1826 BGB. Danach ist der Betreuer dem Betreuten gegenüber zum Schadenersatz für den aus einer **Pflichtverletzung** des Betreuers resultierenden Schaden verpflichtet. Lediglich wenn der Betreuer nachweisen kann, dass er nicht pflichtwidrig gehandelt hat, sein Verhalten also weder vorsätzlich noch fahrlässig gewesen ist, entfällt die Schadensersatzpflicht (§ 1826 Absatz 1 Satz 2 BGB).

Solche Schadensersatzansprüche können daraus resultieren, dass der Betreuer eine Pflicht, die ihm im Rahmen des Aufgabenkreises übertragen worden ist, pflichtwidrig nicht erfüllt hat. Wurde dem Betreuer beispielsweise die Verwaltung einer leer stehenden und renovierungsbedürftigen Immobilie übertragen und hat er trotz eines harten Winters keine hinreichenden Vorkehrungen getroffen, so muss er einen Schaden, der durch Beschädigungen der Immobilie durch Frost entstanden sind, seinem Betreuten ersetzen, wenn er nicht gemäß § 1826 Absatz 1 Satz 2 BGB nachweisen kann, dass er jene Pflichtverletzung nicht zu vertreten hat, weil er weder fahrlässig noch vorsätzlich gehandelt hat.

Weil der Betreuer im Rahmen seines Aufgabenkreises stellvertretend für den Betreuten handeln kann, treffen auch die Folgen der vom Betreuer abgegebenen Willenserklärung unmittelbar den Betreuten. Wurde also im Außenverhältnis eine wirksame Willenserklärung abgegeben, die im Innenverhältnis nach Maßgabe des § 1821 BGB so nie hätte abgegeben werden dürfen, ist die Willenserklärung wirksam, verpflichtet auch den Betreuten, begründet aber unter Umständen einen Regressanspruch gegenüber seinem Betreuer. Auch bei einem Schadensersatzanspruch des Betreuten kann es sich um sogenannte Regressansprüche des Betreuten gegenüber seinem Betreuer handeln, da der Betreute sich das Verschulden seines gesetzlichen Vertreters wie sein eigenes Verschulden zurechnen lassen muss.

Fallbeispiel

B hat die rechtliche Betreuung für den nach einem schweren Unfall im Koma liegenden K übernommen. Zu seinem Aufgabenkreis gehört unter anderem auch die Vermögenssorge, inklusive der Verwaltung einer bestimmten vermieteten Immobilie.

Bislang hatte sich K ausschließlich um die Verwaltung jener Immobilie gekümmert. Die Mieter weisen B darauf hin, dass sich von der Decke erhebliche Teile Putz lösen und auf den Boden fallen. B weist darauf hin, dass er kein Immobilienverwalter ist. Auch auf Drängen der Mieter und weitere Beschwerde bleibt B untätig und beauftragt weder einen Immobilienverwalter mit der Verwaltung der Immobilie noch kümmert er sich selbst um die Immobilie. Es wird von B auch niemand damit beauftragt, den Schaden zu sichten und eine Gefahrenquelle gegebenenfalls zu beseitigen. In der Folgezeit löst sich ein größerer Brocken Putz und fällt auf einen der Mieter, der schwer verletzt ins Krankenhaus kommt. Der Mieter macht nun die Behandlungskosten, seinen Verdienstausfall sowie Schmerzensgeld gegenüber K geltend. Das ist auch richtig, denn K ist der Vertragspartner der Mieter. Das Verschulden des B muss sich K gemäß § 278 BGB als eigenes Verschulden zurechnen lassen.

Lösung:

K ist gegenüber dem Mieter zum Ersatz des entstandenen Schadens verpflichtet. Da aber die Pflichtverletzung durch den Betreuer begangen worden ist, kann er nun gemäß § 1826 Absatz 1 BGB bei diesem Regress nehmen, also das Geld, das er an den Mieter als Schadensersatz zahlen muss, vom Betreuer zurückverlangen.

Es sind aber auch andere Fälle denkbar, bei denen das Verschulden des Betreuers nicht so offensichtlich ist wie in diesem Fall. Hat der Betreuer beispielsweise bei einem privatversicherten Betreuten nicht rechtzeitig die Krankenhausrechnungen an die Versicherung weitergeleitet und weigert sich nun die Versicherung aufgrund abgelaufener Frist, die Rechnungen zu bezahlen, können auch hier sehr schnell erhebliche Regressforderungen des Betreuten gegenüber seinem Betreuer entstehen.

Aus diesem Grund besteht für die Berufsbetreuer eine Pflicht zum **Abschluss einer Haftpflichtversicherung** mit einer Deckungssumme von mindestens 250.000 € für jeden Versicherungsfall und 1 Mio. € für alle Versicherungsfälle eines Versicherungsjahres (§ 23 Absatz 1 Nr. 3 BtOG). Die ehrenamtlichen Betreuer sind durch eine **Sammelhaftpflichtversicherung** der einzelnen Bundesländer abgesichert.

5 Vorsorgemöglichkeiten im Überblick

Der nachfolgende kurze Überblick soll die gängigen Versorgungsmöglichkeiten kurz darstellen und ihre Relevanz für anteilige Genehmigungsverfahren herausarbeiten. Dabei sollen die Regelungsmöglichkeiten durch eine Vorsorgevollmacht, Patientenverfügung oder Betreuungsverfügung kurz erörtert werden.

5.1 Vorsorgevollmacht

Die Vollmacht ist ein gängiges Instrument der Stellvertretung. Man kann eine Vollmacht partiell für ein bestimmtes Rechtsgeschäft erteilen, indem man beispielsweise jemandem einen gewissen Geldbetrag überlässt, damit dieser für eine dritte Person ein passendes Geschenk besorgt. Man kann auch die Vollmacht für die Dauer eines Arbeitsverhältnisses erteilen, durch die man einem Angestellten die Befugnis gibt, im Namen des Arbeitgebers eigenständig Kaufverträge abzuschließen. Möglich ist auch, dass man eine sogenannte Generalvollmacht erteilt, also eine umfassende Vollmacht, die unabhängig von einem bestimmten Ereignis ausgeübt werden kann.

Unter einer Vorsorgevollmacht versteht man eine Vollmacht, die für den Fall erteilt wird, dass der Vollmachtgeber bestimmte Angelegenheiten aufgrund einer Krankheit oder Behinderung nicht mehr selbst besorgen kann. Es ist also eine Vollmacht, die die Betreuerbestellung entbehrlich machen soll (vgl. § 1814 Absatz 3 Satz 2 Nr. 1 BGB). Die Vorsorgevollmacht ist folglich eine Sonderform der Vollmachtserteilung, die einer gesetzlichen Vertretung vorbeugen sollte.

Exkurs: Stellvertretung

Eine Stellvertretung kann aufgrund eines Gesetzes oder aufgrund einer Vollmacht ausgeübt werden. Eltern üben ihr Vertretungsrecht für ihre Kinder kraft Gesetzes aus. Ähnlich wie ein Testamentsvollstrecker oder Insolvenzverwalter für die Erbengemeinschaft bzw. eine juristische Person, über die die Insolvenz eröffnet wurde, handelt, kann auch ein rechtlicher Betreuer als Stellvertreter für einen betreuten Menschen in dessen Namen mit Wirkung für diese Person eigene Willenserklärungen abgeben und für diese Personen am Rechtsverkehr teilnehmen. Demgegenüber agiert ein gewillkürter Stellvertreter – der also zu einem Stellvertreter aufgrund einer Vollmacht durch den Vollmachtgeber gemacht worden ist – auf der Grundlage dieser Vollmacht. Diese Vollmacht gibt dem Stellvertreter die Rechtsmacht, auch gegenüber Dritten – also im Außenverhältnis – rechtlich zu agieren mit Wirkungen für und gegen den Stellvertretenen. Dies soll die folgende Übersicht noch mal verdeutlichen.

Übersicht: Stellvertretung

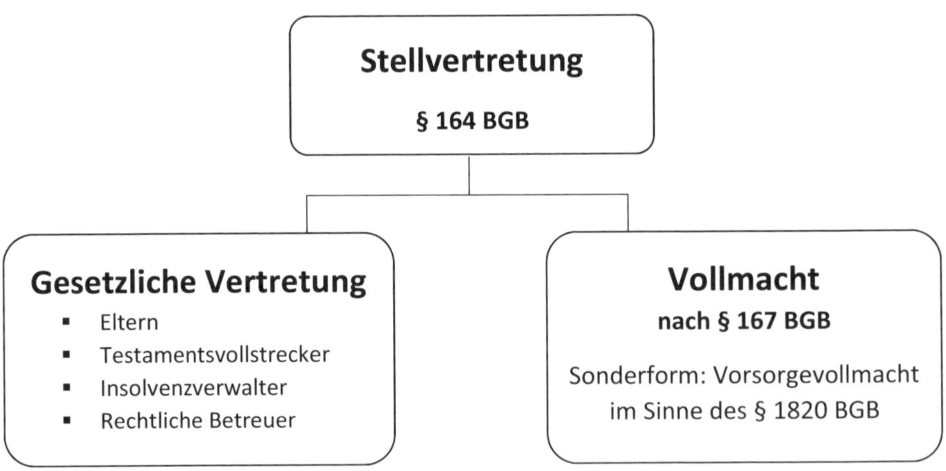

Im Prinzip schreibt das Gesetz keine besondere **Form der Vorsorgevollmacht** vor. Im Rechtsverkehr wird es allerdings kaum praktikabel sein, eine andere Form als die Schriftform oder eine notariell beurkundete Form zu verwenden. Eine Schriftform wird allerdings bei Entscheidungen in bestimmten Bereichen durch das Gesetz vorausgesetzt. Das bedeutet, dass in bestimmten Bereichen der Bevollmächtigte nur dann für den Vollmachtgeber tätig werden kann, wenn ihm hierzu diese bestimmte Aufgabe schriftlich übertragen worden ist.

Dementsprechend kann der Bevollmächtigte nur aufgrund einer ihm schriftlich erteilten Vorsorgevollmacht folgende Maßnahmen treffen:

- in die Untersuchung des Gesundheitszustandes, eine Heilbehandlung oder einen ärztlichen Eingriff *einwilligen*, wenn die begründete Gefahr besteht, dass der Betreute aufgrund der Maßnahme stirbt oder einen schweren und länger dauernden gesundheitlichen Schaden erleidet;
- in eine Untersuchung des Gesundheitszustandes, eine Heilbehandlung oder einen ärztlichen Eingriff nicht einwilligen oder die Einwilligung widerrufen, wenn die Maßnahme medizinisch angezeigt ist und die begründete Gefahr besteht, dass der Betreute aufgrund des Unterbleibens der Maßnahme stirbt oder einen schweren und länger dauernden gesundheitlichen Schaden erleidet;
- die geschlossene Unterbringung oder Anwendung sogenannter freiheitsentziehender Maßnahmen anordnen;
- eine ärztliche Zwangsmaßnahme anordnen.

Die meisten dieser hier aufgezählten Entscheidungen bedürfen darüber hinaus der gerichtlichen Genehmigung (dazu näher Teil B unter 2.3).

Die **Schriftform** setzt voraus, dass das Schriftstück dann durch den Aussteller eigenhändig durch Namensunterschrift oder mittels notariell beglaubigten Handzeichens unterzeichnet wird. Eine notarielle Beurkundung ersetzt die Schriftform (§ 126 BGB). Von einer materiellen Beurkundung ist die öffentliche Beglaubigung zu unterscheiden. Hier wird der Inhalt der Vollmacht nicht beurkundet, sondern lediglich die Unterschrift des Erklärenden beglaubigt. Dies kann durch einen Notar (§ 129 Absatz 1 Nr. 1 BGB), aber auch durch die Betreuungsbehörde (§ 7 Absatz 1 BtOG) erfolgen.

Ist in einer Vorsorgevollmacht die Vornahme eines sogenannten Insichgeschäfts nicht ausnahmsweise erlaubt (§ 181 BGB), so kann trotz der bestehenden Vollmacht ein Erfordernis der Bestellung eines Ergänzungsbetreuers bestehen (zum Insichgeschäft und dem Erfordernis eines Ergänzungsbetreuers siehe oben unter 2.4.3).

5.2 Patientenverfügung

Die Patientenverfügung hat rechtlich gesehen mit der Vorsorgevollmacht nicht viel gemeinsam. In der Praxis werden beide Rechtsinstitute oft miteinander verwechselt, was unter Umständen auch daran liegen kann, dass beide Erklärungen oft in ein und derselben Urkunde zusammengefasst sind. Die Patientenverfügung ist nach der Legaldefinition des § 1827 Absatz 1 Satz 1 BGB eine schriftliche Einwilligung oder Untersagung von bestimmten, zum Zeitpunkt der Festlegung noch nicht unmittelbar bevorstehenden Untersuchungen des Gesundheitszustands, Heilbehandlungen oder ärztlichen Eingriffen. Die Verfügung trifft ein einwilligungsfähiger Volljähriger für den Fall seiner Einwilligungsunfähigkeit.

Ähnlich wie die Vorsorgevollmacht trifft die Patientenverfügung eine Art der Vorsorge. Im einwilligungsfähigen Zustand kann der Verfügende Entscheidungen über ärztliche Maßnahmen, über die er später – im einwilligungsunfähigen Zustand – selbst nicht mehr entscheiden kann, treffen. Dabei darf es sich dem Wortlaut nach nicht um unmittelbar bevorstehende Maßnahmen handeln. Unterzieht man sich einer schweren Operation und trifft dann Entscheidungen für den Fall eines bestimmten Verlaufs der Operation, so handelt es sich um keine Patientenverfügung, sondern um eine Einwilligung in bestimmte Maßnahmen im konkret zu erwartenden Fall.

Für das Betreuungsrecht und ein mögliches Genehmigungsverfahren ist hierbei zu beachten, dass es sich bei der Patientenverfügung um eine *antizipierte Entscheidung* handelt, die im Anwendungsfall dann auch *unmittelbar* gilt. Sie gilt dann auch als Einwilligung in eine bestimmte Behandlung nach § 630d Absatz 1 Satz 2 BGB oder als bindende Untersagung der womöglich ärztlich indizierten Behandlung. Es ist also weder der Bevollmächtigte noch der Betreuer, der die Entscheidung trifft, sondern der Patient selbst.

Damit allerdings diese unmittelbare Wirkung eintritt, muss die Erklärung in der Patientenverfügung **hinreichend bestimmt** sein und die **konkrete Behandlungssituation** muss von der Reichweite der Erklärung umfasst sein. Damit stellen allgemeine Festlegungen, wie „Ich möchte würdevoll sterben" oder „Ich möchte nicht leiden", aber auch „Ich lehne alle lebensverlängernden Maßnahmen ab" keine Festlegungen im Rahmen einer Patientenverfügung, sondern lediglich Behandlungswünsche dar, welche allerdings später vom Betreuer als *„Wünsche, die der Betreute vor der Bestellung des Betreuers geäußert hat"* zu beachten sind, es sei denn, dass der Betreute an diesen Wünschen erkennbar nicht mehr festhalten will (§ 1821 Absatz 2 Satz 4 BGB).

Bei einer hinreichend bestimmten Patientenverfügung beschränkt sich die Aufgabe des Betreuers oder Bevollmächtigten auf die Prüfung, ob diese Festlegungen auf die aktuelle Lebens- und Behandlungssituation zutreffen oder nicht. Ist das der Fall, so hat der Betreuer oder Bevollmächtigte die Pflicht, dieser Festlegung *„Ausdruck und Geltung zu verschaffen"* (§ 1827 Absatz 1 Satz 2 BGB).

5.3 Betreuungsverfügung

Eine Betreuungsverfügung ist ein Dokument, in dem ein Volljähriger für den Fall, dass für ihn ein Betreuer bestellt werden muss, Wünsche zur Auswahl des Betreuers oder zur Wahrnehmung der Betreuung geäußert hat. Es ist also anders als eine Vorsorgevollmacht keine Erteilung einer Vollmacht und damit auch keine Übertragung der Rechtsmacht, bestimmte Entscheidungen zu treffen. Es ist allerdings der zu beachtende Wunsch der zu betreuenden Person, an den das Betreuungsgericht bei der Bestellung eines Betreuers gebunden ist.

Nur unter zwei Voraussetzungen darf der Betreuungsrichter von diesem geäußerten Wunsch abweichen. Zum einen ist der Wunsch unbeachtlich, wenn die in der Betreuungsverfügung genannte Person ungeeignet ist. Diese darf nicht zum Betreuer bestellt werden

(§ 1816 Absatz 1 BGB). An den in der Betreuungsverfügung früher geäußerten Wunsch ist darüber hinaus der Betreuungsrichter nicht gebunden, wenn die Person erkennbar an diesem früheren Wunsch nicht mehr festhalten will (§ 1816 Absatz 2 Satz 3 BGB). Die Betreuungsverfügung beinhaltet übrigens nach der Legaldefinition des § 1817 Absatz 2 Satz 4 BGB nicht nur die Wünsche bezüglich der Person, die die Betreuung übernehmen soll, sondern auch Wünsche bezüglich der Wahrnehmung der Betreuung. Dabei handelt es sich eben um die früher geäußerten Wünsche im Sinne des § 1821 Absatz 2 Satz 4 BGB, die generell vom Betreuer zu beachten sind (siehe dazu oben unter 3.2.6).

6 (Not-)Vertretungsrecht der Ehegatten

Das Notvertretungsrecht der Ehegatten, das im Zuge der Reform des Betreuungsrechts im § 1358 BGB neu geregelt wurde, gehört eigentlich nicht zum Betreuungsrecht. Es handelt sich allerdings um ein Vertretungsrecht des Ehegatten, welches unter bestimmten Voraussetzungen kraft Gesetzes eintritt. Da der § 1358 Absatz 6 BGB zahlreiche Verweisungen in das Betreuungsrecht enthält, die auch eine Reihe an Genehmigungserfordernissen beinhalten, darf dieses Rechtsinstitut hier nicht unerwähnt bleiben.

Voraussetzung für den Eintritt des gesetzlichen Notvertretungsrechts ist nach § 1358 Absatz 1 BGB, dass der zu vertretene Ehegatte sich aufgrund eines Unfalls oder einer (plötzlichen) Erkrankung um seine **Angelegenheiten im Bereich der Gesundheitssorge** nicht kümmern kann. Der Umfang der Vertretungsbefugnis beschränkt sich hierbei nicht unmittelbar auf den Bereich der Gesundheitssorge und ist in § 1358 Absatz 1 BGB näher aufgezählt.

§ 1358 Absatz 3 BGB enthält allerdings eine Reihe an **Ausschlussgründen**, bei deren Vorliegen das Notvertretungsrecht nicht eintritt. Das sind:

- Die Ehegatten leben getrennt.
- Es ist bekannt, dass der vertretene Ehegatte die Vertretung ablehnt.
- Es ist bekannt, dass eine (Vorsorge-)Vollmacht erteilt worden ist.
- Es besteht eine Betreuung im Bereich der Gesundheitssorge.
- Die oben genannten Voraussetzungen liegen nicht mehr vor.
- Es sind sechs Monate seit – vom Arzt festgestelltem – Beginn der Voraussetzung vergangen.

Da das Notvertretungsrecht kraft Gesetzes eintritt, gibt es auch kein Verfahren zu dessen Begründung. Allerdings beschreibt § 1358 Absatz 4 BGB, wie zu verfahren ist, damit dieses ausgeübt werden kann. Demnach hat der Arzt, „gegenüber dem das Vertretungsrecht ausgeübt wird", die Voraussetzung und den Zeitpunkt des Eintritts „schriftlich zu bestätigen". Gleichzeitig hat der Arzt sich vom vertretenden Ehegatten „schriftlich versichern zu lassen", dass die Vertretungsmacht bislang nicht ausgeübt worden ist und keiner der oben genannten Ausschlussgründe vorliegt. Die ärztliche Bestätigung samt Erklärung des Ehegatten ist dann diesem Ehegatten „für die weitere Ausübung des Vertretungsrechts" auszuhändigen. Diese Bestätigung samt Erklärung ist folglich die Legitimation des vertretenden Ehegatten im Rechtsverkehr. Mit Bestellung eines Betreuers im Bereich der Gesundheitssorge darf das Vertretungsrecht nicht mehr ausgeübt werden.

Nach der Regelung des § 1358 Absatz 6 BGB sind entsprechen anwendbar:

- § 1821 Absatz 2 bis 4 (Magna Charta, Beachtung der Wünsche),
- § 1827 Absatz 1 bis 3 und § 1828 Absatz 1 und 2 (Regeln über die Patientenverfügung),
- § 1829 Absatz 1 bis 4 (Genehmigungserfordernis bei gefährlichen Maßnahmen),
- § 1831 Absatz 4 i.V.m. Absatz 2 (Genehmigungserfordernis bei freiheitsentziehenden Maßnahmen).

Dementsprechend bedürfen Entscheidungen über gefährliche ärztliche Maßnahmen und Anordnungen freiheitsentziehender Maßnahmen der richterlichen Genehmigung. Zu beachten ist allerdings, dass der Ehegatte in die Anwendung der freiheitsentziehenden Maßnahmen nach § 1831 Absatz 4 BGB einwilligen kann, nicht jedoch in eine freiheitsentziehende Unterbringung nach § 1831 Absatz 1 BGB.

B Der Genehmigungsvorbehalt

1 Stufen der gerichtlichen Kontrolle

Bevor die einzelnen Genehmigungserfordernisse näher betrachtet werden, soll zunächst in diesem Kapitel das abgestufte System der gerichtlichen Kontrolle, eingebettet in das Gesamtsystem des Betreuungsrechts, dargestellt werden, denn auch die Tätigkeitsbereiche eines rechtlichen Betreuers, die keinem Genehmigungsvorbehalt unterfallen, sind einer gerichtlichen Aufsicht nicht völlig entzogen.

1.1 Erforderlichkeitsgrundsatz und Notwendigkeit der ausdrücklichen Anordnung

Zunächst einmal stellt bereits die Übertragung eines bestimmten Aufgabenkreises die erste – und wahrscheinlich die wichtigste – Einschränkung der Befugnisse des rechtlichen Betreuers dar. Außerhalb des übertragenen Aufgabenkreises ist der Betreuer weder verpflichtet noch befugt, tätig zu werden. Unterstützt der rechtliche Betreuer die betreute Person außerhalb seines Aufgabenkreises, so dürfte dies im Allgemeinen unschädlich sein, allerdings übt er diese Unterstützung nicht in seiner Funktion als rechtlicher Betreuer aus. Schwierigkeiten können hier allerdings im Zusammenhang mit der Haftung entstehen.

Eine Unterstützung außerhalb des ihm übertragenen Aufgabenkreises würde sicherlich eine Pflichtverletzung darstellen, wenn er sie in der Funktion des rechtlichen Betreuers ausüben sollte. Möchte daher der rechtliche Betreuer seinen Betreuten außerhalb des ihm übertragenen Aufgabenkreises unterstützen, so sollte er unbedingt klarstellen, dass er dies als Privatperson und nicht in seiner Funktion als rechtlicher Betreuer tut.

Fallbeispiel

Der Betreuer B wurde für den Alkoholiker A zum rechtlichen Betreuer für die Aufgabenbereiche Gesundheitssorge inklusive Organisation einer Entzugstherapie bestellt. A wünscht sich nämlich die Unterstützung durch einen rechtlichen Betreuer in diesem Bereich, da er unbedingt ein Leben ohne Alkohol möchte, sich aber mit der Organisation der entsprechenden Maßnahmen aufgrund seiner Alkoholsucht überfordert sieht. Zuletzt hat er bei einer Trunkenheitsfahrt einen Verkehrsunfall verursacht und infolgedessen seinen Führerschein verloren. A trägt dem Betreuer das Anliegen vor, für ihn das Fahrzeug, welches er notdürftig repariert hatte, zu verkaufen. B verkauft in der Folgezeit das Fahrzeug für A und erzielt sogar einen guten Kauferlös. Er versäumt allerdings beim Verkauf, den Unfall zu erwähnen, mit der Folge, dass A nun auf Schadensersatz verklagt wird. A ist sauer und möchte B auf Regress verklagen.

Lösung:

In diesem Fall handelt B nicht als gesetzlicher Vertreter des A, weil er gar nicht den Aufgabenbereich der Vermögenssorge innehat. Selbstverständlich ist es dem B nicht verboten, sich im Rahmen eines Auftragsverhältnisses von A bevollmächtigen zu lassen, das Fahrzeug für A zu veräußern. Verpflichtet sich B dem A gegenüber, dies unentgeltlich zu tun, so dürfte zwischen A und B ein Auftragsverhältnis gemäß § 662 BGB vorliegen, im Rahmen dessen A dem B eine Vollmacht zur Veräußerung des Fahrzeugs gemäß § 167 BGB hat erteilen dürfen. Im Rahmen des Auftragsverhältnisses haftet hier B gegenüber A nach allgemeinen Grundsätzen wegen jeder Fahrlässigkeit.[1] Da er aber diese Tätigkeit nicht als rechtlicher Betreuer, sondern als Privatperson ausübt, dürfte hier auch die Haftpflichtversicherung des B nicht greifen.

Auch wenn es dem rechtlichen Betreuer nicht verboten ist, außerhalb seines Aufgabenkreises den Betreuten „als Privatperson" zu unterstützen, so ist dies nicht unproblematisch. Sicherlich ist gegen eine soziale Betreuung durch einen ehrenamtlichen Betreuer nichts einzuwenden. Übernimmt eine Person die rechtliche Betreuung für eine ältere Person oder eine Person mit geistiger Behinderung, so spricht generell nichts dagegen, dass sie diese Person öfters besucht, mit ihr spazieren oder auch Kaffee trinken geht. Auch wenn diese Aufgabe nicht in den Bereich der rechtlichen Betreuung fällt, ist solch eine soziale Betreuung für die Förderung der persönlichen Bindung durchaus begrüßenswert. Werden allerdings Aufgaben außerhalb dieser sozialen Betreuung und außerhalb der rechtlichen Betreuung übernommen – wie im obigen Beispiel –, dann stellt sich die Frage, ob der Betreuer die beiden Rollen zwischen seinem ihm gerichtlich übertragenen Amt als gesetzlicher Betreuer und seiner Tätigkeit als Privatperson klar trennen kann. Bei einer Vermischung dieser Tätigkeiten, die den Eindruck erwecken könnte, die Person mische sich überall ein, müsste das Gericht überprüfen, ob die Person als rechtlicher Betreuer noch geeignet ist.

Noch gravierender sind die Folgen, wenn der rechtliche Betreuer die betreute Person nicht nur außerhalb seines Aufgabenkreises unterstützt – was, wie oben gezeigt, ihm als Privatperson nicht untersagt ist –, sondern dabei von seinem nicht vorhandenen Vertretungsrecht Gebrauch macht.

Fallbeispiel (Abwandlung)

Wenn, das obere Beispiel noch mal aufgreifend, B das Fahrzeug des A oder nach einer Rücksprache, beispielsweise während einer Entzugstherapie, für den A veräußert, „um ihm was Gutes zu tun", so handelt er hierbei als sogenannter Vertreter ohne Vertretungsmacht. Abgesehen davon, dass er hier seine Befugnisse als rechtlicher Betreuer überschritten hat, außerhalb des ihm übertragenen Aufgabenkreises tätig wurde und die Angelegenheit überhaupt nicht mit seinem Betreuten besprochen hat, was erhebliche Zweifel an seiner Eignung als Betreuer erwachsen lässt, handelt er hier ohne eine Vollmacht des A und ebenfalls außerhalb der gesetzlichen Vertretungsmacht nach § 1823 BGB. Wenn A nicht hinterher den Vertrag noch genehmigt, kann der Käufer den B gemäß § 179 Absatz 1 BGB zur Erfüllung oder zum

1 *Riesenhuberin,* in: BeckOGK-BGB, § 662 Rn. 123.

Schadensersatz verpflichten. Erfüllung würde in diesem Fall bedeuten, dass B wiederum verpflichtet ist, zu versuchen – notfalls zu einem erheblich höheren Preis –, das Fahrzeug von A abzukaufen. Schadensersatz würde bedeuten, dass er den Käufer so zu stellen hat, wie er stehen würde, wenn B seinen Vertrag ordnungsgemäß erfüllt hätte.

Handelt folglich der rechtliche Betreuer außerhalb seines Aufgabenkreises, so handelt er – wenn er nicht vom Betreuten als Privatperson bevollmächtigt worden ist – als Vertreter ohne Vertretungsmacht. Für die Verträge bedeutet das, dass die Verträge schwebend unwirksam sind und im Falle der Verweigerung der Genehmigung durch den Betreuten der Betreuer zur Erfüllung des Vertrages oder zum Schadensersatz verpflichtet ist. Sowohl die Bevollmächtigung wie auch die nachträgliche Genehmigung setzen allerdings stets voraus, dass der Betreute geschäftsfähig ist.

Einseitige Rechtsgeschäfte sind hingegen außerhalb der Vertretungsmacht stets unzulässig (§ 180 BGB). Damit kann der Betreuer ohne den entsprechenden Aufgabenbereich keinen Vertrag kündigen, widerrufen, anfechten und ebenfalls keinen Rücktritt erklären.

1.1.1 Erforderlichkeitsgrundsatz

Da der rechtliche Betreuer außerhalb des ihm übertragenen Aufgabenkreises – zumindest als rechtlicher Betreuer – nicht rechtswirksam tätig werden kann, findet die erste wichtige Steuerung bereits durch die Festlegung des Aufgabenkreises statt. Da nach dem neuen Betreuungsrecht der Bereich „alle Angelegenheiten" nicht auf den Betreuer übertragen werden darf, scheidet schon allein deshalb eine umfassende Vertretung in allen möglichen Bereichen von vornherein aus. Das Gericht muss bei der Betreuerbestellung auch darüber entscheiden, in welchen Bereichen der Betreuer überhaupt tätig werden *kann*. Kommt es zum Ergebnis, dass es nicht erforderlich ist, dass der Betreuer in bestimmten Bereichen tätig wird, dann lässt es eben diesen Aufgabenbereich aus.

Fallbeispiel

Das Gericht bestellte Betreuerin B für die ältere Frau D, die an Demenz erkrankt ist. Der Aufgabenkreis der Betreuerin umfasst die Bereiche der Gesundheitssorge und Vermögenssorge. Obwohl D allein zu Hause wohnt, wird der Aufgabenbereich der Aufenthaltsbestimmung nicht übertragen.

Lösung:

Bereits hier trifft das Betreuungsgericht die Entscheidung, dass die Betreuerin B in diesem Aufgabenbereich der Aufenthaltsbestimmung gar nicht tätig werden **kann**. Wird in der Folgezeit B der Ansicht sein, dass sie auch den Bereich der Aufenthaltsbestimmung regeln muss, so muss sie dies dem Gericht anzeigen (§ 1864 Absatz 2 Nr. 3 BGB). Bis zu einer möglichen Erweiterung des Aufgabenkreises darf sie allerdings in diesem Bereich nicht tätig werden. Damit stellt sich die Frage nach einem möglichen Umzug, Abschluss eines Heimvertrages oder gar der Auflösung der Wohnung gar nicht.

Auch durch die enge Fassung bestimmter Aufgabenbereiche kann das Gericht die Befugnisse des rechtlichen Betreuers ganz bewusst steuern. Wird beispielsweise der Bereich zur Regelung der vorläufigen Aufenthaltsbestimmung übertragen, so stellt das Gericht sicher, dass keine vollendeten Tatsachen geschaffen werden und auch außerhalb eines Genehmigungsverfahrens der dauerhafte Aufenthalt der betreuten Person nicht geregelt werden kann.

1.1.2 Ausdrückliche Anordnung der Entscheidung über die Unterbringung

In bestimmten Bereichen stellt sich dennoch die Frage nach dem Umfang des übertragenen Aufgabenbereichs. Wurde der Bereich der Gesundheitssorge übertragen, so fällt nach Ansicht vieler Gerichte auch die Zustimmung zu ärztlicher Heilbehandlung darunter. Einige Gerichte nehmen den Zusatz „inklusive Zustimmung zur ärztlichen Heilbehandlung" zur Klarstellung gleichwohl mit auf. Andere Gerichte sehen hierin eine weiter reichende Übertragung des Aufgabenbereiches, der von der Gesundheitssorge allein nicht umfasst ist. Notfalls empfiehlt sich hier eine Rücksprache mit dem jeweiligen Betreuungsgericht zur Klarstellung.

In besonders sensiblen Bereichen erfolgte durch die Betreuungsrechtsreform eine Klarstellung, dass bestimmte Bereiche nicht in den Aufgabenkreis des Betreuers fallen, wenn sie diesem nicht ausdrücklich übertragen worden sind. Hierzu zählt insbesondere der Bereich der Entscheidung über eine freiheitsentziehende Unterbringung. Nach bislang überwiegend vertretener Auffassung konnte ein Betreuer eine Entscheidung über eine freiheitsentziehende Unterbringung treffen, wenn er den Bereich des Aufenthaltsbestimmungsrechts und gegebenenfalls der Gesundheitssorge übertragen bekommen hatte. Das ist nach dem neuen Betreuungsrecht nicht mehr möglich. Allein mit den Aufgabenbereichen der Gesundheitssorge und des Aufenthaltsbestimmungsrechts kann der Betreuer keine freiheitsentziehende Unterbringung anordnen. Hält er eine solche gleichwohl für erforderlich, so muss er dies dem Gericht gemäß § 1864 Absatz 2 Nr. 3 BGB anzeigen.

→ *Eine Übersicht über Anzeigepflichten des Betreuers ist hier unter. 1.3.3 und 1.3.4 zu finden.*

Ob der Betreuer mit der **Anregung der Erweiterung des Aufgabenkreises** gleichzeitig schon die Genehmigung einer freiheitsentziehenden Unterbringung beantragen kann, ist noch nicht abschließend geregelt. Dagegen spricht sicherlich die dogmatische Erwägung, dass ein Betreuer in diesem Bereich gar nicht tätig werden kann und damit auch keine Maßnahme beantragen kann. Andererseits ist es aus verfahrensökonomischen Gründen durchaus angeraten, zumindest die Bereitschaft zur Unterbringung für den Fall der Erweiterung des Aufgabenkreises deutlich zu machen, damit das Gericht nicht nur ein Gutachten zur Erweiterung des Aufgabenkreises, sondern auch zur Erforderlichkeit einer möglichen Unterbringung gleichzeitig einholen kann.

Unzulässig ist allerdings eine vorläufige Unterbringung der betreuten Person ohne eine gerichtliche Genehmigung bei Gefahr im Verzug gemäß § 1831 Absatz 2 Satz 2 BGB, wenn der Aufgabenbereich der freiheitsentziehenden Unterbringung nicht zuvor ausdrücklich übertragen worden ist. Bezüglich etwaiger Übergangsvorschriften für Betreuungen, die vor dem 1.1.2023 eingerichtet worden sind, siehe Teil C unter 1.2.

1.1.3 Ausdrückliche Anordnung der Entscheidung über freiheitsentziehende Maßnahmen

Bezüglich der freiheitsentziehenden Maßnahmen – auch unterbringungsähnliche Maßnahmen genannt – gilt im Prinzip das zur freiheitsentziehenden Unterbringung Gesagte entsprechend. Auch diese können generell nur angeordnet werden, wenn dieser Aufgabenbereich ausdrücklich übertragen worden ist. Eine Besonderheit besteht im Bereich des Genehmigungserfordernisses. Bereits vor der Betreuungsrechtsreform, wie auch jetzt, muss die Anordnung einer freiheitsentziehenden Maßnahme gerichtlich nur dann genehmigt werden, wenn die betreute Person sich in einem Krankenhaus, einem Heim oder sonstiger Einrichtung aufhält. Außerhalb dieser Einrichtungen – beispielsweise bei Versorgung durch Angehörige im Rahmen der häuslichen Pflege[2] – besteht für die freiheitsentziehenden Maßnahmen kein Genehmigungsvorbehalt. Allerdings muss der Bereich der Entscheidung über die Anwendung der freiheitsentziehenden Maßnahmen gemäß § 1815 Absatz 2 Nr. 2 BGB ausdrücklich übertragen werden, unabhängig davon, wo der Betreute sich aufhält. Laut der Gesetzesbegründung muss folglich einem Betreuer, der die Anwendung freiheitsentziehender Maßnahmen – wie beispielsweise eines Bettgitters – im Rahmen der häuslichen Pflege anordnet, dieser Bereich auch ausdrücklich übertragen worden sein.[3]

1.1.4 Ausdrückliche Anordnung der Entscheidung über Aufenthalt im Ausland

Auch die Bestimmung des gewöhnlichen Aufenthalts des Betreuten im Ausland muss künftig gemäß § 1815 Absatz 2 Nr. 3 BGB dem Betreuer ausdrücklich übertragen werden. Damit ist allerdings nur der gewöhnliche Aufenthalt gemeint, nicht allerdings eine Urlaubsreise oder ein kurzer Aufenthalt zur Rehabilitation oder zur medizinischen Behandlung. Durch die Verlegung des gewöhnlichen Aufenthalts des Betreuten ins Ausland wird die betreute Person nicht nur einem Wechsel des Aufenthalts von einer gewohnten Umgebung, teilweise auch mit gewohnter Kultur und Sprache ausgesetzt, sondern unter Umständen auch der deutschen Gerichtsbarkeit und damit der Aufsicht durch das Betreuungsgericht entzogen.

1.1.5 Ausdrückliche Anordnung der Entscheidung über den Umgang des Betreuten

Das Umgangsrecht war bislang nicht direkt im Betreuungsrecht geregelt und galt nur über entsprechende Verweisungen in das Vormundschaftsrecht entsprechend (§§ 1908i, 1632 I–III BGB a.F.). Nun ist das Umgangsrecht in § 1834 BGB ausdrücklich im Betreuungsrecht geregelt. Dementsprechend darf – im Innenverhältnis zur betreuten Person – der Betreuer

2 Zum Streit über Genehmigungserfordernis bei häuslicher Pflege durch professionelle Pflegedienste vgl. Teil C unter 2.4.2.

3 Vgl. BT-Drucks. 19/24445, S. 235.

den Umgang der betreuten Person mit anderen Personen mit Wirkung für und gegen Dritte nur dann bestimmen, wenn die betreute Person sich das wünscht oder eine erhebliche Gefahr für die Gesundheit oder das Vermögen der betreuten Person besteht, die die betreute Person aufgrund ihrer Krankheit oder Behinderung nicht einsehen bzw. nach dieser Einsicht nicht handeln kann. Der Betreuer darf folglich mit Wirkung für Dritte den Umgang der betreuten Person nur dann regeln, wenn die Voraussetzung des § 1834 Absatz 1 BGB vorliegen. Eine weitere Absicherung enthält allerdings § 1815 Absatz 2 Satz 4 BGB, wonach der Betreuer diese Regelung überhaupt nur dann treffen kann, wenn ihm der entsprechende Bereich übertragen worden ist. Damit bedarf die Regelung des Umgangsrechts keiner gerichtlichen Genehmigung.

Nach dem Willen des Gesetzgebers beinhaltet das Erfordernis der ausdrücklichen Übertragung dieser Regelungsbefugnis einen ausreichenden Schutz. Hinzu kommt, dass § 1834 Absatz 3 BGB eine Entscheidungspflicht des Betreuungsgerichts bei Streitigkeiten, die die Regelung des Umgangs betreffen, beinhaltet. Allerdings wird das Gericht nur auf Antrag tätig.

1.1.6 Ausdrückliche Anordnung der Entscheidung im Bereich der Telekommunikation und Post

Das Erfordernis der ausdrücklichen Übertragung der Regelungsbefugnisse im Bereich der Telekommunikation und Post ist nicht neu. Bereits vor der Reform bedurfte der Betreuer einer ausdrücklichen Übertragung für „Entscheidung über die Entgegennahme, das Öffnen und das Anhalten der Post des Betreuten" (§ 1815 Absatz 2 Nr. 6 BGB entspricht § 1896 Absatz 4 BGB a.F.). Das Erfordernis der ausdrücklichen Übertragung einer „Entscheidung über den Fernmeldeverkehr" (vgl. § 1896 Absatz 4 BGB a.F.) wurde sprachlich angepasst, sodass eine „Entscheidung über die Telekommunikation des Betreuten einschließlich seiner elektronischen Kommunikation" gemäß § 1815 Absatz 3 Nr. 5 BGB ebenfalls einer ausdrücklichen Übertragung bedarf.

1.2 Grundsätze der Betreuungspflichten

Die Übertragung bestimmter Aufgabenbereiche stellt also sicher, dass der Betreuer in anderen Bereichen gar nicht tätig werden kann. Allerdings besteht auch ein Erfordernis der Überprüfung der Pflichten des rechtlichen Betreuers innerhalb eines ihm übertragenen Aufgabenbereichs. Denn auch innerhalb eines Aufgabenbereichs, der dem Betreuer übertragen worden ist, weil ein Erfordernis für sein Tätigwerden gegeben ist, ist der Betreuer an bestimmte Pflichten gebunden. Diese Pflichten gelten im Prinzip nur im Innenverhältnis zwischen dem Betreuer und der zu betreuenden Person, werden allerdings durch das Betreuungsgericht überwacht. Verletzt der Betreuer eine dieser Pflichten, kann das Betreuungsgericht durch **geeignete Gebote und Verbote** einschreiten (§ 1862 Absatz 3 Satz 1 BGB) und die Befolgung der Anordnung sogar durch die **Festsetzung von Zwangsgeld** durchsetzen (§ 1862 Absatz 3 Satz 2 BGB). Das gilt allerdings nicht gegen eine Betreuungsbehörde oder einen Betreuungsverein (§ 1862 Absatz 3 Satz 3 BGB). Reicht dies nicht aus, um die Pflichtverletzung zu beseitigen, so hat das Betreuungsgericht den Betreuer zu entlassen (§ 1868 Absatz 1 Satz 1 BGB).

Die wichtigste Pflicht des rechtlichen Betreuers zu Wahrung des Selbstbestimmungsrechts durch den Vorrang der Unterstützung vor der Stellvertretung sowie durch die generelle Wunschbefolgungspflicht wurde in Teil A unter 3 bereits erörtert. In bestimmten Bereichen werden diese generellen Pflichten des Betreuers näher ausgestaltet.

1.2.1 Grundsätze im Rahmen der Personensorge

Im Rahmen der Personensorge wird die allgemeine Wunschbefolgungspflicht in der Magna Charta (§ 1821 BGB) näher ausgestaltet und spielt in anderen Bereichen der Personensorge eine wichtige Rolle.

So trifft den Betreuer die **Auskunftspflicht** gegenüber nahestehenden Angehörigen und sonstigen Vertrauenspersonen über die persönlichen Lebensumstände der betreuten Person nach § 1822 BGB nur so weit, als dies einem nach Maßgabe der Magna Charta (§ 1821 Absatz 2 bis 4 BGB) zu beachtenden Wunsch der betreuten Person oder ihrem mutmaßlichen Willen entspricht.

Auch muss die Regelung des **Umgangs des Betreuten** mit anderen Personen seinem Wunsch entsprechen oder aufgrund einer erheblichen Gefahr im Sinne des § 1821 Absatz 3 BGB eine Regelung durch den Betreuer erforderlich machen (siehe dazu oben unter 1.1.5).

Eine weitere – in der Praxis sehr wichtige – Ausgestaltung der Wunschbefolgungspflicht beinhaltet § 1833 Absatz 1 BGB für den Fall der **Aufgabe** eines von der betreuten Person **selbst genutzten Wohnraums**. Zunächst einmal wird durch diese Regelung deutlich, dass die Aufgabe des Wohnraums vielleicht auch, aber nicht ausschließlich Aspekte der Vermögenssorge betrifft. Aufgrund der engen Anbindung an einen selbst genutzten Wohnraum als Lebensmittelpunkt sind die mit der Aufgabe einhergehenden Entscheidungen von erheblicher Auswirkung auf die eigene Lebensführung und damit auf die Personensorge an sich. Auch hier stellt das Gesetz in § 1833 Absatz 1 Satz 1 BGB klar, dass die Aufgabe des Wohnraums nur nach Maßgabe des § 1821 Absatz 2 bis 4 BGB zulässig ist, sodass diese grundsätzlich auf Wunsch der betreuten Person geschehen kann. Lediglich unter den Voraussetzungen des § 1821 Absatz 3 BGB muss diesen Wünschen nicht gefolgt werden. Dabei enthält § 1833 Absatz 1 Satz 2 BGB eine nähere Ausgestaltung der erheblichen Gefahr für die Person oder das Vermögen der betreuten Person. Danach liegt eine Gefährdung in diesem Sinne insbesondere dann vor, wenn eine Finanzierung des Wohnraums trotz Ausschöpfung aller der betreuten Person zur Verfügung stehenden Ressourcen nicht möglich ist oder eine häusliche Versorgung trotz umfassender Zuhilfenahme aller ambulanten Dienste zu einer erheblichen gesundheitlichen Gefährdung der betreuten Person führen würde.

1.2.2 Grundsätze im Rahmen der Vermögensangelegenheiten

Die Vermögensangelegenheiten werden in den §§ 1835 bis 1860 BGB geregelt. Dabei enthalten die §§ 1835 bis 1837 BGB die allgemeinen Vorschriften über die Führung der Betreuung in den Vermögensangelegenheiten und die §§ 1838 bis 1845 die Vorschriften über die Vermögensverwaltung, bevor sich dann die Vorschriften über die Anzeigepflichten (§ 1847 BGB) und Genehmigungspflichten (§§ 1848 bis 1860 BGB) anschließen.

1.2.2.1 Allgemeine Vorschriften für die Vermögensangelegenheiten

Soweit der Betreuer auch mit dem Aufgabenbereich der Verwaltung des Vermögens betraut worden ist, hat er ein Verzeichnis über das Vermögen des Betreuten zum Zeitpunkt der Betreuungsübernahme zu erstellen und dies dem Betreuungsgericht mit der Versicherung der Richtigkeit und Vollständigkeit zu übermitteln. So sollen eine geordnete Vermögensverwaltung und eine effektive Kontrolle durch das Betreuungsgericht sichergestellt werden. Denn nur wenn man weiß, welches Vermögen zu Beginn der Betreuung vorhanden ist, kann man anhand der späteren Rechnungslegung überprüfen, ob eine ordnungsgemäße Verwaltung stattgefunden hat oder nicht.

Zu einem **Vermögensverzeichnis** gehört nicht nur die Aufstellung der vorhandenen Vermögenswerte – also z.B. der vorhandenen Immobilien, Fahrzeuge, Barvermögen oder Wertgegenstände –, sondern auch die Angaben zu den regelmäßigen Einnahmen und Ausgaben des Betreuten. Damit soll in ein Vermögensverzeichnis aufgenommen werden, welche regelmäßigen Einnahmen vorhanden sind – also z.B. Rente, Unterhaltszahlungen, Sozialhilfe oder andere Geldzuwendungen, die der Betreute regelmäßig erhält – und welche regelmäßigen Ausgaben – also z.B. Mietzahlungen, Zahlungen für Versicherung, Lebenshaltungskosten – dem entgegenstehen. Jenes Vermögensverzeichnis teilt das Betreuungsgericht dem Betreuten zur Kenntnis mit, wenn dadurch keine erheblichen Nachteile für die Gesundheit des Betreuten zu besorgen sind, es sei denn, dass der Betreute offensichtlich nicht in der Lage ist, das Vermögensverzeichnis zur Kenntnis zu nehmen.

Zu den allgemeinen Grundsätzen im Bereich der Vermögenssorge gehören auch das **Trennungsgebot** und das **Verwertungsverbot** gemäß § 1836 BGB.

Das **Trennungsverbot** besagt, dass das Vermögen der betreuten Person getrennt vom Vermögen des Betreuers zu halten ist. Dadurch soll sichergestellt werden, dass das Vermögen der betreuten Person sich nicht mit dem Vermögen des Betreuers vermischt. So kann auch eine ordnungsgemäße Vermögensverwaltung später besser überprüft werden. Ausnahmen gelten für das gemeinschaftliche Vermögen des Betreuers und des Betreuten, also insbesondere in den Fällen, in denen die Betreuung durch einen Ehegatten übernommen wird.

Das **Verwertungsverbot** besagt, dass es dem Betreuer generell verboten ist, das Vermögen der betreuten Person für sich selbst zu verwenden. Bei beruflich geführten Betreuungen gilt dies – was an sich eine Selbstverständlichkeit sein dürfte – ausnahmslos. Eine Ausnahme enthält das Gesetz nur für ehrenamtliche Betreuer in den Fällen, in denen die betreute Person mit ihrem ehrenamtlichen Betreuer eine entsprechende Vereinbarung getroffen hat. Dies ist allerdings unter Darlegung der Vereinbarung dem Betreuungsgericht *anzuzeigen* (§ 1836 Absatz 2 Satz 3 BGB). Ebenfalls gilt eine Ausnahme, wenn der Betreuer und die betreute Person einen gemeinsamen Haushalt führen und die nicht selten gegenseitige Verwendung des jeweiligen Vermögens dem Wunsch oder mutmaßlichen Willen der betreuten Person entspricht (§ 1836 Absatz 3 BGB).

Grundsätze über die Vermögensverwaltung bei **Erbschaft und Schenkung** sind in § 1837 BGB niedergelegt. Danach hat der Betreuer generell das Vermögen, das der Betreute durch Erbschaft oder Schenkung erwirbt, nach den Anordnungen des Erblassers oder des Zuwendenden zu verwalten. Das Betreuungsgericht kann allerdings die Anordnung des Erblassers oder des Zuwendenden – gegebenenfalls mit seiner Zustimmung – aufheben, wenn die Befolgung der Anordnung das Vermögen des Betreuten erheblich gefährden würde. Es handelt sich hierbei um *keinen Fall* der klassischen Genehmigung durch das Betreuungsgericht. Das Betreuungsgericht genehmigt hier keine Maßnahme des Betreuers, sondern *trifft selbst* eine vom Erblasser oder Zuwendenden abweichende Anordnung. Allerdings beinhaltet § 1837 Absatz 2 BGB ebenfalls die Möglichkeit einer anderen Ausgestaltung der Vermögensverwaltung durch den Betreuer unter Mitwirkung des Betreuungsgerichts.

1.2.2.2 Allgemeine Pflichten des Betreuers bei der Vermögensverwaltung

Die Verwaltung des Vermögens ist in den §§ 1838 bis 1845 BGB detailliert geregelt. Diesen detaillierten Regelungen geht allerdings in § 1838 BGB der allgemeine Grundsatz voraus, der für die gesamte Vermögensverwaltung gilt, nämlich, dass der Betreuer die **Vermögensverwaltung nach Maßgabe des § 1821 BGB** wahrzunehmen hat. Damit hat auch im Rahmen der Vermögensverwaltung das Selbstbestimmungsrecht der betreuten Person oberste Priorität, mit der Folge, dass die Vermögensverwaltung sich generell an den Wünschen der betreuten Person zu orientieren hat, es sei denn, es liegt eine Ausnahme gemäß § 1821 Absatz 3 BGB vor.

Das bedeutet, dass die dem § 1838 BGB folgenden Vorschriften erst dann greifen, wenn ein entgegenstehender zu beachtender Wunsch oder mutmaßlicher Wille des Betroffenen der Anwendung jener Vorschriften nicht entgegensteht.

Steht ein zu beachtender Wunsch der Anwendung dieser Vorschriften entgegen, so hat der Betreuer dies dem Betreuungsgericht unter Darlegung jener Wünsche unverzüglich anzuzeigen (§ 1838 Absatz 2 Satz 1 BGB). Letztendlich prüft das Betreuungsgericht nur, ob jene geäußerten Wünsche entgegen den Vorschriften der §§ 1838 bis 1845 BGB zu befolgen sind oder ob gleichwohl diese Vorschriften Anwendung finden. Eine Ausnahme von der Wunschbefolgungspflicht würde allerdings nur vorliegen, wenn ansonsten das Vermögen – oder die Person – des Betreuten erheblich gefährdet werden könnte und der Betreute krankheitsbedingt nicht in der Lage ist, dies zu erkennen, oder die Wunschbefolgung dem Betreuer nicht zuzumuten ist (vgl. § 1821 Absatz 3 BGB).

Daran wird deutlich, dass die Vermögensverwaltung im Rahmen des Betreuungsrechts eine völlig andere Zielrichtung hat als die Vermögensverwaltung im Rahmen des Vormundschaftsrechts. Während das Ziel der Vermögensverwaltung im Vormundschaftsrecht ist, das Vermögen so zu verwalten, dass dem Minderjährigen möglichst viel Vermögen erhalten bleibt, wenn er volljährig wird, mit der Folge, dass das Vermögen damit möglichst mündelsicher angelegt werden soll, spielt dies, wenn überhaupt, im Rahmen des Erwachsenenschutzes nur eine untergeordnete Rolle. Das Ziel der Betreuung ist es, dass der Betreute trotz seiner Krankheit oder Behinderung ein selbstbestimmtes Leben führen kann. Damit sollen generell diese Wünsche bis zu der Grenze der erheblichen Selbstgefährdung, die der Betreute krankheitsbedingt nicht erkennen kann oder zumindest nach dieser Erkenntnis nicht handeln kann, erfüllt werden.

Fallbeispiel

Der vermögende, an Demenz erkrankte D äußert den Wunsch, noch einmal in seinem Leben eine Weltreise zu machen. Die Betreuerin B kann in Erfahrung bringen, dass es schon immer der Wunsch des D war, solch eine Weltreise zu machen, er allerdings aufgrund der Arbeit und der späteren Pflege seiner inzwischen verstorbenen Ehefrau nie dazu kam. B gelingt es auch, ein passendes Angebot einer Kreuzfahrt rund um die Welt und auch eine entsprechende Begleitung durch professionelle Pflege zu organisieren. Der einzige Sohn des D ist entsetzt, als er von diesem Vorhaben erfährt. Er wendet ein, dass D sowieso nur kurze Zeit zu leben habe, das meiste von der Fahrt vergessen werde und durch diesen „Spaß" ein erheblicher Teil „seiner" Erbschaft verloren gehe.

Lösung:

Es mag sein, dass dieses Vorhaben sehr kostspielig ist. Ob das Vorhaben allerdings vernünftig ist oder nicht, welchen Mehrwert es für den D haben wird und inwiefern er persönlich von dieser Reise profitieren kann, entzieht sich der Beurteilung durch alle anderen Personen. Das kann nur D selbst für sich beantworten. Es ist schlicht und ergreifend unzulässig, diese Erwägung bei der Frage, ob jeder Wunsch zu erfüllen ist oder nicht, zu stellen. Wenn die Reise dem Wunsch des D entspricht, so ist B zunächst einmal an diesen Wunsch gebunden. Eine Ausnahme nach § 1821 Absatz 3 BGB scheint auch nicht vorzuliegen. Eine erhebliche Gefahr für die Person des D kann durch die pflegerische Begleitung beseitigt werden. Auch eine erhebliche Gefahr für das Vermögen des D ist zu verneinen, wenn trotz der Verwirklichung der Reise die weitere Versorgung des D aus seinem Vermögen und seinem Einkommen gesichert ist. Auch ist die Organisation jenes Vorhabens der B durchaus zuzumuten, was sie auch bereits in die Wege geleitet hat. Im Übrigen spricht vieles dafür, dass der – auch schon früher – geäußerte Wunsch auch nun dem mutmaßlichen Willen des D entspricht, welcher selbst beim Vorliegen einer Ausnahme nach § 1821 Absatz 3 BGB gemäß § 1821 Absatz 4 BGB zu beachten wäre.

Wichtig

▶ ***Die Erhaltung von Vermögenswerten für die potenziellen Erben ist keine Pflicht des rechtlichen Betreuers und damit auch kein Entscheidungsmaßstab für die Betreuungsführung und Vermögensverwaltung.***[4]

1.2.2.3 Pflicht zum bargeldlosen Zahlungsverkehr

Gemäß § 1840 BGB sollen Bargeldgeschäfte im Rahmen der Betreuungsführung so gut wie möglich vermieden werden. Nur Auszahlungen an den Betreuten oder im Geschäftsverkehr übliche Barzahlungen dürfen mit Bargeld abgewickelt werden. Ansonsten hat der

4 Siehe dazu BGH, BtPrax 2009, 290.

Betreuer das Geld der betreuten Person auf einem Bankkonto anzulegen. Dabei unterscheidet man zwischen dem sogenannten Verfügungsgeld und dem sogenannten Anlagegeld.

1.2.2.4 Verfügungsgeld und Anlagegeld

Bei der Geldverwaltung auf einem Bankkonto unterscheidet das Betreuungsrecht zwischen dem sogenannten Verfügungsgeld und dem Anlagegeld. **Verfügungsgeld** ist das Geld des Betreuten, das der Betreuer für dessen Ausgaben benötigt (§ 1839 Absatz 1 Satz 1 BGB). Das **Anlagegeld** ist hingegen das Geld des Betreuten, das nicht für Ausgaben als Verfügungsgeld benötigt wird und daher vom Betreuer anzulegen ist (§ 1841 Absatz 1 BGB).

Das Verfügungsgeld hat der Betreuer generell auf einem Girokonto des Betreuten bei einem Kreditinstitut bereitzuhalten. Das Anlagegeld hingegen soll auf einem gesonderten, verzinslichen und geeigneten Konto angelegt werden. § 1845 Absatz 1 BGB verpflichtet den Betreuer, bezüglich des Verfügungsgeldes eine Sperrvereinbarung mit der Bank zu treffen. Bezüglich des Anlagegeldes besteht diese Verpflichtung hingegen nicht. Über das Verfügungsgeld soll der Betreuer nämlich stets verfügen dürfen. Das Anlagegeld soll hingegen sicher angelegt sein und nur mit Zustimmung des Betreuungsgerichts kann darüber verfügt werden.

1.2.2.5 Depotverwahrung und Hinterlegung von Wertpapieren

Ähnlich wie das Anlagegeld hat der Betreuer auch Wertpapiere sicher zu verwahren bzw. zu hinterlegen. Anleger, die ihr Geld in Wertpapieren angelegt haben, besitzen üblicherweise gar keine effektiven Stücke mehr, sondern Miteigentumsanteile an Globalurkunden, die bei der Deutschen Wertpapiersammelbank verwahrt sind. Solche Miteigentumsanteile werden durch die Depotbank des jeweiligen Anlegers depotmäßig verwahrt und verwaltet. Aber auch Wertpapiere als effektive Stücke können gemäß § 1 Absatz 1 DepotG einem Kreditinstitut, welches über die Erlaubnis zum Betreiben eines solchen Depotgeschäfts verfügt, zur Verwahrung anvertraut werden. Alle Wertpapiere, die gemäß § 1 Absatz 1 DepotG verwahrt werden können, sind auch depotfähig.

Wertpapiere, die nicht depotfähig sind, sollen unabhängig von ihrer wertpapierrechtlichen Einordnung bei einem Kreditinstitut hinterlegt werden. Es handelt sich hierbei um ein Verwahrungsverhältnis gemäß § 688 BGB. Auch bezüglich der verwahrten und hinterlegten Wertpapiere hat der Betreuer mit dem Kreditinstitut eine Sperrvereinbarung bzw. Herausgabesperre zu treffen.

1.2.2.6 Hinterlegung von Wertgegenständen

Gemäß § 1844 BGB hat der Betreuer bei einer Hinterlegungsstelle oder einer anderen geeigneten Stelle Wertgegenstände zu hinterlegen, wenn das Betreuungsgericht dies anordnet. Das Betreuungsgericht hingegen kann dies anordnen, wenn dies zur Sicherung des Vermögens des Betreuten – nach Maßstab des § 1821 Absatz 2 bis 4 BGB – geboten ist. Auch hier ist eine entsprechende Herausgabesperre zu vereinbaren.

1.2.2.7 Sperrvereinbarung

Die Pflicht zum Abschluss der sogenannten Sperrvereinbarung wurde bereits soeben im Rahmen der Regelung bezüglich des Anlagegeldes, der Wertpapiere und anderer Wertgegenstände kurz angesprochen.

Unter einer Sperrvereinbarung **bei Anlagegeld** versteht man eine Vereinbarung des Betreuers mit dem Kreditinstitut, dass über das Anlagegeld nur mit Genehmigung des Betreuungsgerichts verfügt werden kann. Entsprechend versteht man unter einer Sperrvereinbarung **bei Wertpapieren** im Sinne des § 1 DepotG eine Vereinbarung des Betreuers mit dem Kreditinstitut, dass über die verwahrten Wertpapiere bzw. den Depotvertrag als solchen nur mit Genehmigung des Betreuungsgerichts verfügt werden kann. Von der Sperrvereinbarung bezüglich der Wertpapiere sind auch Rechte aus dem Depotvertrag mit Ausnahme der Zinsen und Ausschüttungen umfasst.

Bezüglich der **sonstigen Wertpapiere** bezieht sich die Sperrvereinbarung auf die Öffnung des Schließfaches und bezüglich der **Hinterlegung von Wertgegenständen** bezieht sich die Sperrvereinbarung auf die Herausgabe der Wertgegenstände. Auch hier ist eine Vereinbarung mit der Hinterlegungsstelle erforderlich, mit dem Inhalt, dass die Öffnung oder Herausgabe nur mit Genehmigung des Betreuungsgerichts erfolgen kann.

Die Sperrvereinbarung enthält ein **rechtsgeschäftliches Verfügungsverbot** für das Kreditinstitut im Sinne von § 137 Satz 2 BGB.[5] Das bedeutet, dass eine etwaige Verfügung des Betreuers ohne Genehmigung unwirksam wäre und die Bank nicht mit befreiender Wirkung leisten könnte. Bezüglich der verwahrten Wertpapiere bedeutet das, dass der Betreuer ohne Genehmigung des Betreuungsgerichts nicht rechtswirksam die im Depot gehaltenen Papiere bewirtschaften, veräußern oder neu anschaffen kann. Auch kann er den Depotvertrag als solchen nicht kündigen oder ändern, mit der Folge, dass die Wertpapiere sodann aus dem Depot auszuliefern wären. Öffnet ein Kreditinstitut ein Schließfach entgegen der Vereinbarung ohne eine ausdrückliche gerichtliche Genehmigung, macht es sich schadensersatzpflichtig.[6]

1.2.3 Befreiungen im Rahmen der Vermögensverwaltung

1.2.3.1 Gesetzliche Befreiungen

Zu den befreiten Betreuern gehören:

- Verwandte in gerader Linie, also Urgroßeltern, Großeltern, Eltern, Kinder, Enkelkinder, Urenkelkinder usw.,
- Geschwister,
- Ehegatten,
- der Vereinsbetreuer, also der Betreuer, der die Betreuung als Mitarbeiter eines Betreuungsvereins führt,
- der Betreuungsverein selbst,

5 BT-Drucks. 19/24445, S. 279.
6 BT-Drucks. 19/24445, S. 280.

- der Behördenbetreuer,
- die Betreuungsbehörde und
- weitere vom Betreuungsgericht befreite Personen, die in einer Betreuungsverfügung benannt wurden, soweit der Betroffene an diesem Wunsch festhalten möchte.

Die befreiten Betreuer sind entbunden:

- von der **Pflicht zum Abschluss einer Sperrvereinbarung** nach § 1845 BGB bei Anlagegeld, Depotverwahrung und Hinterlegung von Wertpapieren und anderen Wertgegenständen, **nicht jedoch** von der **Pflicht zur Verwahrung und Hinterlegung der Wertpapiere;**[7]
- von der Genehmigungspflicht nach § 1849 Absatz 1 Nr. 1 und 2 sowie Absatz 2 BGB. Damit können sie **genehmigungsfrei über ein Wertpapier des Betreuten verfügen**, aber auch über ein Recht, kraft dessen der Betreute eine Geldleistung oder Leistung eines Wertpapiers verlangen kann. Sie können auch eine Verpflichtung zu solch einer Verfügung eingehen;
- von der Pflicht zur Rechnungslegung nach § 1865 BGB. Allerdings haben die befreiten Betreuer beim Betreuungsgericht jährlich eine Übersicht über den Bestand des Vermögens (Vermögensübersicht) einzureichen.

Die gesetzliche Befreiung tritt zwar kraft Gesetzes ein, kann allerdings durch das Betreuungsgericht aufgehoben werden, und zwar in den Fällen, in welchen eine erhebliche Gefährdung für die betreute Person oder ihr Vermögen zu besorgen ist. Falls also das Betreuungsgericht eine erhebliche Gefahr für das Vermögen der zu betreuenden Person aufgrund konkreter Anhaltspunkte befürchtet, kann es die gesetzliche Befreiung aufheben.

1.2.3.2 Befreiungen auf Anordnung des Gerichts bei geringem Einkommen

Neben den kraft Gesetzes eintretenden Befreiungen enthält § 1860 BGB drei Konstellationen, bei welchen das Gericht **auf Antrag** des Betreuers eine Befreiung aussprechen kann.

Gemäß § 1860 Absatz 1 BGB kann das Betreuungsgericht bei einem relativ geringen Vermögen von nicht mehr als 6.000 € – ohne Berücksichtigung von Immobilien und Verbindlichkeiten – folgende Befreiungen – gegebenenfalls nur teilweise – erteilen:

- Befreiung von der Anlagepflicht nach § 1841 BGB,
- Befreiung von der Sperrvereinbarung nach § 1845 BGB,
- Befreiung von der Genehmigung einer anderen Anlegung von Geld als auf einem Anlagekonto nach § 1848 BGB,
- Befreiung von der Genehmigung nach § 1849 Absatz 1 Nr. 1 und 2 sowie Absatz 2 BGB, mit der Folge, dass der Betreuer genehmigungsfrei über ein Wertpapier des Betreuten verfügen kann, aber auch über ein Recht, kraft dessen der Betreute eine Geldleistung oder Leistung eines Wertpapiers verlangen kann. Er kann dann auch eine Verpflichtung zu solch einer Verfügung eingehen

7 BT-Drucks. 19/24445, S. 293.

Ziel dieser Regelung ist es, dem Betreuer auf seinen **Antrag** zu ermöglichen, ein relativ geringes Vermögen ohne bürokratischen Aufwand verwalten zu können.[8] Um das Vermögen des Betreuten vor Missbrauch oder pflichtwidriger Verwendung zu schützen, soll die **Anzeigepflicht** nach § 1846 BGB – von der der Betreuer **nicht** befreit wird – genügen. Der Schutz der Immobilien bleibt aufgrund der nach wie vor bestehenden Genehmigungserfordernisse des § 1850 BGB bestehen. Auch ist durch die Klarstellung, dass die Verbindlichkeiten nicht in Abzug zu bringen sind, sichergestellt, dass der Betreuer aufgrund einer Verrechnung von hohen Schulden so dennoch ungeschützt über hohe Beträge verfügen kann. Bei einem Betrag bis maximal 6.000 € soll er allerdings von der Anlagepflicht auf einem – möglicherweise nur geringverzinslichen – Konto wie auch von der Pflicht zur Sperrvereinbarung und der damit einhergehenden geringen Möglichkeit, schnell auf das Geld zugreifen zu können, entbunden werden. Dasselbe gilt für die Verwertung von Wertpapieren. Einer Befreiung von der Verwahrungs- und Hinterlegungspflicht für Wertpapiere bedarf es hingegen nicht, da bei geringem Vermögen diese Pflicht – auch ohne einen Antrag des Betreuers – nach § 1843 Absatz 3 BGB nicht besteht, weil sie zur Sicherung des Vermögens des Betreuten nicht geboten ist.[9] Auch sollte der Betreuer bei einem relativ geringen Vermögen frei sein, das Geld anders als auf einem Anlagekonto anzulegen.

1.2.3.3 Befreiungen auf Anordnung des Gerichts beim Erwerbsgeschäft

§ 1860 Absatz 2 BGB ermöglicht dem Betreuer – auf seinen **Antrag** hin –, im Rahmen eines Erwerbsgeschäfts des Betreuten oder der Vermögensverwaltung eines umfangreichen Vermögens leichter ohne eine Genehmigung im Einzelfall agieren zu können. Dadurch soll beispielsweise dem Betreuer ermöglicht werden, im Zusammenhang mit einem Erwerbsgeschäft Schulden machen und Forderungen einziehen zu können, ohne diese auf einem Anlagekonto anlegen zu müssen. Auch sollen Vermögenszuflüsse und häufige Überweisungen, die mit der Verwaltung eines umfangreichen Vermögens regelmäßig erforderlich sind, ohne eine Genehmigung im Einzelfall möglich sein.

Dementsprechend kann das Betreuungsgericht Befreiungen von folgenden Genehmigungen erteilen:

- von der Genehmigung der Aufnahme von Krediten (§ 1854 Nr. 2 BGB),
- von der Genehmigung zur Ausstellung einer Schuldverschreibung auf den Inhaber oder zur Eingehung einer Verbindlichkeit aus einem Wechsel oder einem anderen Papier, das durch Indossament übertragen werden kann (§ 1854 Nr. 3 BGB),
- von der Genehmigung zu einem Rechtsgeschäft, das auf die Übernahme einer fremden Verbindlichkeit gerichtet ist (§ 1854 Nr. 4 BGB),
- von der Genehmigung zur Eingehung einer Bürgschaft (§ 1854 Nr. 5 BGB),
- von der Genehmigung einer anderen Anlegung von Geld als auf einem Anlagekonto nach § 1848 BGB,

8 BT-Drucks. 19/24445, S. 294.
9 BT-Drucks. 19/24445, S. 294.

- von der Genehmigung nach § 1849 Absatz 1 Nr. 1 und 2 sowie Absatz 2 BGB, mit der Folge, dass der Betreuer genehmigungsfrei über ein Wertpapier des Betreuten verfügen kann, aber auch für ein Recht, kraft dessen der Betreute eine Geldleistung oder Leistung eines Wertpapiers verlangen kann. Er kann dann auch eine Verpflichtung zu solch einer Verfügung eingehen.

1.2.3.4 Befreiungen auf Anordnung des Gerichts bei häufigen Wertpapiergeschäften

Eine weitere Möglichkeit der Befreiung von den Genehmigungserfordernissen beinhaltet § 1860 Absatz 3 BGB in den Fällen, in denen zum Zwecke der Vermögensverwaltung häufige Wertpapiergeschäfte erforderlich sind. Dies kommt bei großen Vermögen in Betracht, wenn bereits bei der Anordnung der Betreuung in einem vorhandenen Depot zahlreiche kurzfristige Anlagen enthalten sind und der bereits bestehende Depotvertrag eine neue Anlage durch die Bank nicht vorsieht.

In diesem Fall soll der Betreuer die Möglichkeit haben, von der Sperrpflicht und den Genehmigungserfordernissen für die Veräußerung, aber auch für die Neuanlage nach § 1848 Absatz 1 BGB befreit zu werden. Dies setzt allerdings voraus, dass der Betreuer „über hinreichende Kapitalmarktkenntnisse und Erfahrung verfügt" (§ 1860 Absatz 3 BGB).

In diesen Fällen kann das Betreuungsgericht **auf seinen Antrag** folgende Befreiungen erteilen:

- Befreiung von der Pflicht zur Sperrvereinbarung für Wertpapiere nach § 1845 Absatz 2 BGB,
- Befreiung von der Genehmigung einer anderen Anlegung von Geld als auf einem Anlagekonto nach § 1848,
- Befreiung von der Genehmigung nach § 1849 Absatz 1 Nr. 1 und 2 sowie Absatz 2 BGB, mit der Folge, dass der Betreuer genehmigungsfrei über ein Wertpapier des Betreuten verfügen kann, aber auch für ein Recht, kraft dessen der Betreute eine Geldleistung oder Leistung eines Wertpapiers verlangen kann. Er kann dann auch eine Verpflichtung zu solch einer Verfügung eingehen.

1.2.3.5 Keine Befreiungen bei erheblicher Gefährdung

Auch die Regelung über die Möglichkeit der Befreiung beinhaltet in § 1860 Absatz 4 BGB einen Schutz der betreuten Person und ihres Vermögens vor erheblichen Gefahren. Da bei der gesetzlichen Befreiung die Befreiung bereits durch Gesetz eintritt, ist dort ein aktives Eingreifen des Gerichts erforderlich. Hier, wo die Befreiung erst durch das Gericht erfolgen muss, beinhaltet § 1860 Absatz 4 BGB konsequenterweise als zusätzliche Voraussetzung der Befreiung, dass solch eine erhebliche Gefahr nicht zu besorgen ist.

1.2.3.6 Aufhebung der Befreiungen beim Wegfall der Voraussetzungen

Die einmal erteilte Befreiung soll darüber hinaus gemäß § 1860 Absatz 5 BGB nur so lange bestehen bleiben, wie ihre Voraussetzungen auch vorhanden sind. Dementsprechend ist das Betreuungsgericht verpflichtet, diese Befreiung aufzuheben, wenn die Voraussetzungen nicht mehr bestehen, was beispielsweise der Fall sein kann, wenn das Vermögen des Betreuten nach § 1860 Absatz 1 BGB die Wertgrenze von 6.000 € überschreitet, das Erwerbsgeschäft nach § 1860 Absatz 2 BGB aufgegeben wird, das Depot nach § 1860 Absatz 3 BGB aufgelöst wird, aber auch wenn im Laufe der Befreiung eine Besorgnis einer erheblichen Gefahr nach § 1860 Absatz 4 BGB neu hervortritt oder bekannt wird. Auch wenn der Betreuer seinen **Antrag** auf Befreiung **zurückzieht**, ist diese aufzuheben, denn auch deren Erteilung erfolgt nur auf Antrag.

1.3 Mitteilungs- und Anzeigepflichten des Betreuers

Die Regelungen zur Überwachung der Tätigkeit des Betreuers sind kein Ausdruck eines generellen Misstrauens des Betreuungsrechts gegenüber den Betreuern. Wie bereits erwähnt, ist der Staat bereits aufgrund der Tatsache, dass er jemanden in die Position, die derart weit in die Persönlichkeitsrechte der betreuten Person eingreift, einsetzt, zu einer gewissen Kontrolle verpflichtet. Im Rahmen der Genehmigung soll das Gericht neben dem Betreuer prüfen, ob die Voraussetzungen für eine bestimmte Entscheidung vorliegen oder nicht. Dies umfasst allerdings nur einen geringen, wenn auch äußerst wichtigen Teil der Entscheidungen, die durch einen Betreuer zu treffen sind. Bei einer Mehrzahl von Entscheidungen im Rahmen der Betreuungsführung und bei der Führung der Betreuung generell basiert das Verhältnis zwischen dem Aufsicht führenden Gericht und den Betreuern auf einem Vertrauensverhältnis. Hier übt das Betreuungsgericht seine Aufsicht auf der Grundlage der Angaben des Betreuers selbst aus, die gegebenenfalls zu belegen sind, jedoch im Wesentlichen auf den Angaben des Betreuers beruhen. In diesem Spannungsverhältnis zwischen der Pflicht zur staatlichen Überwachung der Betreuungsführung und der generellen Freiheit bei der selbstständigen Führung der Betreuung in Zusammenarbeit mit der betreuten Person stehen die diversen Mitteilungspflichten und Anzeigepflichten des Betreuers gegenüber dem Betreuungsgericht.

1.3.1 Mitteilungspflichten im Rahmen der Berichte

Eine Vielzahl von Mitteilungspflichten gegenüber dem Betreuungsgericht aus Anlass der Betreuungsübernahme wurde bereits erörtert. So trifft bereits zu Beginn der Betreuung den Betreuer die Pflicht, in einem **Anfangsbericht** über die persönliche Situation der betreuten Person die Ziele der Betreuung sowie die Wünsche der betreuten Person zu berichten. Der **Jahresbericht** beinhaltet die Pflicht, über die persönlichen Verhältnisse der betreuten Person ebenfalls mindestens einmal im Jahr zu berichten. Der Anfangsbericht über die persönlichen Verhältnisse wird durch das Vermögensverzeichnis, als eine Art Bericht über die finanziellen Verhältnisse, ergänzt. Die Pflicht zur jährlichen Rechnungslegung (§ 1865 BGB) sowie die Pflicht, das Vermögensverzeichnis zu ergänzen, wenn der Betreute Vermögen im Rahmen der Betreuung hinzuerwirbt, ergänzen diese Mitteilungspflichten.

Dementsprechend gibt es folgende Mitteilungspflichten aus Anlass der Betreuungsübernahme bzw. deren Beendigung und die regelmäßigen Mitteilungspflichten im Rahmen der Berichte:

- Anfangsbericht über die persönlichen Verhältnisse (§ 1863 Absatz 1 BGB),
- Vermögensverzeichnis (§ 1835 Absatz 1 BGB),
- Ergänzung des Vermögensberichts beim späteren Hinzuerwerb (§ 1835 Absatz 1 Satz 3 BGB),
- Jahresbericht über die persönlichen Verhältnisse (§ 1863 Absatz 3 BGB),
- jährliche Rechnungslegung (§ 1865 BGB),
- Schlussbericht bei Beendigung der Betreuung (§ 1863 Absatz 4 BGB).

1.3.2 Anlassbezogene Mitteilungspflichten

Darüber hinaus gibt es auch anlassbezogene Mitteilungspflichten, die in § 1864 Absatz 2 BGB zusammengefasst sind. Danach ist der Betreuer verpflichtet, dem Betreuungsgericht alle **wesentlichen Änderungen der persönlichen und wirtschaftlichen Verhältnisse** der betreuten Person unverzüglich und unaufgefordert mitzuteilen.

Dazu zählen insbesondere folgende Umstände:

- Umstände, die die Aufhebung der Betreuung ermöglichen,
- Umstände, die die Aufhebung des Einwilligungsvorbehalts ermöglichen,
- Umstände, die die Einschränkung des Aufgabenkreises des Betreuers ermöglichen,
- Umstände, die die Erweiterung des Aufgabenkreises des Betreuers erfordern,
- Umstände, die die Bestellung eines weiteren Betreuers, eines Ersatzbetreuers oder Ergänzungsbetreuers erfordern,
- Umstände, die die Anordnung eines Einwilligungsvorbehalts erfordern,
- Umstände, die es bei einer beruflich geführten Betreuung ermöglichen, diese künftig ehrenamtlich zu führen.

Hierbei ist jedoch zu beachten, dass die Aufzählung nicht abschließend ist. Dem Wortlaut „insbesondere" ist zu entnehmen, dass es sich um eine Aufzählung von Umständen handelt, deren Mitteilung besonders wichtig ist. Daneben sind aber auch andere Umstände, die eine wesentliche Änderung der persönlichen und wirtschaftlichen Verhältnisse bedeuten, ebenfalls dem Gericht mitzuteilen. Dazu könnte beispielsweise eine schwere, längere Erkrankung oder ein Unfallereignis gehören.

1.3.3 Anzeigepflichten im Rahmen der Personensorge

Durch die Betreuungsrechtsreform ist eine neue Anzeigepflicht, die bislang im Rahmen der Vermögenssorge geregelt war, in den Bereich der Personensorge überführt worden. Nach § 1833 Absatz 2 BGB hat der Betreuer bereits die Absicht, den vom Betreuten selbst genutzten **Wohnraum** aufzugeben, dem Betreuungsgericht anzuzeigen. Dabei hat der Betreuer die Gründe für seine Absicht wie auch die Sichtweise der betreuten Person bei der Anzeige mitzuteilen.

Eine weitere Anzeigepflicht trifft den Betreuer dann, wenn mit der Aufgabe des Wohnraums aus anderen Gründen zu rechnen ist. Auch hat er sogleich dem Betreuungsgericht mitzuteilen, welche Maßnahmen er ergreifen möchte, wenn sein Aufgabenkreis die entspreche Angelegenheit umfasst. Reicht der ihm übertragene Aufgabenkreis nicht aus, die notwendigen Maßnahmen zu ergreifen, so trifft ihn bereits nach § 1864 Absatz 2 Nr. 3 BGB eine entsprechende Mitteilungspflicht.

Fallbeispiel

Die betreute Person M befindet sich gerade in einer manischen Phase. Aufgrund dessen wird das Zusammenleben mit den weiteren Mietern des Mehrfamilienhauses immer schwieriger. M arbeitet an einer „bahnbrechenden Idee" und fühlt sich von ihren „ignoranten Nachbarn" in der kreativen Phase gestört. Es kommt zu verbalen Übergriffen gegenüber den Nachbarn, Lärmstörung und Verunstaltung der gemeinsam genutzten Räume, wie beispielsweise des Treppenhauses. M wird die Wohnung aus wichtigem Grund fristlos gekündigt. M kümmert sich nicht weiter um die Kündigung, da sie fest davon überzeugt ist, dass sie schon bald aufgrund ihrer bahnbrechenden Idee Millionen gewinnen wird und damit dem Vermieter das ganze Haus abkaufen wird. B ist bislang als Betreuer mit dem Aufgabenkreis: „Gesundheitssorge und Schuldenregulierung" bestellt.

Lösung:

B muss die Situation dem Betreuungsgericht unverzüglich mitteilen. Die Mitteilung könnte wie folgt lauten:

„Sehr geehrte Damen und Herren,

Heute habe ich im Rahmen eines Hausbesuchs bei Frau M ein Kündigungsschreiben ihres Vermieters bezüglich der von ihr bewohnten Wohnung gesehen. Frau M teilte mir mit, das Schreiben vor wenigen Tagen bekommen zu haben. Das Schreiben datiert auf den Montag letzter Woche. Ich habe heute Rücksprache mit dem Vermieter gehalten. Der Vermieter berichtete mir ausführlich von den Vorkommnissen in letzter Zeit mit den zahlreichen Beschwerden der weiteren Mieter. Er hält die Zustände im Haus für nicht länger hinnehmbar und kündigte mir gegenüber an, dass eine entsprechende Räumungsklage durch seinen Anwalt bereits auf den Weg gebracht worden sei.

Frau M ist gerade in einer manischen Phase und dementsprechend nicht in der Lage, den Ernst der Situation einzusehen. Sie ist der festen Überzeugung, in wenigen Wochen mehrere Millionen Euro durch eine bahnbrechende Idee zu erwerben und mit diesem Geld das gesamte Haus zu erwerben. Dies erscheint aus meiner Sicht völlig aussichtslos, zumal die „bahnbrechende Idee" der Frau M in einem Konstrukt aus Alufolie besteht, welches angeblich die Menschheit vor schädlichen Strahlen aus dem All schützen soll. Meinen Vorschlag, einen Mietanwalt einzuschalten und ge-

gen die Kündigung vorzugehen, hält sie für nicht erforderlich, gab mir gegenüber jedoch an, ich solle das machen, wofür ich „bezahlt werde".

Ich zeige Ihnen hiermit also an, dass akut der Verlust des von der Frau M selbst genutzten Wohnraums durch die bereits ausgesprochene fristlose Kündigung und die angekündigte Räumungsklage droht. Gern würde ich einen entsprechenden Anwalt damit beauftragen, gegen diese Kündigung vorzugehen. Mein Aufgabenkreis umfasst allerdings neben der Gesundheitssorge allein den Aufgabenbereich der Schuldenregulierung. Ich halte daher die Erweiterung des Aufgabenbereichs auf den gesamten Bereich der Vermögenssorge, alternativ die Erweiterung des Aufgabenkreises um den Bereich „Wohnungsangelegenheiten, inklusive aller Maßnahmen zur Erhaltung des Wohnraums", für dringend erforderlich. Ich bin bereit, diesen weiteren Aufgabenbereich zu übernehmen. Frau M sieht zwar die Notwendigkeit der Erweiterung nicht, ist allerdings einverstanden, dass ich mich um die Angelegenheit kümmere.

Unabhängig davon beabsichtige ich im Rahmen meines Aufgabenbereichs der Gesundheitssorge, Frau M von der Notwendigkeit einer Behandlung zu überzeugen. Frau M hat sich bereit erklärt, ihren behandelnden Psychiater mit mir aufzusuchen. Wir haben für nächste Woche einen Termin vereinbaren können. Falls weitere Maßnahmen, insbesondere eine freiheitsentziehende Unterbringung, erforderlich werden sollten, werde ich Ihnen dies unaufgefordert mitteilen. Für Rückfragen stehe ich Ihnen jederzeit zur Verfügung."

Darüber hinaus enthält das Betreuungsrecht auch Anzeigepflichten, wenn **freiheitsentziehende Maßnahmen** nicht mehr erforderlich sind (§ 1831 Absatz 3 und § 1832 Absatz 3 BGB). Durch die Anzeige weiß das Gericht, dass die erteilte Genehmigung nicht mehr erforderlich ist und gegebenenfalls aufgehoben werden kann.

Es gibt folgende Anzeigepflichten im Rahmen der Personensorge:

- Absicht zur Aufgabe des von der betreuten Person selbst genutzten Wohnraums,
- Gefahr des Verlustes von Wohnraum aus anderen Gründen,
- Beendigung der Unterbringung,
- Beendigung freiheitsentziehender Maßnahmen,
- Beendigung ärztlicher Zwangsmaßnahmen.

1.3.4 Anzeigepflichten im Rahmen der Vermögenssorge

Im Rahmen der Vermögenssorge enthält das Gesetz deutlich mehr Anzeigepflichten. Anzeigepflichten greifen gegenüber Genehmigungsvorbehalten deutlich weniger in die Ausübung der Betreuung durch den Betreuer ein. Bei anzeigepflichtigen Entscheidungen ist der Betreuer in der Ausübung seines Amtes nicht eingeschränkt. Er kann so handeln, wie er es für richtig und erforderlich hält, er muss lediglich das Betreuungsgericht davon in Kenntnis setzen. Das Betreuungsgericht seinerseits kann den Betreuer gewähren lassen oder, falls es in dem angezeigten Vorgehen eine Verletzung der Betreuerpflichten sieht, von seinem Aufsichtsrecht Gebrauch machen.

Während also bei einem Genehmigungsvorbehalt der Betreuer auf die Zustimmung des Betreuungsgerichts zu seinem Vorhaben angewiesen ist, kann er bei anzeigepflichtigen Maßnahmen so lange tätig sein, wie das Betreuungsgericht im Rahmen seiner Aufsichtspflicht keine entgegengesetzte abweichende Maßnahme verlangt.

Zu den **anzeigebedürftigen Maßnahmen** des Betreuers gehören:

- Abweichung von dem Verwendungsverbot unter Darlegung der Vereinbarung mit dem Betreuten (§ 1836 Absatz 2 BGB),
- Abweichung von den in §§ 1839 bis 1843 BGB festgelegten Grundsätzen bei der Wahrnehmung der Vermögensangelegenheiten unter Darlegung der Wünsche des Betreuten (§ 1838 Absatz 2 BGB),
- die Eröffnung eines Girokontos für den Betreuten, inklusive der Angabe der Höhe des Guthabens auf dem Girokonto sowie der Angabe ihrer Bestimmung als Verfügungsgeld (§ 1846 Absatz 1 Nr. 1 und Absatz 2 Nr. 1 und 5 BGB),
- die Eröffnung eines Anlagekontos für den Betreuten inklusive der Angabe der Höhe und der Verzinsung der Anlage sowie Angaben zur Sperrvereinbarung (§ 1846 Absatz 1 Nr. 2 und Absatz 2 Nr. 2 und 5 BGB),
- die Eröffnung eines Depots, inklusive Angabe der Art, des Umfangs, des Wertes der depotverwahrten Wertpapiere sowie der sich aus ihm ergebenden Aufwendungen und Nutzungen und der Angaben zur Sperrvereinbarung (§ 1846 Absatz 1 Nr. 3 und Absatz 2 Nr. 3 und 5 BGB),
- die Hinterlegung von Wertpapieren, inklusive Angabe der Art, des Umfangs, des Wertes der hinterlegten Wertpapiere sowie der sich aus ihm ergebenden Aufwendungen und Nutzungen und der Angaben zur Sperrvereinbarung (§ 1846 Absatz 1 Nr. 3 und Absatz 2 Nr. 3 und 5 BGB),
- die Nichthinterlegung oder Nichtverwahrung von Wertpapieren unter Darlegung der Gründe, aus denen der Betreuer die Verwahrung oder Hinterlegung für nicht geboten erachtet, und unter Angabe der Art und Weise der Verwahrung jener Wertpapiere (§ 1846 Absatz 1 Nr. 4 und Absatz 2 Nr. 4 BGB),
- den Beginn, Art und Umfang eines neuen Erwerbsgeschäfts des Betreuten (§ 1847 BGB),
- die Aufgabe eines bestehenden Erwerbsgeschäfts des Betreuten (§ 1847 BGB).

1.4 Genehmigungspflichten – die höchste Stufe der gerichtlichen Kontrolle

1.4.1 Sinn und Zweck des Genehmigungsvorbehalts

Die Genehmigungspflichten beinhalten die höchste Stufe der gerichtlichen Kontrolle, die das Betreuungsrecht vorsieht. Auch wenn durch die Übertragung nur einzelner Aufgabenbereiche in gewissem Maße sichergestellt werden kann, dass der Betreuer nur in den Bereichen tätig wird, in denen es erforderlich ist, so kann dadurch nicht sichergestellt werden, dass dem Betreuer in den erforderlichen, jedoch sehr sensiblen Bereichen ein Fehler mit schwerwiegenden Folgen für die betreute Person unterlaufen könnte. Dabei bezweckt der Genehmigungsvorbehalt nicht allein den Schutz der betreuten Person vor dem Missbrauch der Befugnisse, die dem Betreuer mit seiner Bestellung übertragen worden sind. Durch den Genehmigungsvorbehalt soll auch der Betreuer bei schwierigen und folgeträchtigen Entscheidungen durch das Betreuungsgericht nicht alleingelassen werden. Hierbei ist eine allgemeine Beratungspflicht des Betreuungsgerichts nicht ausreichend. Vielmehr muss das Betreuungsgericht eine eigene Entscheidung treffen, ob die beabsichtigte Maßnahme die rechtlichen Voraussetzungen erfüllt oder nicht.

Der Betreuer ist durch den Genehmigungsvorbehalt allerdings nicht von seiner **Haftung** entbunden.[10] Er muss nach wie vor in seiner eigenen Zuständigkeit prüfen, ob die beabsichtigte Maßnahme erforderlich ist und ob dafür die gesetzlichen Voraussetzungen erfüllt sind. Neben dem Betreuer trifft aber auch das Betreuungsgericht eine umfassende Prüfungspflicht der gesetzlichen Voraussetzungen, deren Verletzung wiederum einen Amtshaftungsanspruch der betreuten Person gegen den Staat auslösen kann.[11] Damit ist zwar der Betreuer von seiner Haftung nicht entbunden, allerdings werden die gesetzlichen Voraussetzungen der beabsichtigten Maßnahme unabhängig voneinander sowohl durch den Betreuer als auch durch das Betreuungsgericht geprüft.

Wurde zusätzlich für das Genehmigungsverfahren ein Verfahrenspfleger eingebunden und hat auch er die Maßnahme befürwortet, so spricht einiges dafür, dass die begehrte Maßnahme zumindest vertretbar gewesen ist.

Zu berücksichtigen ist in diesem Zusammenhang, dass der Betreuer von sich aus eine gewisse Maßnahme ergreifen möchte. Erst, wenn er die bestimmte Maßnahme auch tatsächlich vornehmen möchte, wird er sich an das Betreuungsgericht mit der Bitte um Genehmigung wenden. Hält das Betreuungsgericht wiederum eine Maßnahme für erforderlich, kann es diese kaum gegen den Willen des Betreuers „genehmigen".

Was würde auch eine „Genehmigung" einer bestimmten Maßnahme bringen, wenn der Betreuer diese überhaupt nicht ergreifen möchte? Liegt in der Untätigkeit des Betreuers allerdings eine Pflichtverletzung vor, so kann zwar das Betreuungsgericht von seiner Aufsichtsbefugnis und unter Umständen Weisungsbefugnis Gebrauch machen und schlimmstenfalls die Eignung des Betreuers überprüfen. Die eigentliche Führung der Betreuung, samt der Zweckmäßigkeitserwägung, liegt allerdings beim Betreuer und ist der betreuungsgerichtlichen Aufsichtspflicht entzogen.

Fallbeispiel

Der betreute ältere Herr H wird in einer stationären Pflegeeinrichtung versorgt. Die Ersparnisse des H sind nahezu aufgebraucht. Der Rechtspfleger R drängt den Betreuer B, endlich eine der zahlreichen Immobilien zu verkaufen, um so die Finanzierung sicherzustellen. B hält dies allerdings nach Rücksprache mit H für keine gute

10 BGH, BtPrax 2004, 30; *Thielke*, in: Schnellenbach/Normann-Scheerer/Giers/Thielke, Betreuungsrecht für die Praxis, Rn. 590.

11 BGH, NJW 1986, 2829; *Thielke*, in: Schnellenbach/Normann-Scheerer/Giers/Thielke, Betreuungsrecht für die Praxis, Rn. 590.

Idee. Zum einen wendet H ein, dass die vielen Immobilien sein Lebenswerk seien, welches er nach Möglichkeit nach seinem Tod an eine gemeinnützige Organisation vererben möchte. Es würde ihn sehr schmerzen, zu sehen, wie diese nach und nach veräußert würden. Zum anderen sei bei der gegenwärtigen hohen Inflation und den sehr geringen Sparzinsen der Verkauf schlicht und ergreifend wirtschaftlich unsinnig. B errechnet zusammen mit der Immobilienverwaltung und weiterer professioneller Unterstützung, dass bei einer sinnvollen Vermietung der Immobilien genug Erlös erzielt werden kann, um die Kosten der Einrichtung tragen zu können, wenn man die vorhandenen Wertpapiere des H verkauft und in die Renovierung der Immobilien investiert. B entscheidet sich entgegen dem Drängen des R für diesen Weg.

Lösung:

Solange die Wünsche des H hier umgesetzt werden können und gleichzeitig die Versorgung des H gesichert ist, erledigt B seine Aufgabe pflichtgemäß. Die Aufsichtspflichten des Betreuungsgerichts beschränken sich auf die Einhaltung der Pflichten des Betreuers (§ 1862 Absatz 1 Satz 2 BGB). Nur bei einer Pflichtwidrigkeit des Betreuers kann das Betreuungsgericht durch geeignete Gebote und Verbote einschreiten (§ 1862 Absatz 3 BGB). Zweckmäßigkeitserwägungen, also die Entscheidung, welche der in Betracht kommenden Maßnahmen am besten geeignet ist, den Zweck zu erfüllen, obliegen nicht der Aufsicht des Betreuungsgerichts.

1.4.2 Genehmigungsvorbehalt in der Personensorge und Vermögenssorge

Es gibt diverse Möglichkeiten, die Genehmigungsvorbehalte einzuordnen. Zum einen kann man die Genehmigungsvorbehalte danach unterscheiden, wer für deren Genehmigung funktionell beim Betreuungsgericht zuständig ist: der Rechtspfleger oder der Richter? Des Weiteren kann man zwischen Genehmigungsvorbehalten unterscheiden, die ausschließlich im Rahmen der rechtlichen Betreuung gelten, und Genehmigungsvorbehalten, die sowohl für rechtliche Betreuer wie auch für Bevollmächtigte gelten. Schließlich kann man zwischen Genehmigungsvorbehalten, die die Personensorge betreffen, und denjenigen, die die Vermögenssorge betreffen, unterscheiden.

Um eine bessere Übersicht über die Genehmigungsvorbehalte des Betreuungsrechts – die teilweise auch für die Bevollmächtigten gelten – zu erhalten, wird hier zwischen den Genehmigungsvorbehalten im **Rahmen der Personensorge** und denen im **Rahmen der Vermögenssorge** unterschieden.

In dem komplexen System der Genehmigungsvorbehalte ist allerdings eine saubere Trennung zwischen dem Bereich der Personensorge und Vermögenssorge nicht durchgehend möglich. Dies wurde am Beispiel der Kündigung des von der betreuten Person bewohnten Wohnraums bereits gezeigt (siehe oben Seite S. 68 f.). Aber auch der noch zu besprechende genehmigungsbedürftige Widerruf einer Vorsorgevollmacht lässt sich nicht klar einem der beiden Bereiche zuordnen. Beinhaltet die Vorsorgevollmacht nur Bereiche der Personensorge, so würde deren Widerruf allein dem Bereich der Personensorge zuzurechnen sein. Soll allerdings eine Vorsorgevollmacht nur partiell im Bereich der Vermögenssorge widerrufen werden, so wäre wiederum allein dieser Bereich betroffen.

Aber auch die funktionelle Zuständigkeit wäre kein geeignetes Unterscheidungskriterium. So ist für die Genehmigung der Kündigung der vom Betreuten selbst genutzten Wohnung allein der Rechtspfleger zuständig, obwohl hier ein Bereich der Personensorge berührt ist. Für die Genehmigung des Widerrufs der Vorsorgevollmacht ist wiederum ausschließlich der Richter zuständig, unabhängig davon, ob die Vorsorgevollmacht im Bereich der Personensorge oder Vermögenssorge widerrufen werden soll.

Vor dem Hintergrund der besseren Übersicht wird hier daher die Unterteilung in Personensorge und Vermögenssorge vorgenommen. Der Widerruf der Vorsorgevollmacht soll als Sonderfall gesondert besprochen werden (siehe dazu unten 3.4).

2 Genehmigungstatbestände

Bevor die Genehmigungstatbestände systematisch besprochen werden, sollen die nachfolgenden Übersichten eine bessere Handhabung für die Praxis ermöglich. Die nachfolgende **Übersicht zählt in alphabetischer Reihenfolge alle in Betracht kommenden Genehmigungstatbestände** auf. So soll die Anwendung in der Praxis erleichtert werden, insbesondere die schnelle Überprüfung erleichtert werden, ob die beabsichtigte Maßnahme genehmigungsbedürftig ist oder nicht.

Eine zweite Übersicht verschafft – insbesondere für diejenigen, die bereits in der Praxis vor der Reform des Betreuungsrechts tätig gewesen sind – einen schnellen **Überblick über die Änderungen durch die Betreuungsrechtsreform**. Dadurch sollen die im Betreuungswesen tätigen Personen schnell erfassen können, ob die früher noch genehmigungsbedürftige Maßnahme weiterhin genehmigungsbedürftig ist und wo dies nun geregelt ist.

Ferner ermöglicht eine weitere Übersicht auch **Bevollmächtigten** – hier nochmals mit Hervorhebung der Genehmigungserfordernisse für **Ehegatten im Rahmen des Ehegattenvertretungsrechts** – einen schnellen Überblick über die Maßnahmen, von denen sie betroffen sind.

Schließlich soll eine letzte Übersicht eine schnelle Feststellung der **funktionalen Zuständigkeit** ermöglichen. Es ist oft ratsam, in komplizierten Fallgestaltungen zunächst Kontakt zum „Betreuungsgericht" aufzunehmen. Wenn das Gesetz vom „Gericht" oder „Betreuungsgericht" spricht, ist damit nicht geklärt, ob funktional der Rechtspfleger oder Richter für die jeweils benötigte Genehmigung zuständig ist.

2.1 Genehmigungsbedürftige Entscheidungen in alphabetischer Reihenfolge

Abhebung von Anlagegeld, § 1845 Absatz 1 BGB

Ablehnung der Fortsetzung der Gütergemeinschaft, § 1484 Absatz 2 BGB

Abschichtungsvereinbarung, § 1851 Nr. 3 BGB

Abschluss oder Aufhebung eines Erb- oder Pflichtteilsverzichtsvertrags oder eines Zuwendungsverzichtsvertrags, § 1851 Nr. 9 BGB

Abschluss von Miet- und Pachtverträgen, § 1853 Satz 1 Nr. 1 BGB

Abschluss von Pachtverträgen über einen gewerblichen oder land- oder forstwirtschaftlichen Betrieb, § 1853 Satz 1 Nr. 2 BGB

Abtretung grundstücksbezogener Forderungen, § 1850 Nr. 2 BGB

Abtretung von Hypothekenforderungen, § 1850 Nr. 2 BGB

Aktien und Aktienfonds, Geldanlage in andere Anlage als in Anlagegeld nach § 1848 BGB

Änderung des Familiennamens, § 2 Absatz 1 Satz 1 NamÄndG

Änderung des Vornamens nach dem Transsexuellengesetz, §§ 1 Absatz 1, 3 Absatz 1 Satz 2 TSG

Anfechtung eines Erbvertrags, § 1851 Nr. 4 BGB

Aufhebung der Änderung des Vornamens nach dem Transsexuellengesetz, §§ 6 Absatz 2 Satz 1, 3 Absatz 1 Satz 2 TSG

Aufhebung der Gütergemeinschaft, § 1492 Absatz 3 BGB

Aufhebung des Mietverhältnisses bezüglich des vom Betreuten genutzten Wohnraums, § 1833 Absatz 3 Nr. 2 BGB

Aufhebung einer Ehe, Antrag auf, § 125 Absatz 2 Satz 2 FamFG

Aufhebung eines Erbverzichts, § 1851 Nr. 9 BGB

Aufhebung eines zwischen Ehegatten geschlossenen Erbvertrags durch gemeinschaftliches Testament der Ehegatten, § 1851 Nr. 7 BGB

Auflösung von Konten, § 1849 Absatz 1 Nr. 1 BGB[12]

Ausschlagung einer Erbschaft oder eines Vermächtnisses, § 1851 Nr. 1 BGB

Ausschlagung einer Erbschaft, eines Vermächtnisses, Verzicht auf einen Pflichtteil oder einen Auseinandersetzungsvertrag, § 1851 Nr. 1 BGB

Bettgitter, Anbringung von, § 1831 Absatz 4 BGB

Bürgschaft, Eingehung einer, § 1854 Nr. 5 BGB

Darlehen, Aufnahme eines, § 1854 Nr. 2 BGB

Dauerschuldverhältnisse (über vier Jahre), § 1853 Satz 1 Nr. 1 BGB

Eheaufhebung oder Ehescheidung, Antrag auf, § 125 Absatz 2 FamFG

Ehevertrag, Abschluss eines, § 1411 Absatz 1 BGB

Eigentümergrundschuld, Bestellung einer, § 1850 Nr. 2 BGB

Eingehen von Bürgschaften, § 1854 Nr. 5 BGB

12 Die Auflösung des Girokontos ist eine Verfügung über ein Recht aus dem Girovertrag. Vgl. LG Meiningen, FamRZ 2008, 640.

Eingriff, gefährlicher ärztlicher, § 1829 BGB

Entgeltlicher Erwerb eines Erwerbsgeschäfts, § 1852 Nr. 1a BGB

Erbrechtliche Rechtsgeschäfte, § 1851 BGB

Erbverzichtsvertrag, § 1851 Nr. 9 BGB

Freiheitsentziehende Maßnahmen, § 1831 Absatz 4 BGB

Freiheitsentziehende Unterbringung, § 1831 Absatz 1 BGB

Gefährliche Heilbehandlung, § 1829 BGB

Geldanlage, Änderung, andere Anlage als Anlagegeld nach, § 1848 BGB

Geldanlage, Verfügung über Wertpapiere, § 1849 Absatz 1 Nr. 2 BGB

Gesamtgutanteil, Verzicht auf, § 1491 Absatz 3 BGB

Gesellschaftsvertrag, Abschluss eines, § 1852 Nr. 2 BGB

Grundpfandrecht, Verfügung über, § 1850 Nr. 1 BGB

Grundschuld, Bestellung einer (auch Eigentümergrundschuld) Inhaltsänderung, § 1850 Nr. 1 bzw. 2 BGB

Grundstück, Verfügung über vom Betreuten zu Wohnzwecken genutztes, wenn mit Aufgabe des Wohnraums verbunden, § 1833 Absatz 1 Nr. 4 BGB (beachte auch § 1850 Nr. 1 beim wirtschaftlichen Aspekt der Veräußerung)[13]

Grundstücksgeschäfte (Veräußerung und/oder entgeltlicher Erwerb), § 1850 Nr. 1 BGB

Gütergemeinschaft, Ablehnung der Fortsetzung, § 1484 Absatz 2 BGB

Gütergemeinschaft, Aufhebung der, § 1492 Absatz 3 BGB

Heilbehandlung, Einwilligung in eine gefährliche, § 1829 BGB

Hypothek, Bestellung oder Inhaltsänderung einer, § 1850 Nr. 2 BGB

Immobilien als andere Geldanlage, § 1848 BGB

Inhaltsänderung einer Grundschuld, § 1850 Nr. 2 BGB

Investmentfonds, Geldanlage in, als andere Anlage als Anlagegeld nach § 1848 BGB – Verfügung über Wertpapiere in § 1849 BGB geregelt

Kapitalgesellschaft, Erwerb oder Veräußerung eines Teils einer, § 1852 Nr. 1b) BGB

Kastration, Einwilligung in, § 6 KastrG[14]

Kredit, Aufnahme von, § 1854 Nr. 2 BGB

Kündigung der Mietwohnung des Betreuten, § 1833 Absatz 3 Nr. 1 BGB

Landwirtschaftliche Güter, Erklärung bezüglich, § 1 Absatz 6 Höfeordnung

Lebensversicherung, Verfügung über, § 1849 Absatz 1 Nr. 1 BGB

Löschungsbewilligung, Abgabe einer, § 1850 Nr. 1 BGB

13 Vgl. dazu BT-Drucks. 19/24445, S. 263.
14 Erst mit Rechtskraft des Genehmigungsbeschlusses wirksam.

Medikamente, Anordnung der zwangsweisen Verabreichung, § 1832 BGB

Medikamente, bei Gefahr schweren Gesundheitsschadens, § 1829 BGB

Medikamente, zur Einschränkung der Fortbewegungsfreiheit, § 1831 Absatz 4 BGB

Mietvertrag, Abschluss eines (länger als vier Jahre und ohne Nachteile für den Betreuten nicht vorher kündbar), § 1853 BGB

Mietvertrag, Willenserklärung auf Aufhebung betreffend vom Betreuten selbst genutzten Wohnraum, § 1833 Absatz 3 Nr. 2 BGB

Nießbrauch, Bestellung eines, § 1850 Nr. 1 BGB

Pachtvertrag, Abschluss eines (länger als vier Jahre und ohne Nachteile für den Betreuten nicht vorher kündbar), § 1853 BGB

Prokura, Erteilung einer, § 1852 Nr. 3 BGB

Rechtsgeschäft, durch das die für eine Forderung bestehende Sicherheit aufgehoben oder gemindert oder die Verpflichtung dazu begründet wird, § 1854 Nr. 7 BGB

Rücknahme eines mit dem Erblasser geschlossenen Erbvertrags aus der amtlichen oder notariellen Verwahrung, § 1851 Nr. 8 BGB

Sachwerte, andere Geldanlage in, § 1848 BGB

Scheidung, Antrag auf, § 125 Absatz 2 FamFG

Schenkung, § 1854 Nr. 8 BGB

Schiedsvertrag (siehe auch Vergleich), § 1854 Nr. 6 BGB

Schiff, Verfügung über ein eingetragenes, § 1850 Nr. 3 BGB

Schuldverschreibung, § 1854 Nr. 3 BGB

Sensorgesteuerte Weglaufsperre – wenn mit Entzug der Fortbewegungsfreiheit verbunden[15], Verwendung einer, § 1831 Absatz 1 BGB

Sitzhose, Verwendung von, § 1831 Absatz 4 BGB

Stecktisch, Verwendung eines, § 1831 Absatz 4 BGB

Sterilisation, Einwilligung in, 1830 BGB

Übernahme von Verbindlichkeiten, § 1854 Nr. 4 BGB

Unentgeltliche Zuwendungen, § 1854 Nr. 8 BGB

Unterbringung mit freiheitsentziehender Wirkung, § 1831 Absatz 1 BGB

Unterbringungsähnliche Maßnahmen, § 1831 Absatz 4 BGB

Untermietvertrag (vom Betreuten genutzten Wohnraums), § 1833 Absatz 3 Nr. 3 BGB

Untersuchung, gefährliche ärztliche, § 1829 BGB

Vaterschaft, Anerkennung und Zustimmung, § 1596 Absatz 1 Satz 3 BGB

Veräußerung eines Erwerbsgeschäfts, § 1852 Nr. 1a) BGB

15 Näher dazu *Mazur*, BtPrax, 2016, 227.

Verbindlichkeit, Übernahme einer fremden, § 1854 Nr. 4 BGB

Verfügung über Anlagegeld bei Sperrvereinbarung, § 1845 BGB

Verfügung über einen Anteil der Erbschaft, § 1851 Nr. 3 BGB

Verfügungen über das gesamte Vermögen, § 1854 Nr. 1 BGB

Vergleich, Abschluss eines, § 1854 Nr. 6 BGB

Vermächtnis, Ausschlagung eines, § 1851 Nr. 1 BGB

Vermietung eines vom Betreuten genutzten Wohnraums, § 1833 Absatz 3 Nr. 3 BGB

Verpflichtungsgeschäfte, durch die der Betreute zu einer Verfügung über eine Erbschaft, seinen künftigen gesetzlichen Erbteil oder seinen künftigen Pflichtteil verpflichtet wird, § 1851 Nr. 2 BGB

Verschollenheit, § 16 Absatz 3 Verschollenheitsgesetz

Vertraglichen Aufhebung eines Erbvertrags, § 1851 Nr. 5 BGB

Verzicht auf die Geltendmachung eines Vermächtnisses oder Pflichtteilsanspruchs oder eines Gegenstandes aus einem Vermächtnis sowie auf einen Auseinandersetzungsvertrag, § 1851 Nr. 1 BGB

Verzicht auf Gesamtgutsanteil, § 1491 Absatz 3 BGB

Verzicht auf Zuwendungen, § 1851 Nr. 9 BGB

Vorkaufsrecht, Bestellung eines, § 1850 Nr. 1 BGB

Wertgegenstände, Herausgabe der hinterlegten Wertgegenstände mit Sperrvereinbarung, § 1845 Absatz 2 Satz 2 BGB

Wertpapiere, Anlage des Vermögens in Wertpapiere als andere Anlage als Anlagegeld nach § 1848 BGB – Verfügung über Wertpapiere in § 1849 BGB geregelt

Wertpapiere, Öffnung des Schließfaches mit anderen Wertpapieren als im Sinne des § 1 Absatz 1 und 2 Depotgesetz bei Sperrvereinbarung, § 1845 Absatz 2 Satz 2 BGB

Wertpapiere, Verfügung über Wertpapiere im Sinne des § 1 Absatz 1 und 2 Depotgesetz, § 1849 BGB

Widerruf der (Vorsorge-)Vollmacht, § 1820 Absatz 5 Satz 2 BGB

Wohnrecht, Verzicht auf ein im Grundbuch eingetragenes lebenslanges unentgeltliches Wohnrecht, § 1850 Nr. 2 BGB – bei selbst genutztem Wohnraum zusätzlich § 1833 Absatz 3 Nr. 4 BGB

Wohnrecht, Bestellung eines, § 1850 Nr. 2 BGB

Wohnungskündigung, bei selbst genutztem Wohnraum, § 1833 Absatz 3 Nr. 1 BGB

Zustimmung zur testamentarischen Aufhebung einer in einem Erbvertrag geregelten vertragsmäßigen Anordnung eines Vermächtnisses, einer Auflage sowie einer Rechtswahl gemäß § 2291 Absatz 1 Satz 2 BGB, § 1851 Nr. 6 BGB

Zustimmung zur Vaterschaftsanerkennung, §§ 1595, 1596 Absatz 1 Satz 3 BGB

Zuwendungen, Verzicht auf, § 1851 Nr. 9 BGB

Zuwendungsverzichtsvertrag, § 1851 Nr. 9 BGB

Zwangsmaßnahmen, ärztliche, § 1832 BGB

Zwangsversteigerung von Grundstücken, Schiffen, Luftfahrzeugen, Antrag auf, § 181 Absatz 2 ZVG

2.2 Übersicht über Änderungen bei Genehmigungserfordernissen durch die Reform

Abhebung von Anlagegeld, § 1845 Absatz 1 BGB (früher Mündelgeld: § 1809 BGB = Innengenehmigung, jetzt: Sperrvereinbarung als rechtsgeschäftliches Verfügungsverbot)

Abschichtungsvereinbarung, § 1851 Nr. 3 BGB (früher nur analog § 1822 Nr. 2 BGB[16]) = Außengenehmigung

Abschluss oder Aufhebung eines Erb- oder Pflichtteilsverzichtsvertrags oder eines Zuwendungsverzichtsvertrags, § 1851 Nr. 9 BGB (früher §§ 2347 Absatz 1, Absatz 2 Satz 2 Hs. 2, § 2351 und § 2352 Satz 3 BGB) = Außengenehmigung

Abschluss von Miet- und Pachtverträgen, § 1853 Satz 1 Nr. 1 BGB (früher § 1907 Absatz 3 BGB) = Außengenehmigung

Abschluss von Pachtverträgen über einen gewerblichen oder land- oder forstwirtschaftlichen Betrieb, § 1853 Satz 1 Nr. 2 BGB (früher § 1822 Nr. 4 BGB) = Außengenehmigung

Abtretung grundstücksbezogener Forderungen, § 1850 Nr. 2 BGB (früher § 1821 Nr. 2 BGB) = Außengenehmigung

Abtretung von Hypothekenforderungen (durch Wegfall von § 1823 Absatz 1 BGB a.F. gehört dieser Fall zu grundstücksbezogenen Forderungen nach § 1850 Nr. 2 BGB (früher § 1812 BGB) = Außengenehmigung

Abweichen von den Anordnungen des Schenkers oder Erblassers, Entscheidung trifft jetzt das Betreuungsgericht nach § 1837 Absatz 2 BGB – **keine Genehmigung** (anders früher nach § 1803 Absatz 2 BGB) = Innengenehmigung[17]

Aktien und Aktienfonds, Geldanlage in, andere Anlage als in Anlagegeld nach § 1848 BGB, **neu**: Außengenehmigung.[18] Anders als nach früherer Rechtslage[19] handelt es sich nicht mehr um eine Innengenehmigung! (früher andersartige Anlagen, § 1811 BGB)

Anfechtung eines Erbvertrags, § 1851 Nr. 4 BGB (früher § 2282 Absatz 2 BGB) = Außengenehmigung

16 OLG Hamm, FamRZ 2018, 114.

17 Allgemeine Meinung, z.B. *Fröschle,* in: BeckOGK-BGB, § 1803 Rn. 29, und *Kroll-Ludwigs,* in: MüKo-BGB, § 1803 Rn. 11.

18 Der Betreuer bedarf der Genehmigung des Betreuungsgerichts, wenn er Anlagegeld anders als auf einem Anlagekonto gemäß § 1841 Absatz 2 BGB anlegt.

19 Zur früheren Rechtslage: *von Crailsheim,* in: Jürgens, Betreuungsrecht, 6. Auflage, § 1811 BGB, Rn. 13, *Kroll-Ludwigs,* in: MüKo-BGB, § 1811 Rn. 17, 18.

Anlage von Mündelgeld des Betreuten, jetzt nur Anzeigepflicht nach § 1846 BGB (früher § 1810 BGB) = Innengenehmigung

Arbeits-/Dienstvertrag (länger als ein Jahr), Abschluss eines, (früher § 1822 Nr. 7 BGB) = Außengenehmigung, und Ausbildungsvertrag (länger als ein Jahr) (früher § 1822 Nr. 6 BGB, nicht ins neue Betreuungsrecht übernommen)[20]

Aufhebung des Mietverhältnisses bezüglich des vom Betreuten genutzten Wohnraums, § 1833 Absatz 3 Nr. 2 BGB (früher § 1907 BGB) = Außengenehmigung

Aufhebung eines Erbverzichts, § 1851 Nr. 9 BGB (früher § 2351 BGB) = Außengenehmigung

Aufhebung eines zwischen Ehegatten geschlossenen Erbvertrags durch gemeinschaftliches Testament der Ehegatten, § 1851 Nr. 7 BGB (früher § 2292 Hs. 2 BGB) = Außengenehmigung

Auflösung eines bestehenden Erwerbsgeschäfts, nach § 1847 BGB nur anzeigepflichtig (früher § 1823 BGB) = Innengenehmigung[21]

Auflösung von Konten, § 1849 Absatz 1 Nr. 1 BGB (früher § 1812 BGB) = Außenwirkung[22]

Ausschlagung einer Erbschaft oder eines Vermächtnisses, § 1851 Nr. 1 BGB (früher § 1822 Nr. 2 BGB) = Außengenehmigung

Ausschlagung einer Erbschaft, eines Vermächtnisses, Verzicht auf einen Pflichtteil oder einen Auseinandersetzungsvertrag, § 1851 Nr. 1 BGB (früher § 1822 Nr. 2 BGB) = Außengenehmigung

Ausstattung, Gewährung einer, § 1908 BGB (= Außengenehmigung): Die bisherige Regelung des § 1908 BGB, wonach der Betreuer eine Ausstattung im Sinne des § 1624 BGB aus dem Vermögen des Betreuten nur mit Genehmigung des Betreuungsgerichts versprechen oder gewähren konnte, ist nicht übernommen worden.[23]

Beginn eines neuen Erwerbsgeschäfts, nach § 1847 BGB nur anzeigepflichtig (früher § 1823 BGB) = Innengenehmigung[24]

Berufsausbildungsvertrag, Abschluss eines (früher § 1822 Nr. 6 BGB) = Außengenehmigung, ist nicht übernommen worden[25]

---

20 BT-Drucks. 19/24445, S. 289: Die bisherigen Regelungen in § 1822 Nr. 6 und 7 i.V.m. § 1908i Absatz 1 Satz 1 BGB wurden in das Betreuungsrecht nicht übernommen, da der Betreute in den infrage kommenden Fällen insoweit noch geschäftsfähig sein dürfte.

21 Zur früheren Rechtslage: *von Crailsheim,* in: Jürgens, Betreuungsrecht, 6. Auflage, § 1823 BGB, Rn. 2.

22 Auflösung des Girokontos ist eine Verfügung über ein Recht aus dem Girovertrag. Vgl. LG Meiningen, FamRZ 2008, 1375.

23 BT-Drucks. 19/24445, S. 289: Aus § 1624 BGB ergibt sich bereits, dass eine Ausstattung, die das nach den Umständen zu bestimmende Maß überschreitet, als Schenkung gilt, die durch das Genehmigungserfordernis des § 1854 Nr. 8 BGB für den Betreuer gesondert geregelt ist. Entspricht sie dem Wunsch oder dem mutmaßlichen Willen sowie den Verhältnissen des Betreuten, so kann sie durch den Betreuer ohne Genehmigungspflicht gewährt oder versprochen werden.

24 Zur früheren Rechtslage: *von Crailsheim,* in: Jürgens, Betreuungsrecht, 6. Auflage, § 1823 BGB, Rn. 2

25 BT-Drucks. 19/24445, S. 289: Die bisherigen Genehmigungspflichten in § 1822 Nr. 6 und 7 i.V.m. § 1908i Absatz 1 Satz 1 BGB wurden in das Betreuungsrecht nicht übernommen, da der Betreute in den infrage kommenden Fällen insoweit noch geschäftsfähig sein dürfte.

Bettgitter, Anbringung von, § 1831 Absatz 4 BGB (früher § 1906 Absatz 4 BGB) = Außenwirkung

Bürgschaft, Eingehung einer, § 1854 Nr. 5 BGB (früher § 1822 Nr. 10 BGB) = Außengenehmigung

Darlehen, Aufnahme eines, § 1854 Nr. 2 BGB (früher § 1822 Nr. 8 BGB) = Außengenehmigung

Dauerschuldverhältnisse (über vier Jahre), § 1853 Satz 1 Nr. 1 BGB (früher § 1907 Absatz 3 BGB) = Außengenehmigung

Eigentümergrundschuld, Bestellung einer, § 1850 Nr. 2 BGB (früher § 1821 Absatz 1 BGB) = Außengenehmigung

Eingehen von Bürgschaften, § 1854 Nr. 5 BGB (früher § 1822 Nr. 10 BGB) = Außengenehmigung

Eingriff, gefährlicher ärztlicher, § 1829 BGB (früher § 1904 BGB) = Außengenehmigung

Entgeltlicher Erwerb eines Erwerbsgeschäfts, § 1852 Nr. 1a BGB (früher § 1822 Nr. 3 BGB) = Außengenehmigung

Erbrechtliche Rechtsgeschäfte, § 1851 BGB (früher § 1822 Nr. 1 und 2, aber auch verstreut im Erbrecht §§ 2351, 2347 Absatz 2 BGB, §§ 2282, 2290 Absatz 3, 2291, 2292 BGB) = Außengenehmigung

Erbverzichtsvertrag, § 1851 Nr. 9 BGB (früher § 2347 Absatz 1) = Außengenehmigung

Erwerbsgeschäft, Beginn und/oder Auflösung, nach § 1847 BGB nur anzeigepflichtig (früher Genehmigung § 1823 BGB) = Innengenehmigung

Freiheitsentziehende Maßnahmen, § 1831 Absatz 4 BGB (früher § 1906 Absatz 4 BGB) = Außenwirkung

Freiheitsentziehende Unterbringung, § 1831 Absatz 1 BGB (früher § 1906 Absatz 1 BGB) = Außenwirkung

Gefährliche Heilbehandlung, § 1829 BGB (früher § 1904 BGB) = Außenwirkung

Geldanlage, Änderung als andere Anlage als Anlagegeld nach § 1848 BGB – für Wertpapiere in § 1849 BGB geregelt – **jetzt Außengenehmigung** (früher andere Anlage als in, § 1807 BGB bzw. § 1811 BGB = Innengenehmigung)

Geldanlage, Anlage, nur Anzeigepflicht, wenn als Anlagekonto nach § 1846 Absatz 1 Nr. 2 BGB (früher § 1810 BGB) = Innengenehmigung

Geldanlage, Verfügung über Wertpapiere, § 1849 Absatz 1 Nr. 2 BGB (früher § 1812 BGB) = Außengenehmigung

Gesellschaftsvertrag, Abschluss eines, § 1852 Nr. 2 BGB (früher § 1822 Nr. 3 BGB) = Außengenehmigung

Grundpfandrecht, Verfügung über, durch Wegfall von § 1823 Absatz 1 BGB a.F. gehört dieser Fall zu grundstücksbezogenen Forderungen nach § 1850 Nr. 1 BGB (früher § 1812 BGB) = Außengenehmigung

Grundschuld, Bestellung einer (auch Eigentümergrundschuld), durch Wegfall von § 1823 Absatz 1 BGB a.F. gehört dieser Fall zu grundstücksbezogenen Forderungen nach § 1850 Nr. 1 BGB (früher § 1812 BGB) = Außengenehmigung

Grundstück, Verfügung über vom Betreuten zu Wohnzwecken genutztes und mit Aufgabe des Wohnraums verbundenes, § 1833 Absatz 1 Nr. 4 BGB (beachte auch § 1850 Nr. 1 beim wirtschaftlichen Aspekt der Veräußerung)[26] (früher § 1821 BGB) = Außengenehmigung

Grundstücksgeschäfte (Veräußerung und/oder entgeltlicher Erwerb), § 1850 Nr. 1 BGB (früher § 1821 BGB) = Außengenehmigung

Heilbehandlung, Einwilligung in eine gefährliche, § 1829 BGB (früher § 1904 BGB) = Außengenehmigung

Hypothek, Bestellung oder Inhaltsänderung einer, § 1850 Nr. 2 BGB (früher § 1821 Absatz 1 BGB) = Außengenehmigung

Immobilien als andere Geldanlage, § 1848 – **jetzt Außengenehmigung** (früher § 1811 BGB = Innengenehmigung)

Inhaltsänderung einer Grundschuld (**durch Wegfall von § 1823 Absatz 1 BGB a.F. gehört dieser Fall zu grundstücksbezogenen Forderungen nach § 1850 Nr. 1 bzw. 2 BGB** (früher § 1812 BGB) = Außengenehmigung

Investmentfonds, Geldanlage in, – als Wertpapiere in § 1849 geregelt – **jetzt Außengenehmigung** (früher § 1811 BGB = Innengenehmigung)

Kapitalgesellschaft, Erwerb oder Veräußerung eines Teils einer, § 1852 Nr. 1b) BGB (früher § 1822 Nr. 3 BGB) = Außengenehmigung

Kredit, Aufnahme von, § 1854 Nr. 2 BGB (früher § 1822 Nr. 8 BGB) = Außengenehmigung

Kündigung der Mietwohnung des Betreuten, § 1833 Absatz 3 Nr. 1 BGB (früher § 1907 Absatz 1 Satz 1 BGB) = Außengenehmigung

Lebensversicherung, Verfügung über, § 1849 Absatz 1 Nr. 1 BGB (früher § 1812 BGB) = Außengenehmigung

Löschungsbewilligung, Abgabe einer, § 1850 Nr. 1 BGB (früher § 1821 Absatz 1 BGB (sofern nicht unrichtige Grundbucheintragung)) = Außengenehmigung

Medikamente, Anordnung der zwangsweisen Verabreichung, § 1832 BGB (früher § 1906a BGB) = Außenwirkung

Medikamente, bei Gefahr schweren Gesundheitsschadens, § 1829 (früher § 1904 BGB) = Außengenehmigung

Medikamente, zur Einschränkung der Fortbewegungsfreiheit, § 1831 Absatz 4 BGB (früher § 1906 Absatz 4 BGB) = Außenwirkung

Mietvertrag, Abschluss eines (länger als vier Jahre und – **neu:** ohne Nachteile für den Betreuten nicht vorher kündbar), § 1853 BGB (früher § 1907 Absatz 3 BGB) = Außengenehmigung

26 Vgl. dazu BT-Drucks. 19/24445, S. 263.

Mietvertrag, Willenserklärung auf Aufhebung betreffend vom Betreuten selbst genutzten Wohnraum, § 1833 Absatz 3 Nr. 2 BGB (früher § 1907 Absatz 1 BGB) = Außengenehmigung

Nießbrauch, Bestellung eines, § 1850 Nr. 1 BGB (früher § 1821 Nr. 1 BGB) = Außengenehmigung

Pachtvertrag, Abschluss eines (länger als vier Jahre und – **neu:** ohne Nachteile für den Betreuten nicht vorher kündbar), § 1853 BGB (früher § 1907 Absatz 3 BGB) = Außengenehmigung

Prokura, Erteilung einer, § 1852 Nr. 3 BGB (früher § 1822 Nr. 11 BGB) = Außengenehmigung[27]

Rechtsgeschäft, durch das die für eine Forderung bestehende Sicherheit aufgehoben oder gemindert oder die Verpflichtung dazu begründet wird, § 1854 Nr. 7 BGB (früher § 1822 Nr. 13 BGB) = Außengenehmigung

Rücknahme eines mit dem Erblasser geschlossenen Erbvertrags aus der amtlichen oder notariellen Verwahrung, § 1851 Nr. 8 BGB (früher § 2300 Absatz 2 Satz 2 Hs. 2 BGB) = Außengenehmigung

Sachwerte, andere Geldanlage in, § 1848 – **jetzt Außengenehmigung** (früher § 1811 BGB = Innengenehmigung)

Schenkung, § 1854 Nr. 8 BGB (früher generell verboten, § 1804 BGB), **jetzt Außengenehmigung**

Schiedsvertrag (siehe auch Vergleich), § 1854 Nr. 6 BGB (früher § 1822 Nr. 12 BGB) = Außengenehmigung

Schiff, Verfügung über ein eingetragenes, § 1850 Nr. 3 BGB (früher § 1821 BGB) = Außengenehmigung

Schuldverschreibung, § 1854 Nr. 3 BGB (früher § 1822 Nr. 9 BGB) = Außengenehmigung

Sensorgesteuerte Weglaufsperre – wenn mit Entzug der Fortbewegungsfreiheit verbunden[28], Verwendung einer, § 1831 Absatz 1 BGB (früher § 1906 Absatz 1 BGB) = Außenwirkung

Sitzhose, Verwendung von, § 1831 Absatz 4 BGB (früher § 1906 Absatz 4 BGB) = Außenwirkung

Sperrvermerk bei Geldanlagen, § 1845 BGB, **jetzt als rechtsgeschäftliches Verfügungsverbot** (früher § 1809 BGB = Außenwirkung)

Stecktisch, Verwendung eines, § 1831 Absatz 4 BGB (früher § 1906 Absatz 4 BGB) = Außenwirkung

Sterilisation, Einwilligung in, 1830 BGB (früher § 1905 BGB) = Außenwirkung

---

27 Zur früheren Rechtslage: *von Crailsheim,* in: Jürgens, Betreuungsrecht, 6. Auflage, § 1831 BGB, Rn. 2, und *Schöpflin,* in: BeckOGK-BGB (Stand vor dem 1.1.2023), § 1822 Rn. 106.

28 Näher dazu *Mazur,* BtPrax, 2016, 227.

Übernahme von Verbindlichkeiten, § 1854 Nr. 4 BGB (früher § 1822 Nr. 10 BGB) = Außengenehmigung

Unentgeltliche Zuwendungen, § 1854 Nr. 8 BGB (früher generell verboten, § 1804 BGB) **= jetzt Außengenehmigung**

Unterbringung mit freiheitsentziehender Wirkung, § 1831 Absatz 1 BGB (früher § 1906 Absatz 1 BGB) = Außenwirkung

Unterbringungsähnliche Maßnahmen, § 1831 Absatz 4 BGB (früher § 1906 Absatz 4 BGB) = Außenwirkung

Untermietvertrag (vom Betreuten genutzten Wohnraums), § 1833 Absatz 3 Nr. 3 BGB (früher § 1907 Absatz 3 BGB) = Außengenehmigung

Untersuchung, gefährliche ärztliche, § 1829 BGB (früher § 1904 BGB) = Außenwirkung

Veräußerung eines Erwerbsgeschäfts, § 1852 Nr. 1a) BGB (früher § 1822 Nr. 3 BGB) = Außengenehmigung

Verbindlichkeit, Übernahme einer fremden, § 1854 Nr. 4 BGB (früher § 1822 Nr. 10 BGB) = Außengenehmigung

Verfügung über Anlagegeld bei Sperrvereinbarung, § 1845 BGB, **jetzt als rechtsgeschäftliches Verfügungsverbot** (früher § 1812 BGB = Außenwirkung)

Verfügung über einen Anteil der Erbschaft, § 1851 Nr. 3 BGB (früher § 1822 Nr. 1 BGB) = Außengenehmigung

Verfügungen über das gesamte Vermögen, § 1854 Nr. 1 BGB (früher § 1822 Nr. 1 BGB) = Außengenehmigung

Vergleich, Abschluss eines, § 1854 Nr. 6 BGB (früher § 1822 Nr. 12 BGB) = Außengenehmigung

Vermächtnis, Ausschlagung eines, § 1851 Nr. 1 BGB (früher § 1822 Nr. 2 BGB) = Außengenehmigung

Vermietung eines vom Betreuten genutzten Wohnraums, § 1833 Absatz 3 Nr. 3 BGB **(neu)** = Außengenehmigung

Vermietung von vom Betreuten genutztem Wohnraum, § 1833 Absatz 3 Nr. 3 BGB (früher § 1907 Absatz 3 BGB) = Außengenehmigung

Verpflichtungsgeschäfte, durch die der Betreute zu einer Verfügung über eine Erbschaft, seinen künftigen gesetzlichen Erbteil oder seinen künftigen Pflichtteil verpflichtet wird, § 1851 Nr. 2 BGB (früher § 1822 Nr. 1, Var. 2 bis 4 BGB) = Außengenehmigung

Vertraglichen Aufhebung eines Erbvertrags, § 1851 Nr. 5 BGB (früher § 2290 Absatz 3 BGB) = Außengenehmigung

Verzicht auf die Geltendmachung eines Vermächtnisses oder Pflichtteilsanspruchs oder eines Gegenstandes aus einem Vermächtnis sowie zu einem Auseinandersetzungsvertrag, § 1851 Nr. 1 BGB (früher § 1822 Nr. 2 BGB) = Außengenehmigung

Verzicht auf Zuwendungen, § 1851 Nr. 9 BGB (früher § 2352 Satz 3 BGB) = Außengenehmigung

Vorkaufsrecht, Bestellung eines § 1850 Nr. 1 BGB (früher § 1821 Absatz 1 BGB) = Außengenehmigung

Wertgegenstände, Herausgabe der hinterlegten Wertgegenstände mit Sperrvereinbarung, § 1845 Absatz 2 Satz 2 BGB **= jetzt als rechtsgeschäftliches Verfügungsverbot**

Wertpapiere, Anlage des Vermögens in Wertpapieren § 1848 (früher § 1812 BGB) = Außengenehmigung

Wertpapiere, Öffnung des Schließfaches mit anderen Wertpapieren als im Sinne des § 1 Absatz 1 und 2 Depotgesetz, bei Sperrvereinbarung § 1845 Absatz 2 Satz 2 BGB als rechtsgeschäftliches Verfügungsverbot. Bei Verfügung darüber zusätzlich nach § 1849 mit unbeschränkter Außenwirkung (früher § 1812 oder § 1814 BGB für Inhaberpapiere) = Außengenehmigung

Wertpapiere, Verfügung über Wertpapiere im Sinne des § 1 Absatz 1 und 2 Depotgesetz, § 1849 (früher § 1812 BGB) = Außengenehmigung bei Sperrvereinbarung nach § 1845 Absatz 2 Satz 1 BGB zusätzlich als rechtsgeschäftliches Verfügungsverbot

Widerruf der (Vorsorge-)Vollmacht, § 1820 Absatz 5 Satz 2 BGB (**neu**)

Wohnrecht, Verzicht auf ein im Grundbuch eingetragenes lebenslanges unentgeltliches Wohnrecht, § 1850 Nr. 2 BGB – bei selbst genutztem Wohnraum zusätzlich § 1833 Absatz 3 Nr. 4 BGB (früher §§ 1804, 1821 Absatz 1 BGB) = Außengenehmigung

Wohnrecht, Bestellung eines, § 1850 Nr. 2 BGB (früher § 1821 Absatz 1 BGB) = Außengenehmigung

Wohnungskündigung, bei selbst genutztem Wohnraum, § 1833 Absatz 3 Nr. 1 BGB (früher § 1907 Absatz 1 BGB) = Außengenehmigung

Zustimmung zur testamentarischen Aufhebung einer in einem Erbvertrag geregelten vertragsmäßigen Anordnung eines Vermächtnisses, einer Auflage sowie einer Rechtswahl gem. § 2291 Absatz 1 Satz 2 BGB, § 1851 Nr. 6 BGB (früher § 2291 Absatz 1 Satz 2 Hs. 2 BGB) = Außengenehmigung

Zuwendungen, Verzicht auf § 1851 Nr. 9 (früher §§ 2347, 2352 BGB) = Außengenehmigung

Zuwendungsverzichtsvertrags, § 1851 Nr. 9 BGB (früher § 2352 Satz 3 BGB) = Außengenehmigung

Zwangsmaßnahmen, ärztliche, § 1832 BGB (früher § 1906a BGB) = Außenwirkung

2.3 Genehmigungserfordernis bei Bevollmächtigten

Bettgitter, Anbringung von, § 1831 Absatz 4 BGB

Eingriff, gefährlicher ärztlicher, § 1829 BGB

Freiheitsentziehende Maßnahmen, § 1831 Absatz 4 BGB

Freiheitsentziehende Unterbringung, § 1831 Absatz 1 BGB

Gefährliche Heilbehandlung, § 1829 BGB

Heilbehandlung, Einwilligung in eine gefährliche, § 1829 BGB

Medikamente, Anordnung der zwangsweisen Verabreichung, § 1832 BGB

Medikamente, bei Gefahr schweren Gesundheitsschadens, § 1829 BGB

Medikamente, zur Einschränkung der Fortbewegungsfreiheit, § 1831 Absatz 4 BGB

Sensorgesteuerte Weglaufsperre – wenn mit Entzug der Fortbewegungsfreiheit verbunden[29], Verwendung einer, § 1831 Absatz 1 BGB

Sitzhose, Verwendung von, § 1831 Absatz 4 BGB

Stecktisch, Verwendung eines, § 1831 Absatz 4 BGB

Unterbringung mit freiheitsentziehender Wirkung, § 1831 Absatz 1 BGB

Unterbringungsähnliche Maßnahmen, § 1831 Absatz 4 BGB

Untersuchung, gefährliche ärztliche, § 1829 BGB

Zwangsmaßnahmen, ärztliche, § 1832 BGB

2.4 Genehmigungserfordernis bei Ehegatten nach § 1358 Absatz 6 BGB

Bettgitter, Anbringung von, § 1831 Absatz 4 BGB

Eingriff, gefährlicher ärztlicher, § 1829 BGB

Freiheitsentziehende Maßnahmen, § 1831 Absatz 4 BGB

Gefährliche Heilbehandlung, § 1829 BGB

Heilbehandlung, Einwilligung in eine gefährliche, § 1829 BGB

Medikamente, bei Gefahr schweren Gesundheitsschadens, § 1829 BGB

Medikamente, zur Einschränkung der Fortbewegungsfreiheit, § 1831 Absatz 4 BGB

Sitzhose, Verwendung von, § 1831 Absatz 4 BGB

Stecktisch, Verwendung eines, § 1831 Absatz 4 BGB

Unterbringungsähnliche Maßnahmen, § 1831 Absatz 4 BGB

Untersuchung, gefährliche ärztliche, § 1829 BGB

2.5 Übersicht über die funktionale Zuständigkeit der einzelnen Genehmigungstatbestände

Die funktionale Zuständigkeit ist in dem Rechtspflegergesetz im Einzelnen geregelt. Gemäß § 3 Nr. 2b RPflG werden Betreuungssachen generell auf den Rechtspfleger übertragen, vorbehaltlich weiterer im Rechtspflegergesetz geregelter Ausnahmen. Damit kann als

29 Näher dazu *Mazur*, BtPrax, 2016, 227.

Regelfall festgehalten werden, dass in Betreuungssachen generell der Rechtspfleger funktional zuständig ist. Ausnahmen von dieser Regel sind in § 15 RPflG aufgelistet. Die recht unübersichtliche Norm belässt die besonders grundrechtsrelevanten Bereiche beim Richter. Als Faustformel kann festgehalten werden, dass alle Entscheidungen über die Bestellung eines Betreuers, Erweiterung, Einschränkung, Aufhebung einer Betreuung oder Betreuerwechsel dem Richter vorbehalten sind. Eine Ausnahme hiervon bildet wiederum die Bestellung eines Ergänzungsbetreuers, die ab dem 1.1.2023 dem Rechtspfleger vorbehalten ist. Bei der Kontrollbetreuung entscheidet wiederum der Richter sowohl über die Bestellung des Kontrollbetreuers wie auch über die Genehmigung des Widerrufs einer Vorsorgevollmacht. Auch alle besonders grundrechtsrelevanten Bereiche im Rahmen der Betreuungsführung, wie die Entscheidung über die Anordnung eines Einwilligungsvorbehaltes, Sterilisation, Genehmigung einer Unterbringung, unterbringungsähnlicher Maßnahmen oder Zwangsbehandlung, unterliegen der Zuständigkeit des Richters. Weitere besondere Genehmigungstatbestände sind in § 15 Nr. 8 bis 10 RPflG aufgelistet. Weiterhin ist allerdings zu beachten, dass § 19 RPflG für bestimmte Bereiche, die an sich dem Richtervorbehalt unterliegen, eine Übertragung durch Landesregierungen auf Rechtspfleger erlaubt. Davon haben aber bislang nur wenige Bundesländer in einem sehr geringen, hier nicht relevanten Rahmen Gebrauch gemacht.

Bezüglich der Genehmigungen kann ganz grob festgehalten werden, dass alle Genehmigungserfordernisse, die in Teil C besprochen werden – mit Ausnahme der Genehmigung der Kündigung der Wohnung –, dem Richter vorbehalten sind. Für alle in Teil D besprochenen Genehmigungsvorbehalte ist hingegen der Rechtspfleger zuständig. Die in Teil C besprochene Genehmigung des Widerrufs einer Vorsorgevollmacht obliegt hingegen erneut dem Richter.

2.5.1 Funktionelle Zuständigkeit des Richters

Folgende Genehmigungen sind durch den Richter zu erteilen:

Änderung des Vornamens nach dem Transsexuellengesetz, §§ 1 Absatz 1, 3 Absatz 1 Satz 2 TSG

Aufhebung einer Ehe, Antrag auf, § 125 Absatz 2 Satz 2 FamFG

Aufhebung der Änderung des Vornamens nach dem Transsexuellengesetz, §§ 6 Absatz 2 Satz 1, 3 Absatz 1 Satz 2 TSG

Bettgitter, Anbringung von, § 1831 Absatz 4 BGB

Eheaufhebung oder Ehescheidung, Antrag auf, § 125 Absatz 2 FamFG

Eingriff, gefährlicher ärztlicher, § 1829 BGB

Freiheitsentziehende Maßnahmen, § 1831 Absatz 4 BGB

Freiheitsentziehende Unterbringung, § 1831 Absatz 1 BGB

Gefährliche Heilbehandlung, § 1829 BGB

Heilbehandlung, Einwilligung in eine gefährliche, § 1829 BGB

Kastration, Einwilligung in, § 6 KastrG[30]

Medikamente, Anordnung der zwangsweisen Verabreichung, § 1832 BGB

Medikamente, bei Gefahr schweren Gesundheitsschadens, § 1829 BGB

Medikamente, zur Einschränkung der Fortbewegungsfreiheit, § 1831 Absatz 4 BGB

Scheidung, Antrag auf, § 125 Absatz 2 FamFG

Sensorgesteuerte Weglaufsperre – wenn mit Entzug der Fortbewegungsfreiheit verbunden[31], Verwendung einer, § 1831 Absatz 1 BGB

Sitzhose, Verwendung von, § 1831 Absatz 4 BGB

Stecktisch, Verwendung eines, § 1831 Absatz 4 BGB

Sterilisation, Einwilligung in, 1830 BGB

Unterbringung mit freiheitsentziehender Wirkung, § 1831 Absatz 1 BGB

Unterbringungsähnliche Maßnahmen, § 1831 Absatz 4 BGB

Untersuchung, gefährliche ärztliche, § 1829 BGB

Widerruf der (Vorsorge-)Vollmacht, § 1820 Absatz 5 Satz 2 BGB

Zwangsmaßnahmen, ärztliche, § 1832 BGB

2.5.2 Funktionelle Zuständigkeit des Rechtspflegers

Abhebung von Anlagegeld, § 1845 Absatz 1 BGB

Ablehnung der Fortsetzung der Gütergemeinschaft, § 1484 Absatz 2 BGB

Abschichtungsvereinbarung, § 1851 Nr. 3 BGB

Abschluss oder Aufhebung eines Erb- oder Pflichtteilsverzichtsvertrags oder eines Zuwendungsverzichtsvertrags, § 1851 Nr. 9 BGB

Abschluss von Miet- und Pachtverträgen, § 1853 Satz 1 Nr. 1 BGB

Abschluss von Pachtverträgen über einen gewerblichen oder land- oder forstwirtschaftlichen Betrieb, § 1853 Satz 1 Nr. 2 BGB

Abtretung grundstücksbezogener Forderungen, § 1850 Nr. 2 BGB

Abtretung von Hypothekenforderungen, § 1850 Nr. 2 BGB

Aktien und Aktienfonds, Geldanlage in andere Anlage als in Anlagegeld nach § 1848 BGB

Änderung des Familiennamens, § 2 Absatz 1 Satz 1 NamÄndG

Anfechtung eines Erbvertrags, § 1851 Nr. 4 BGB

Aufhebung der Gütergemeinschaft, § 1492 Absatz 3 BGB

Aufhebung des Mietverhältnisses bezüglich des vom Betreuten genutzten Wohnraums, § 1833 Absatz 3 Nr. 2 BGB

30 Erst mit Rechtskraft des Genehmigungsbeschlusses wirksam.

31 Näher dazu *Mazur*, BtPrax, 2016, 227.

Aufhebung eines Erbverzichts, § 1851 Nr. 9 BGB

Aufhebung eines zwischen Ehegatten geschlossenen Erbvertrags durch gemeinschaftliches Testament der Ehegatten, § 1851 Nr. 7 BGB

Auflösung von Konten, § 1849 Absatz 1 Nr. 1 BGB[32]

Ausschlagung einer Erbschaft oder eines Vermächtnisses, § 1851 Nr. 1 BGB

Ausschlagung einer Erbschaft, eines Vermächtnisses, Verzicht auf einen Pflichtteil oder einen Auseinandersetzungsvertrag, § 1851 Nr. 1 BGB

Bettgitter, Anbringung von, § 1831 Absatz 4 BGB

Bürgschaft, Eingehung einer, § 1854 Nr. 5 BGB

Darlehen, Aufnahme eines, § 1854 Nr. 2 BGB

Dauerschuldverhältnisse (über vier Jahre), § 1853 Satz 1 Nr. 1 BGB

Ehevertrag, Abschluss eines, § 1411 Absatz 1 BGB

Eigentümergrundschuld, Bestellung einer, § 1850 Nr. 2 BGB

Eingehen von Bürgschaften, § 1854 Nr. 5 BGB

Eingriff, gefährlicher ärztlicher, § 1829 BGB

Entgeltlicher Erwerb eines Erwerbsgeschäfts, § 1852 Nr. 1a BGB

Erbrechtliche Rechtsgeschäfte, § 1851 BGB

Erbverzichtsvertrag, § 1851 Nr. 9 BGB

Geldanlage, Änderung, andere Anlage als Anlagegeld nach § 1848 BGB

Geldanlage, Verfügung über Wertpapiere, § 1849 Absatz 1 Nr. 2 BGB

Gesamtgutanteil, Verzicht auf, § 1491 Absatz 3 BGB

Gesellschaftsvertrag, Abschluss eines, § 1852 Nr. 2 BGB

Grundpfandrecht, Verfügung über, § 1850 Nr. 1 BGB

Grundschuld, Bestellung einer (auch Eigentümergrundschuld) Inhaltsänderung, § 1850 Nr. 1 bzw. 2 BGB

Grundstück, Verfügung über vom Betreuten zu Wohnzwecken genutztes, wenn mit Aufgabe des Wohnraums verbunden, § 1833 Absatz 1 Nr. 4 BGB (beachte auch § 1850 Nr. 1 bei beim wirtschaftlichen Aspekt der Veräußerung)[33]

Grundstücksgeschäfte (Veräußerung und/oder entgeltlicher Erwerb), § 1850 Nr. 1 BGB

Gütergemeinschaft, Ablehnung der Fortsetzung, § 1484 Absatz 2 BGB

Gütergemeinschaft, Aufhebung der, § 1492 Absatz 3 BGB

Hypothek, Bestellung oder Inhaltsänderung einer, § 1850 Nr. 2 BGB

---

32 Die Auflösung des Girokontos ist eine Verfügung über ein Recht aus dem Girovertrag. Vgl. LG Mannheim, FamRZ 2008, 640 (Leitsatz).

33 Vgl. dazu BT-Drucks. 19/24445, S. 263.

Immobilien als andere Geldanlage, § 1848 BGB

Inhaltsänderung einer Grundschuld, § 1850 Nr. 2 BGB

Investmentfonds, Geldanlage in, als andere Anlage als Anlagegeld nach § 1848 BGB – Verfügung über Wertpapiere in § 1849 BGB geregelt

Kapitalgesellschaft, Erwerb oder Veräußerung eines Teils einer, § 1852 Nr. 1b) BGB

Kredit, Aufnahme von, § 1854 Nr. 2 BGB

Kündigung der Mietwohnung des Betreuten, § 1833 Absatz 3 Nr. 1 BGB

Landwirtschaftliche Güter, Erklärung bezüglich, § 1 Absatz 6 Höfeordnung

Lebensversicherung, Verfügung über, § 1849 Absatz 1 Nr. 1 BGB

Löschungsbewilligung, Abgabe einer, § 1850 Nr. 1 BGB

Mietvertrag, Abschluss eines (länger als vier Jahre und ohne Nachteile für den Betreuten nicht vorher kündbar), § 1853 BGB

Mietvertrag, Willenserklärung auf Aufhebung betreffend vom Betreuten selbst genutzten Wohnraum, § 1833 Absatz 3 Nr. 2 BGB

Nießbrauch, Bestellung eines, § 1850 Nr. 1 BGB

Pachtvertrag, Abschluss eines (länger als vier Jahre und ohne Nachteile für den Betreuten nicht vorher kündbar), § 1853 BGB

Prokura, Erteilung einer, § 1852 Nr. 3 BGB

Rechtsgeschäft, durch das die für eine Forderung bestehende Sicherheit aufgehoben oder gemindert oder die Verpflichtung dazu begründet wird, § 1854 Nr. 7 BGB

Rücknahme eines mit dem Erblasser geschlossenen Erbvertrags aus der amtlichen oder notariellen Verwahrung, § 1851 Nr. 8 BGB

Sachwerte, andere Geldanlage in, § 1848 BGB

Schenkung, § 1854 Nr. 8 BGB

Schiedsvertrag (siehe auch Vergleich), § 1854 Nr. 6 BGB

Schiff, Verfügung über ein eingetragenes, § 1850 Nr. 3 BGB

Schuldverschreibung, § 1854 Nr. 3 BGB

Übernahme von Verbindlichkeiten, § 1854 Nr. 4 BGB

Unentgeltliche Zuwendungen, § 1854 Nr. 8 BGB

Unterbringung mit freiheitsentziehender Wirkung, § 1831 Absatz 1 BGB

Unterbringungsähnliche Maßnahmen, § 1831 Absatz 4 BGB

Untermietvertrag (vom Betreuten genutzten Wohnraums), § 1833 Absatz 3 Nr. 3 BGB

Vaterschaft, Anerkennung und Zustimmung, § 1596 Absatz 1 Satz 3 BGB

Veräußerung eines Erwerbsgeschäfts, § 1852 Nr. 1a) BGB

Verbindlichkeit, Übernahme einer fremden, § 1854 Nr. 4 BGB

Verfügung über Anlagegeld bei Sperrvereinbarung, § 1845 BGB

Verfügung über einen Anteil der Erbschaft, § 1851 Nr. 3 BGB

Verfügungen über das gesamte Vermögen, § 1854 Nr. 1 BGB

Vergleich, Abschluss eines, § 1854 Nr. 6 BGB

Vermächtnis, Ausschlagung eines, § 1851 Nr. 1 BGB

Vermietung eines vom Betreuten genutzten Wohnraums, § 1833 Absatz 3 Nr. 3 BGB

Verpflichtungsgeschäfte, durch die der Betreute zu einer Verfügung über eine Erbschaft, seinen künftigen gesetzlichen Erbteil oder seinen künftigen Pflichtteil verpflichtet wird, § 1851 Nr. 2 BGB

Verschollenheit, § 16 Absatz 3 Verschollenheitsgesetz

Vertraglichen Aufhebung eines Erbvertrags, § 1851 Nr. 5 BGB

Verzicht auf die Geltendmachung eines Vermächtnisses oder Pflichtteilsanspruchs oder eines Gegenstandes aus einem Vermächtnis sowie zu einem Auseinandersetzungsvertrag, § 1851 Nr. 1 BGB

Verzicht auf Gesamtgutsanteil, § 1491 Absatz 3 BGB

Verzicht auf Zuwendungen, § 1851 Nr. 9 BGB

Vorkaufsrecht, Bestellung eines, § 1850 Nr. 1 BGB

Wertgegenstände, Herausgabe der hinterlegten Wertgegenstände mit Sperrvereinbarung, § 1845 Absatz 2 Satz 2 BGB

Wertpapiere, Anlage des Vermögens in Wertpapiere als andere Anlage als Anlagegeld nach § 1848 BGB – Verfügung über Wertpapiere in § 1849 BGB geregelt

Wertpapiere, Öffnung des Schließfaches mit anderen Wertpapieren als im Sinne des § 1 Absatz 1 und 2 Depotgesetz bei Sperrvereinbarung, § 1845 Absatz 2 Satz 2 BGB

Wertpapiere, Verfügung über Wertpapiere im Sinne des § 1 Absatz 1 und 2 Depotgesetz, § 1849 BGB

Wohnrecht, Verzicht auf ein im Grundbuch eingetragenes lebenslanges unentgeltliches Wohnrecht, § 1850 Nr. 2 BGB – bei selbst genutztem Wohnraum zusätzlich § 1833 Absatz 3 Nr. 4 BGB

Wohnrecht, Bestellung eines, § 1850 Nr. 2 BGB

Wohnungskündigung, bei selbst genutztem Wohnraum, § 1833 Absatz 3 Nr. 1 BGB

Zustimmung zur testamentarischen Aufhebung einer in einem Erbvertrag geregelten vertragsmäßigen Anordnung eines Vermächtnisses, einer Auflage sowie einer Rechtswahl gemäß § 2291 Absatz 1 Satz 2 BGB, § 1851 Nr. 6 BGB

Zustimmung zur Vaterschaftsanerkennung, §§ 1595, 1596 Absatz 1 Satz 3 BGB

Zuwendungen, Verzicht auf, § 1851 Nr. 9 BGB

Zuwendungsverzichtsvertrag, § 1851 Nr. 9 BGB

Zwangsversteigerung von Grundstücken, Schiffen, Luftfahrzeugen, Antrag auf, § 181 Absatz 2 ZVG

3 Folgen der Missachtung des Genehmigungserfordernisses

Die frühere Unterscheidung zwischen einer Innengenehmigung und Außengenehmigung spielt heute keine Rolle mehr. Die Innengenehmigung betraf das Verhältnis zwischen dem Betreuer und dem Betreuungsgericht als Aufsichtsbehörde. Die Vorschriften zur Innengenehmigung stellten jedoch bloße Ordnungsvorschriften dar. Das fehlende Vorliegen einer Innengenehmigung berührte die Wirksamkeit des getätigten Rechtsgeschäftes im Außenverhältnis jedoch nicht.

Im Gegensatz zur Innengenehmigung betrifft die Außengenehmigung das Verhältnis zwischen dem Betreuer und dem jeweiligen Vertragspartner. Bei der Außengenehmigung muss differenziert werden, ob es sich um ein einseitiges oder ein mehrseitiges Rechtsgeschäft handelt. Das entscheidet darüber, ob die Genehmigung auch nachträglich erteilt werden kann oder ob die fehlende Genehmigung die Nichtigkeit zur Folge hat (dazu näher unten 3.2.1 und 3.2.2). Bisherigen Innengenehmigungen wurden jedoch entweder in Anzeigeerfordernisse oder Außengenehmigungen umgewandelt (vgl. die Übersicht unter 2.2).

3.1 Genehmigungsverfahren als Antragsverfahren?

Verfahren in den Angelegenheiten der freiwilligen Gerichtsbarkeit – zu welchen das Betreuungsrechtsverfahren gehört – werden entweder durch einen **Antrag** (§ 23 FamFG) oder **von Amts wegen** – gegebenenfalls aufgrund einer **Anregung** – (§ 24 FamFG) eingeleitet.

Das **Genehmigungsverfahren** ist ein **selbstständiges Verfahren** nach den Vorschriften des FamFG, auch wenn es im Rahmen einer laufenden Betreuung durchgeführt wird. Hierbei ist nicht ganz klar, ob es sich bei dem Genehmigungsverfahren um ein Antragsverfahren im Sinne des § 23 FamFG handelt oder ob vielmehr jenes Verfahren durch die Anregung nach § 24 FamFG eingeleitet werden kann. An sich handelt es sich bei dem Betreuungsverfahren um ein Verfahren, das von Amts wegen geführt wird. Soll ein Verfahren im Rahmen der Betreuung auf Antrag eingeleitet werden, so bringt das Gesetz dies eindeutig zum Ausdruck. So werden die bereits oben (1.2.3.2) genannten Befreiungen nur auf Antrag erteilt (vgl. § 1860 BGB). Auch entscheidet beispielsweise das Betreuungsgericht über Streitigkeiten im Zusammenhang mit dem Umgang der betreuten Person mit Dritten oder bezüglich der Herausgabe des Betreuten gemäß § 1834 Absatz 3 BGB ausschließlich auf Antrag.

Ob im Rahmen des Genehmigungsverfahrens ein Antrag erforderlich ist, spielt allerdings in der Praxis nur eine untergeordnete Rolle. Denn es macht gerade das Wesen eines Genehmigungsverfahrens aus, dass der Betreuer – bzw. der Bevollmächtigte – eine bestimmte Maßnahme durchführen möchte und zur Durchführung jener Maßnahme der Genehmigung des Betreuungsgerichts bedarf. Wendet sich also der Betreuer oder Bevollmächtigte an das Betreuungsgericht mit der Bitte um Genehmigung einer bestimmten Maßnahme, so wäre darin ein Antrag auf Genehmigung zu sehen, falls man von einem Antragserfordernis ausgehen würde. Aber selbst wenn man einen Antrag für entbehrlich hält, so bedarf es mindestens einer klaren Manifestation des Betreuers, jene genehmigungsbedürftige Maßnahme ergreifen zu wollen. Denn ansonsten würde die Genehmigung gar keinen Sinn ergeben.

Praxistipp

Geht man von einem Antragserfordernis aus, so darf das Gericht vor dem Antrag gar nicht in dem Genehmigungsverfahren tätig werden, denn das Genehmigungsverfahren wird gerade durch den Antrag eingeleitet. Das ist wichtig, denn erst dann kann das Gericht alle für die Genehmigung erforderlichen Schritte, wie beispielsweise die Einholung eines Sachverständigengutachtens oder die Bestellung eines Verfahrenspflegers oder die Anhörung der Beteiligten, einleiten. Es ist daher dringend zu raten, gerade bei Maßnahmen, die zeitnah erfolgen müssen – eine Unterbringung oder der Verkauf einer Immobilie aufgrund dringend erforderlicher Finanzierung oder Kündigung der Wohnung, um Mietkosten zu sparen –, möglichst frühzeitig beim Gericht die Maßnahme zu beantragen. Hierbei ist die Formulierung als Antrag selbst dann unschädlich, wenn man rechtlich eigentlich nur von einer Anregung ausgeht. Entscheidend ist, dass der Wille, jene Maßnahme ergreifen zu wollen, deutlich zum Ausdruck kommt.

Bei der Frage, welche Folgen ein Tätigwerden des rechtlichen Betreuers ohne die erforderliche gerichtliche Genehmigung hat, ist zwischen den einzelnen Maßnahmen des Betreuers zu unterscheiden. Es macht generell einen Unterschied, ob ohne gerichtliche Genehmigung beispielsweise eine Unterbringung angeordnet wird oder ein Wohnungsmietvertrag gekündigt wird. Bei Letzterem kann man sagen, dass die Kündigung ohne Genehmigung unwirksam ist. Das kann man bei einer Unterbringung nicht sagen, denn diese wird ja faktisch vollzogen, sodass die fehlende Genehmigung höchstens die Rechtswidrigkeit der Maßnahme zur Folge hat.

Wenn hier von einer „Genehmigung" gesprochen wird, ist damit stets eine „**wirksame** Genehmigung" gemeint, aber nicht notwendigerweise eine „**rechtskräftig** erteilte Genehmigung". Damit reicht es nicht aus, dass eine gerichtliche Genehmigung in der Welt ist, sie muss auch wirksam sein. Trifft ein Betreuer eine Maßnahme, bevor die Genehmigung wirksam wird, so trifft er diese ohne eine (wirksame) Genehmigung.

Es soll daher zwischen den einzelnen Bereichen unterschieden werden, um die Folgen einer fehlenden (wirksamen) Genehmigung besser darstellen zu können. Die einzelnen Voraussetzungen des Wirksamwerdens einer gerichtlichen Genehmigung und die Folgen des Tätigwerdens des Betreuers ohne solch eine wirksame Genehmigung werden bei den einzelnen Genehmigungstatbeständen im Rahmen der Personensorge (Teil C) und Vermögenssorge (Teil D) besprochen.

Die folgenden Ausführungen geben zunächst einen groben Überblick über die Systematik.

3.2 Im Bereich der Personensorge

→ *Die einzelnen Genehmigungserfordernisse im Rahmen der Personensorge werden in Teil C näher dargestellt.*

Allen Genehmigungen im Rahmen der Personensorge – mit Ausnahme der Genehmigung verbunden mit der Aufgabe des vom Betreuten bewohnten Wohnraums (§ 1833 Absatz 3 BGB) – unterliegen dem **Richtervorbehalt**. Verfahrensrechtlich zu unterscheiden ist hierbei zwischen Genehmigungen im Rahmen von Betreuungssachen im Sinne von § 271 FamFG und Genehmigungen im Rahmen von Unterbringungssachen im Sinne von § 312 FamFG.

Das Betreuungsrecht enthält im Rahmen der Gesundheitssorge – außerhalb der Unterbringungssachen – zwei Bereiche, in denen der Betreuer nur mit einer gerichtlichen Genehmigung tätig werden kann. Zum einen betrifft es den Fall der Entscheidung über gefährliche ärztliche Maßnahmen nach § 1829 BGB und zum anderen den Fall der Sterilisation nach § 1830 BGB.

Die einzelnen Voraussetzungen des Genehmigungserfordernisses und die Ausnahmen vom generellen Genehmigungserfordernis bei gefährlichen ärztlichen Maßnahmen werden noch ausführlich zu besprechen sein (siehe hierzu Teil C unter 1.1.3.1). Bezüglich des Wirksamwerdens der gerichtlichen Genehmigungen kann hier zunächst darauf hingewiesen werden, dass hier zwischen der Genehmigung der Einwilligung des Betreuers in eine gefährliche ärztliche Maßnahme (§ 1829 Absatz 1 BGB) und der Nichteinwilligung bzw. dem Widerruf der Einwilligung (§ 1829 Absatz 2 BGB) unterschieden wird. Während die Genehmigung der Einwilligung nach § 1829 Absatz 1 BGB mit der Bekanntgabe an den Betreuer oder Bevollmächtigten wirksam wird,[34] wird die Genehmigung der Nichteinwilligung bzw. des Widerrufs der Einwilligung nach § 1829 Absatz 2 BGB aufgrund der damit verbundenen irreversiblen Folgen der Entscheidung erst zwei Wochen nach Bekanntgabe an den Betreuer bzw. Bevollmächtigten *und* den – zwingend zu bestellenden – Verfahrenspfleger (§ 287 Absatz 3 FamFG) wirksam.[35]

Die Genehmigung der Einwilligung des Sterilisationsbetreuers in eine Sterilisation wird erst mit der Bekanntgabe an den Sterilisationsbetreuer und Verfahrenspfleger bzw. Verfahrensbevollmächtigten wirksam (§ 297 Absatz 7 FamFG). Allerdings darf nach den materiellrechtlichen Vorschriften (§ 1830 Absatz 2 Satz 2 BGB) die Maßnahme selbst erst zwei Wochen nach Wirksamkeit der Genehmigung durchgeführt werden.

Wesentliche Genehmigungsverfahren im Rahmen der Personensorge sind allerdings als sogenannte Unterbringungssachen in §§ 312 ff. FamFG geregelt. Zu den (betreuungsrechtlichen) Unterbringungssachen gemäß § 312 FamFG gehören:

- die freiheitsentziehende Unterbringung durch den Betreuer nach § 1831 Absatz 1 und 2 BGB,

34 So *Brilla*, in: BeckOGK-BGB, § 1904 Rn. 119 unter entsprechender Anwendung von § 287 Absatz 1 FamFG. Nach der hier vertretenen Auffassung ist § 40 Absatz 1 FamFG entsprechend anzuwenden, allerdings mit derselben Folge, da die Genehmigung einer Maßnahme des Betreuers für diesen bestimmt ist.

35 *Kretz*, in: Jürgens, Betreuungsrecht, § 287 FamFG, Rn. 10.

- die freiheitsentziehende Unterbringung durch den Bevollmächtigten nach § 1831 Absatz 5 BGB,
- die Anordnung freiheitsentziehender Maßnahmen durch den Betreuer nach § 1831 Absatz 4 BGB,
- die Anordnung freiheitsentziehender Maßnahmen durch den Bevollmächtigten nach § 1831 Absatz 5 BGB,
- die Anordnung ärztlicher Zwangsmaßnahmen durch den Betreuer nach § 1832 Absatz 1 und 2 BGB,
- die Anordnung ärztlicher Zwangsmaßnahmen durch den Bevollmächtigten nach § 1832 Absatz 5 BGB,
- die Anordnung der Verbringung der betreuten Person zu einem stationären Aufenthalt zwecks Durchführung der Zwangsbehandlung nach § 1832 Absatz 4 BGB,
- die Anordnung der Verbringung des Vollmachtgebers zu einem stationären Aufenthalt zwecks Durchführung der Zwangsbehandlung nach § 1832 Absatz 4 und 5 BGB.

Beim Wirksamwerden von Beschlüssen, die eine Unterbringungsmaßnahme betreffen, ist hingegen zu unterscheiden, ob die sofortige Wirksamkeit angeordnet worden ist oder nicht. Generell werden die Beschlüsse gemäß § 324 Absatz 1 FamFG mit Rechtskraft wirksam. Dies ist bei einer Genehmigung im ordentlichen Unterbringungsverfahren der Fall, wenn nicht binnen einer Frist von **einem Monat** nach Bekanntgabe von einem Beteiligten das Rechtsmittel der Beschwerde eingelegt wird bzw. bei einer Genehmigung in Verfahren der **einstweiligen Anordnung** nicht binnen einer Frist von **zwei Wochen** das Rechtsmittel der Beschwerde eingelegt wird. Das Betreuungsgericht kann allerdings auch die **sofortige Wirksamkeit** dieser Beschlüsse anordnen (§ 324 Absatz 2 FamFG). In diesem Fall werden die Beschlüsse in Unterbringungssachen wirksam, wenn der Beschluss entweder:

- dem Betroffenen, dem Verfahrenspfleger, dem Betreuer oder Bevollmächtigten **bekannt gegeben** worden ist,
- einem Dritten **zum Zweck des Vollzugs** des Beschlusses mitgeteilt worden ist – beispielsweise gegenüber der geschlossenen Einrichtung, in welcher die Unterbringung vollzogen wird,
- oder der **Geschäftsstelle übergeben** wird, zum Zwecke der Bekanntgabe an die Beteiligten.

In diesen gerade vorgestellten Bereichen der Personensorge handelt es sich um Anordnungen des Betreuers oder Bevollmächtigten in **tatsächliche Maßnahmen**. Insofern ist die Genehmigung jener Anordnung keine „Wirksamkeitsvoraussetzung".

Die Unterbringung wird beispielsweise nicht erst mit der Genehmigung wirksam (!). Die Unterbringung ist ab dem Augenblick „wirksam", ab welchem die betreute Person gegen ihren natürlichen Willen auf einer geschlossenen Station festgehalten wird. Es sind die tatsächlichen Gegebenheiten, die jenen Aufenthalt zu einer freiheitsentziehenden Unterbringung machen, die von einer gerichtlichen Genehmigung unabhängig sind.

Allerdings ist die Genehmigung beim Vorliegen eines Genehmigungserfordernisses die Voraussetzung dafür, dass die Maßnahme **rechtmäßig** ist. Die Unterbringung, samt den freiheitsentziehenden Maßnahmen, erfüllen den Straftatbestand der Freiheitsberaubung nach § 239 StGB. Die ärztlichen Maßnahmen – samt der Sterilisation oder ärztlicher Zwangsbehandlung – erfüllen den Tatbestand der Körperverletzung nach § 223 StGB. Es handelt sich also in all diesen Fällen zunächst einmal um eine strafbare Handlung aller daran beteiligten Personen, also auch des Betreuers bzw. Bevollmächtigten, der Ärzte und Pfleger.

Diese an sich mit Strafe bedrohten Handlungen sind allerdings **erlaubt**, wenn ein **Rechtfertigungsgrund** dafür vorliegt. Dabei unterscheidet man zwischen allgemeinen Rechtfertigungsgründen – beispielsweise der Notwehr – und speziell in Gesetzen außerhalb des Strafrechts geregelten Rechtfertigungsgründen. Solcher Rechtfertigungsgrund liegt in der Befugnis des Betreuers oder Bevollmächtigten aufgrund der ihm übertragenen Aufgabenbereiche oder der ihm erteilten Vollmacht, diese Entscheidung für den Betreuten oder Vollmachtgeber zu treffen. Das Gesetz hat allerdings in diesen Bereichen die Anforderungen an die Rechtfertigung noch näher geregelt. Damit ist die Handlung dann gerechtfertigt, wenn die vertretende Person jene Entscheidung im Rahmen der jeweiligen gesetzlichen Vorgaben trifft. Dazu gehört in diesen bestimmten Fällen ein **Genehmigungserfordernis**, wenn keine Ausnahme davon gesetzlich geregelt ist. Liegt also eine wirksame Genehmigung nicht vor, so ist die Handlung und damit auch die Anordnung rechtswidrig mit allen strafrechtlichen und zivilrechtlichen Konsequenzen.

Anders ist es bei dem Genehmigungserfordernis zu einer Willenserklärung, die die **Aufgabe des vom Betreuten bewohnten Wohnraums** zur Folge hat. Hierbei handelt es sich systematisch um einen „Exoten" unter den Genehmigungsvorbehalten im Rahmen der Personensorge. Sowohl die Wirkungen der fehlenden Genehmigung, die Anwendung nur für Betreuer und nicht für Bevollmächtigte wie auch die funktionelle Zuständigkeit des Rechtspflegers zeigen eine erhebliche Ähnlichkeit mit den Genehmigungserfordernissen im Rahmen der Vermögenssorge gemäß §§ 1848 ff. BGB. Gleichwohl sind sie im Gesetz im Bereich der Personensorge geregelt und werden auch im Rahmen dieses Werks in Teil C besprochen. Dies ist der Tatsache geschuldet, dass der vom Betreuten genutzte Wohnraum eben mehr ist als Teil seines Vermögens. Es ist auch der Ort, an welchem die betreute Person *wohnt*. Nicht selten stellt dieser Ort den Lebensmittelpunkt dar mit vielfacher persönlicher Bindung, nicht nur an den Ort, sondern auch an die Personen in der unmittelbaren Umgebung. Aus diesem Grund greifen Entscheidungen des Betreuers, die die Aufgabe des Wohnraums zur Folge haben, oft erheblich in die persönliche Lebensgestaltung der betreuten Person ein und unterliegen deswegen dem Genehmigungsvorbehalt.

Daher bedarf der Betreuer der Genehmigung des Betreuungsgerichts für folgende Erklärungen:

- Kündigung des Mietverhältnisses bezüglich des vom Betreuten selbst genutzten Wohnraums,
- Willenserklärung, die auf die Aufhebung des Mietverhältnisses gerichtet ist (beispielsweise Aufhebungsvertrag),
- Vermietung solch eines Wohnraums,
- Verfügung über ein Grundstück oder über ein Recht an einem Grundstück, sofern dies mit der Aufgabe des Wohnraums verbunden ist.

Hierbei handelt es sich um eine (klassische) Außengenehmigung[36] mit allen Folgen, die auch für die Genehmigungen im Rahmen der Vermögenssorge gelten. Dies ergibt sich bereits aus dem Verweis in § 1833 Satz 2 BGB auf die entsprechenden Vorschriften der §§ 1855 bis 1858 BGB. Insofern kann auch auf die Ausführungen dazu verwiesen werden (siehe dazu Teil D). Zusammenfassend kann hierauf hingewiesen werden, dass eine einseitige Willenserklärung, wie die Kündigung, ohne einer vorherigen Genehmigung unwirksam ist (§ 1858 Absatz 1 BGB) und Verträge wie Mietverträge oder Aufhebungsverträge bzw. dingliche Verträge bezüglich einer Verfügung schwebend unwirksam sind (§ 1856 BGB).

3.3 Im Bereich der Vermögenssorge

→ *Die einzelnen Genehmigungserfordernisse im Rahmen der Vermögensorge werden in Teil D näher dargestellt.*

Die genehmigungsbedürftigen Rechtsgeschäfte werden im neuen Betreuungsrecht in den §§ 1848 bis 1854 BGB zusammengefasst. Eine Verweisung in das Vormundschaftsrecht ist damit weggefallen.

Die Genehmigung eines Rechtsgeschäfts kann nur dem Betreuer gegenüber erklärt werden (§ 1855 BGB). Zu beachten ist hierbei, dass die §§ 1848 bis 1854 BGB die **Genehmigung eines Rechtsgeschäfts** regeln. Das hat zur Folge, dass die Genehmigung jenes Rechtsgeschäfts erst mit Rechtskraft wirksam wird (§ 40 Absatz 2 FamFG). Die Beschwerdefrist beträgt allerdings bei Entscheidungen über Anträge auf Genehmigung eines Rechtsgeschäfts in Abweichung von anderen Hauptsacheentscheidungen lediglich **zwei Wochen**. Allerdings ist die Genehmigung erst nach Ablauf dieser Frist – soweit binnen dieser Frist kein Rechtsmittel eingelegt wird – wirksam.

Die Folgen der Vornahme eines Rechtsgeschäfts ohne eine (wirksame) Genehmigung sind in §§ 1856 bis 1858 BGB geregelt. Bei der Wirksamkeit eines Rechtsgeschäfts, welches ohne eine wirksame Genehmigung vorgenommen worden ist, unterscheidet das Gesetz – ähnlich wie im Minderjährigenrecht (§ 108 und § 111 BGB) – zwischen einem Vertrag und einem einseitigen Rechtsgeschäft. Ein Vertrag kommt durch (mindestens) zwei übereinstimmende Willenserklärungen – genannt Angebot und Annahme – zustande. Ein einseitiges Rechtsgeschäft wird hingegen bereits durch die eine einzige Willenserklärung wirksam.

Fallbeispiel

Der klassische Fall eines Vertrages ist der Kaufvertrag nach § 433 BGB. Dieser kommt durch zwei übereinstimmende Willenserklärungen – des Käufers und Verkäufers – zustande. Stimmen die Willenserklärungen nicht überein – weil beispielsweise keine Einigung über den Preis besteht –, so kommt kein Kaufvertrag zustande. Bietet der Verkäufer beispielsweise den Verkauf seines Fahrzeugs für 3.500 € an, der Käufer ist allerdings nur bereit, 3.000 € zu zahlen, so ist kein Vertrag zustande gekommen.

36 BT-Drucks. 19/24445, S. 263.

Freilich steht es dem Verkäufer nun frei, die abgelehnte Annahme des Angebots, die gleichzeitig ein neues Angebot darstellt, anzunehmen und das Fahrzeug für 3.000 € zu verkaufen.

Anders ist es bei einem einseitigen Rechtsgeschäft, beispielsweise der Kündigung. Kündigt der Mieter – unter Einhaltung der erforderlichen Kündigungsfrist und der sonstigen gesetzlichen Voraussetzungen – einen Mietvertrag, so erlischt das Mietverhältnis unabhängig davon, ob der Vermieter damit einverstanden ist oder nicht. Es bedarf bei einseitigen Rechtsgeschäften gerade nicht einer Annahme. Entscheidend ist hier, dass die Kündigung dem Vermieter rechtzeitig zugeht. Das Mietverhältnis erlischt dann zu dem Zeitpunkt der fristgerechten Kündigung, ohne dass der Vermieter dies verhindern kann.

Dementsprechend unterscheidet auch das Betreuungsrecht bei der Frage der Wirksamkeit von Rechtsgeschäften ohne die erforderliche Genehmigung zwischen einem Vertrag und einem einseitigen Rechtsgeschäft.

3.3.1 Folgen beim Vertrag

Schließt der Betreuer einen Vertrag ohne die erforderliche (wirksame) Genehmigung des Betreuungsgerichts ab, so ist der Vertrag nicht *per se* unwirksam. Vielmehr hängt die Wirksamkeit des Vertrages von der – noch möglichen – nachträglichen Genehmigung des Betreuungsgerichts ab (§ 1856 Absatz 1 BGB). Man sagt, der Vertrag ist **schwebend unwirksam**.

Genehmigt das Betreuungsgericht im Nachhinein den Vertrag, so wird der gesamte Vertrag wirksam. Verweigert das Betreuungsgericht hingegen wirksam – also rechtskräftig – die Genehmigung, so gilt der Vertrag rechtlich so, als wäre er niemals zustande gekommen. Der Schwebezustand endet mit der endgültigen Unwirksamkeit des Vertrages. Dem anderen Teil gegenüber wird die Genehmigung – bzw. deren Verweigerung – durch den Betreuer mitgeteilt (§ 1856 Absatz 1 Satz 2 BGB).

Dieser Schwebezustand ist natürlich eine belastende Situation für den Vertragspartner. Das Gesetz möchte daher diesen Schwebezustand begrenzen. Fordert also der Vertragspartner den Betreuer zur Mitteilung auf, ob die Genehmigung erteilt ist, so muss ab diesem Zeitpunkt binnen zwei Monaten die Mitteilung der Genehmigung an den Vertragspartner erfolgen (§ 1856 Absatz 2 BGB). Erfolgt diese Mitteilung binnen der Frist von zwei Monaten nicht, so gilt die Genehmigung als verweigert. Es tritt hier eine sogenannte gesetzliche Fiktion ein, wonach allein durch den Fristablauf – ohne Tätigwerden des Gerichts – von seiner Verweigerung der Genehmigung ausgegangen wird.

Die Genehmigung sowie deren Verweigerung werden übrigens dem anderen Teil gegenüber erst dann wirksam, wenn die bereits wirksam gewordene Genehmigung bzw. Verweigerung der Genehmigung **durch den Betreuer dem Vertragspartner mitgeteilt worden ist.** Wenn während des Schwebezustands die Betreuung aufgehoben oder beendet wird, so kann selbstverständlich nur die betreute Person selbst die Entscheidung über die Genehmigung oder die Verweigerung der Genehmigung treffen. Ihre Entscheidung tritt damit mit dem Zeitpunkt der Beendigung oder Aufhebung der Betreuung an die Stelle der des Betreuungsgerichts (§ 1856 Absatz 3 BGB).

Eine ähnliche Regelung wie im Minderjährigenrecht – und bei dem Einwilligungsvorbehalt, dessen Regelung auf die Vorschriften des Minderjährigenrechts verweist – enthält § 1857 BGB für den Fall, dass der Betreuer nicht ehrlich zu seinem Vertragspartner gewesen ist. Hat er seinen Vertragspartner gegenüber wahrheitswidrig die Genehmigung des Betreuungsgerichts behauptet, so kann der Vertragspartner bis zur Mitteilung der nachträglichen Genehmigung durch das Betreuungsgericht seine Willenserklärung widerrufen. Mit anderen Worten: Der Vertragspartner kann sich in diesem Fall während des Schwebezustands von dem Vertrag durch den Widerruf lösen. Durch den Widerruf endet der Schwebezustand, der Vertrag ist nicht zustande gekommen. Diese Möglichkeit hat der Vertragspartner allerdings dann nicht, wenn er – trotz der wahrheitswidrigen Behauptung – beim Vertragsschluss selbst gewusst hat, dass die erforderliche Genehmigung fehlt. In dem Fall ist er nicht schutzwürdig.

3.3.2 Folgen beim einseitigen Rechtsgeschäft

Solch ein Schwebezustand ist mit Rechtsgestaltungen, die von einer Seite ausgehen und damit durch eine einseitige Willenserklärung eine Rechtsveränderung hervorrufen können, nicht vereinbar. Hier überwiegt das **Erfordernis der Rechtsklarheit**. Eine Vertragspartei muss wissen, ob beispielsweise eine Kündigung wirksam ist oder nicht. Aus diesem Grund normiert § 1858 Absatz 1 BGB, dass ein einseitiges Rechtsgeschäft – wie beispielsweise Kündigung, Widerruf, Rücktritt oder Anfechtung – ohne die (vorherige und wirksame) Genehmigung des Betreuungsgerichts unwirksam ist. Damit ist z.B. eine durch den Betreuer ausgesprochene Kündigung, ohne dass diese zuvor genehmigt worden ist, rechtlich nicht existent. Nach § 1858 Absatz 2 BGB gilt das sogar für den Fall, dass die vorhandene Genehmigung demjenigen, gegenüber dem dieses einseitige Rechtsgeschäft vorgenommen wird, nicht vorgelegt wird und der Empfänger des einseitigen Rechtsgeschäfts genau aus diesem Grund jene Erklärung unverzüglich zurückweist.

Fallbeispiel

Der Betreuer B hat beim Amtsgericht die Genehmigung der Wohnungskündigung beantragt, welche durch einen Genehmigungsbeschluss des Amtsgerichts genehmigt worden ist. B möchte die Wohnung bis Ende des Jahres kündigen. Gemäß § 573c Absatz 1 Satz 1 BGB muss die Kündigung eines Wohnraums spätestens am dritten Werktag eines Kalendermonats zum Ablauf des übernächsten Monats erfolgen. Das bedeutet, dass B spätestens am dritten Werktag im Oktober die Wohnung gekündigt haben muss. Ausgehend davon, dass der 3. Oktober ein gesetzlicher Feiertag ist, wäre es beispielsweise Donnerstag, der 4. Oktober. An diesem Tag wirft B bei dem Vermieter das Kündigungsschreiben ein, ohne allerdings eine Abschrift des Genehmigungsbeschlusses einzureichen.

Der Vermieter weist am nächsten Tag die Kündigung mit folgenden Worten als unzulässig zurück:

„Sehr geehrter Herr B, hiermit bestätige ich den Eingang Ihres Kündigungsschreibens vom 4. Oktober, welches ich allerdings so nicht akzeptieren kann. Ich weiß, dass eine Wohnungskündigung durch den rechtlichen Betreuer nur mit Genehmigung des Betreuungsgerichts erfolgen kann. Ob solch eine Genehmigung vorliegt,

ist mir nicht bekannt. Auch war dem Kündigungsschreiben kein Nachweis der Genehmigung beigefügt. Damit wird das Mietverhältnis entsprechend dem Mietvertrag fortgesetzt."

Selbstverständlich kann B dem Vermieter die Kündigung noch einmal mit der entsprechenden Genehmigung zukommen lassen. Allerdings kann hier das Mietverhältnis durch die Kündigung frühestens bis Ende Januar beendet werden. Dem B bleibt auch die Möglichkeit, mit dem Vermieter einen Aufhebungsvertrag bezüglich des Mietverhältnisses zu vereinbaren. Oft haben die Vermieter – insbesondere in den Fällen, in denen die betreute Person bereits in einer Pflegeeinrichtung ist – ein Interesse, die Wohnung bereits früher betreten zu dürfen, um Renovierungsarbeiten vorzunehmen.

Zu beachten ist hierbei, dass die Genehmigung auch die Aufhebung eines Mietverhältnisses umfassen muss und nicht nur eine Kündigung des Mietverhältnisses. Gegebenenfalls muss die Genehmigung entsprechend beim Amtsgericht ergänzt werden. Da es sich bei dem Aufhebungsvertrag um einen Vertrag handelt, ist hier eine nachträgliche Genehmigung wiederum nach § 1856 BGB möglich.

Das Bedürfnis nach Rechtssicherheit bei einseitigen Rechtsgeschäften ist gegenüber Gerichten und Behörden nicht im gleichen Maße erforderlich wie im privaten Rechtsverkehr. Aus diesem Grund regelt § 1858 Absatz 3 BGB, dass ein einseitiges Rechtsgeschäft, welches gegenüber einem Gericht oder einer Behörde ohne die entsprechende Genehmigung vorgenommen worden ist, ebenfalls schwebend unwirksam ist und damit noch nachträglich genehmigt werden kann. Hierbei handelt es sich um **amtsempfangsbedürftige Willenserklärungen**, wie z.B. Erbausschlagungen, Anträge auf Teilungsversteigerungen oder genehmigungsbedürftige Klagen bzw. Anträge, wie z.B. Antrag auf Aufhebung der Ehe.[37] Das Rechtsgeschäft wird allerdings erst mit Rechtskraft der Genehmigung wirksam (§ 1858 Absatz 3 Satz 2 BGB).

Während der Dauer des Genehmigungsverfahrens vor dem Betreuungsgericht ist der Fristablauf der gesetzlichen Frist gehemmt, und zwar bis zur Rechtskraft der Genehmigungsentscheidung (§ 1858 Absatz 3 Satz 3 und 4 BGB). Zu beachten ist allerdings, dass lediglich die gesetzlichen Fristen gehemmt werden. Das gilt nicht bezüglich der Fristen, die durch das Gericht oder die Behörde gesetzt worden sind. Hier muss der Betreuer darauf achten, dass gegebenenfalls eine Fristverlängerung beantragt wird und gegen die mögliche Ablehnung der Fristverlängerung entsprechend vorgegangen wird.[38]

Es genügt daher, wenn die erforderliche Genehmigung vor dem Ablauf der Frist beantragt wird. Auch muss anders als im privaten Rechtsverkehr die Vorlage der Genehmigung nicht unbedingt durch den Betreuer dem Gericht oder Behörde gegenüber vorgelegt werden. Vielmehr regelt § 1858 Absatz 3 Satz 5 BGB, dass das Betreuungsgericht dem jeweiligen Gericht oder der jeweiligen Behörde die Entscheidung – Genehmigung des Rechtsgeschäfts oder die Versagung jener Genehmigung – nach Rechtskraft des Beschlusses mitteilt.

37 Näher dazu BT-Drucks. 19/24445, S. 292.
38 BT-Drucks. 19/24445, S. 292.

3.3.3 Folgen beim Verstoß gegen Sperrvereinbarung

Beim Verstoß gegen die Pflichten im Zusammenhang mit der Sperrvereinbarung ist zu unterscheiden:

Wird für eine Person erstmalig ein Betreuer bestellt (d.h., es war zuvor für diese betreute Person kein Betreuer bestellt), so wird der Betreuer regelmäßig Konten oder verwahrte bzw. hinterlegte Wertpapiere ohne eine entsprechende Sperrvereinbarung vorfinden. Nimmt er nun Verfügungen ohne eine Genehmigung des Betreuungsgerichts vor, so handelt er zwar pflichtwidrig, gleichwohl sind seine Verfügungen wirksam. Denn gerade weil keine Sperrvereinbarung vereinbart worden ist, gibt es für die Bank oder das Kreditinstitut auch keine Verpflichtung, ihre Verfügung von einer betreuungsgerichtlichen Genehmigung abhängig zu machen.

Im Außenverhältnis darf der Betreuer über diese Vermögenswerte wirksam verfügen, im Innenverhältnis handelt er pflichtwidrig und macht sich gegebenenfalls schadenersatzpflichtig. Aus diesem Grund ist er zur Erstellung eines Vermögensverzeichnisses nach der Betreuungsübernahme verpflichtet, um so eine effiziente Kontrolle des Betreuungsgerichts zu ermöglichen.

Ist allerdings eine Sperrvereinbarung mit der Bank oder dem Kreditinstitut vereinbart worden, so enthält jene Sperrvereinbarung ein rechtsgeschäftliches **Verfügungsverbot** für die Bank oder das Kreditinstitut (§ 137 Satz 2 BGB). Aufgrund dieser – rechtsgeschäftlichen – Vereinbarung ist es der Bank oder dem Kreditinstitut verboten, ohne die entsprechende Genehmigung des Betreuungsgerichts über diese Vermögenswerte zu verfügen. Ein entsprechendes Verfügungsverbot für den rechtlichen Betreuer ergibt sich aus den §§ 1848 ff. BGB.

Für den rechtlichen Betreuer besteht also ein gesetzliches Verfügungsverbot, für die Bank bzw. das Kreditinstitut besteht ein vertraglich vereinbartes Verfügungsverbot. Der Betreuer kann dementsprechend über die Vermögenswerte ohne Genehmigung nicht verfügen. Etwaige Verfügungen wären unwirksam.

Aber auch die Bank bzw. das Kreditinstitut könnte über die Vermögenswerte nicht **mit befreiender Wirkung** verfügen. Zahlt sie beispielsweise Geld, welches auf einem Anlagekonto mit Sperrvereinbarung angelegt war, an den Betreuer aus, so hat zwar eine Auszahlung des Geldbetrages stattgefunden – das kann die Sperrvereinbarung gegenüber der Bank gar nicht verhindern –, die Bank kann aber die Auszahlung ohne eine betreuungsgerichtliche Genehmigung nicht mit befreiender Wirkung vornehmen. Das hat zur Folge, dass die betreute Person gegenüber der Bank nach wie vor einen Anspruch auf Auszahlung jenes Geldbetrages hat.

3.4 Beim Widerruf einer Vollmacht

Neu in das Betreuungsrecht wurde mit der Reform des Betreuungsrechts das Genehmigungserfordernis bezüglich des Widerrufs der Vorsorgevollmacht aufgenommen. Die Voraussetzungen der Genehmigung des Widerrufes der Vorsorgevollmacht werden im Einzelnen in Teil E besprochen. Hier wird daher lediglich auf die Folgen des Widerrufs ohne eine wirksame Genehmigung eingegangen.

Zum Widerruf der Vorsorgevollmacht bedarf es – anders als nach der vor der Reform geltenden Rechtsprechung des BGH[39] – keiner ausdrücklichen Übertragung des Aufgabenbereichs des Widerrufs der Vollmacht. Vielmehr ist der Kontrollbetreuer kraft der ihm übertragenen Kontrollbetreuung zum Widerruf der Vollmacht befugt. Darüber hinaus kann auch jeder andere Betreuer den Teil der Vorsorgevollmacht widerrufen, der mit dem ihm übertragenen Aufgabenbereich korrespondiert.[40]

Fallbeispiel

Die Mutter M erteilte ihrer Tochter T vor Jahren eine umfassende Vorsorgevollmacht mit allen möglichen Aufgabenbereichen, wie Gesundheitssorge, Aufenthaltsbestimmungsrecht und Vermögenssorge. Da sich die vermögende M aufgrund ihrer Demenz nicht mehr um ihre Angelegenheiten kümmern kann, wird sie durch T vertreten. Aufgrund konkreter Anhaltspunkte dafür, dass T die Vertretungsmacht nicht ordnungsgemäß im Bereich der Vermögenssorge ausübt, indem sie fällige Zahlungen an die stationäre Pflegeeinrichtung nicht entrichtet und möglicherweise Gelder der Mutter veruntreut, wird B zur Betreuerin der M mit dem Aufgabenkreis der Vermögenssorge bestellt. Im Laufe des Verfahrens stellt sich heraus, dass T in der Tat hohe Vermögenswerte an die Seite geschafft und damit ihren eigenen Lebensunterhalt finanziert hat. B möchte nun die Vorsorgevollmacht widerrufen.

Lösung:

Solange B nur den Aufgabenkreis der Vermögenssorge hat, kann sie nur diesen Teil der Vorsorgevollmacht widerrufen. Falls B der Ansicht ist, dass der ihr übertragene Aufgabenkreis nicht ausreichend sei, muss sie dies dem Betreuungsgericht gemäß § 1864 Absatz 2 Nr. 3 BGB mitteilen und eine Erweiterung des Aufgabenkreises dort anregen.

Der Widerruf der Vorsorgevollmacht ist ein einseitiges Rechtsgeschäft. Daher kann der Widerruf nur mit einer vorherigen gerichtlichen Genehmigung erklärt werden.

Praxistipp

Aufgrund der Regelung in § 1858 Absatz 2 BGB ist zudem dringend zu empfehlen, dem Bevollmächtigten mit der Widerrufserklärung auch die Genehmigung des Widerrufs vorzulegen.

Zu beachten ist hier – wie bei der sonstigen Genehmigung von Rechtsgeschäften –, dass die Genehmigung erst mit Rechtskraft wirksam wird (§ 40 Absatz 2 FamFG). Mit der Genehmigung des Widerrufs der Vollmacht kann das Betreuungsgericht auch die Herausgabe der Vollmachtsurkunde an den Betreuer anordnen (§ 1820 Absatz 5 Satz 3 BGB).

39 BGH, BtPrax 2015, 241.
40 BT-Drucks. 19/24445, S. 248.

Praxistipp

▶ *Es empfiehlt sich, bei der Beantragung der Genehmigung des Widerrufs auch die Anordnung der Herausgabe der Vollmachtsurkunde beim Betreuungsgericht zu beantragen.*

Nicht abschließend geklärt ist allerdings, wie ein Teilwiderruf einer Vollmachtsurkunde in der Praxis umgesetzt werden soll. Vorstellbar erscheint, dass die entsprechende Vollmachtsurkunde mit der Teilwiderrufserklärung verbunden wird und die entsprechenden Textstellen in der Urkunde unter Bezugnahme auf die Widerrufserklärung gestrichen werden.

4 Rechtsmittel

In der Praxis scheuen sich viele Beteiligte, gegen eine Entscheidung des Gerichts Rechtsmittel einzulegen – auch dann, wenn sie mit der Entscheidung nicht einverstanden sind. Oft wird das damit begründet, dass man den Richter oder Rechtspfleger nicht verärgern möchte. Oft wird die Beschwerde mit einer (persönlichen) Kritik an der Person, die die Entscheidung getroffen hat, assoziiert.

Das ist allerdings nicht der Fall. In einem betreuungsrechtlichen Verfahren sind sowohl **Richter wie auch Rechtspfleger** nur an Recht und Gesetz gebunden und **unterliegen** dementsprechend auch **keinen Weisungen.** Die richterliche Unabhängigkeit ist sogar im Grundgesetz verankert und garantiert eben, dass kein Vorgesetzter auf die Entscheidung eines Richters Einfluss nehmen darf.

Damit sind nur die gesetzlich zugelassenen Rechtsmittel die einzige Möglichkeit, eine richterliche Entscheidung zu überprüfen. Die Beschwerde ist damit kein persönlicher Vorwurf gegen die Person, die die Entscheidung getroffen hat, sondern schlicht und ergreifend die einzige Möglichkeit, noch mal prüfen zu lassen, ob diese Entscheidung zu Recht ergangen ist. Sie gibt auch der entscheidenden Person selbst die Möglichkeit, noch mal ihre Entscheidung abzuändern – der Beschwerde also abzuhelfen – oder eben der höheren Instanz zur Überprüfung vorzulegen.

Viele offene Rechtsfragen können nur geklärt werden, wenn sie mit Rechtsmitteln angefochten werden. Denn nur so ist es möglich, dass höhere Instanzen über diese Rechtsfrage entscheiden und so das Recht fortgebildet wird. So wird gerade das Betreuungsrecht wesentlich durch die Rechtsprechung des BGH geprägt. Der BGH entscheidet allerdings nicht einfach über interessante und ungeklärte Rechtsfragen, sondern stets über einen Einzelfall, der mit einer Rechtsbeschwerde angegriffen worden ist. Die Entscheidung über den Einzelfall beinhaltet oft auch eine Entscheidung über grundsätzliche rechtliche Fragen, die in einer Vielzahl von anderen Einzelfällen eine entscheidende Rolle spielen. Aus dieser Entscheidung in jedem Einzelfall ist es nun den erstinstanzlichen Gerichten möglich, diese schwierige Frage unter Beachtung der Rechtsprechung des BGH zwar in einem anderen Einzelfall, jedoch mit derselben Problematik auch hier in Übereinstimmung mit dieser Rechtsprechung zu lösen. Damit ist sichergestellt, dass ein Amtsgericht in Flensburg diese wichtige Rechtsfrage genauso löst wie ein Amtsgericht in Fulda oder in Füssen.

Hinweis

Die Einlegung des Rechtsmittels ist zur Rechtsfortbildung, aber auch zur Überprüfung einer Entscheidung sehr wichtig!

Das Rechtsmittel im Betreuungsverfahren ist die **Beschwerde** (§ 58 FamFG). Daneben gibt es noch das Rechtsmittel der **sofortigen Beschwerde**, wenn dies in den Vorschriften des Betreuungsrechts so bestimmt ist. Gegen bestimmte Entscheidungen der Beschwerdegerichte ist daneben auch die sogenannte **Rechtsbeschwerde** (§ 70 FamFG) statthaft.

4.1 Beschwerde

4.1.1 Statthaftigkeit der Beschwerde

Generell können alle Endentscheidungen des Betreuungsgerichts mit dem Rechtsmittel der Beschwerde angegriffen werden (§ 58 Absatz 1 FamFG). Sogenannte Zwischenentscheidungen können nur angegriffen werden, sofern das Gesetz dies zulässt. Bei den Genehmigungsentscheidungen – also der Erteilung oder Versagung der Genehmigung – handelt es sich um eine **Endentscheidung** des jeweiligen Genehmigungsverfahrens. Gegen diese kann stets eine Beschwerde eingelegt werden. Gegen Zwischenentscheidungen kann nur ausnahmsweise Beschwerde eingelegt werden. Damit sind alle durch das Gericht getroffenen Entscheidungen vor der Entscheidung über die Genehmigung selbst generell nicht mit einem Rechtsmittel angreifbar. Das betrifft insbesondere Beweisbeschlüsse, durch welche ein Sachverständigengutachten eingeholt werden soll, oder Bestellungen von Verfahrenspflegern.

Beispiel

Der Betreuer beantragt beim Betreuungsgericht die Unterbringung der betreuten Person zur Heilbehandlung. Das Betreuungsgericht beauftragt einen Sachverständigen mit der Erstattung eines Gutachtens. In der Folgezeit genehmigt das Gericht die freiheitsentziehende Unterbringung.

Die betreute Person kann sich nun gegen diese Genehmigung mit dem Rechtsmittel der Beschwerde wehren. Das Beschwerdegericht wird prüfen, ob die Genehmigung der Unterbringung rechtmäßig ist, aber es wird auch inzident – also indirekt – prüfen, ob das Sachverständigengutachten auf Grundlage der dem Betreuungsgericht vorliegenden Informationsbasis überhaupt eingeholt werden durfte. Dies kann beispielsweise bei einer Kostenentscheidung eine Rolle spielen.

Zwei Arten von Zwischenentscheidungen, die auch im Genehmigungsverfahren eine wichtige Rolle spielen, können allerdings mit einer gesonderten Beschwerde angegriffen werden. Zum einen kann gegen die **Unterbringung zur Begutachtung** nach § 284 Absatz 3

Satz 2 FamFG – im Rahmen eines Betreuungsverfahrens – oder nach § 322 FamFG – im Rahmen eines Unterbringungsverfahrens – das Rechtsmittel der sofortigen Beschwerde eingelegt werden.

Zum anderen können sowohl im Betreuungsverfahren nach § 274 Absatz 4 FamFG und im Unterbringungsverfahren nach § 315 Absatz 4 FamFG bestimmte Personen im Interesse der betreuten Person als sogenannte **Kann-Beteiligte** am Verfahren beteiligt werden. Beantragt jemand aus dem Personenkreis der sogenannten Kann-Beteiligten die Beteiligung am Verfahren und entspricht das Betreuungsgericht diesem Antrag nicht, so kann dieser Beschluss ebenfalls mit der sofortigen Beschwerde angefochten werden (§ 7 Absatz 5 Satz 2 FamFG). Dies ist wichtig, da die Beteiligung am Verfahren die Voraussetzung dafür ist, dass man auch gegen die Endentscheidung Beschwerde einlegen kann (§ 303 Absatz 2 FamFG bzw. § 335 Absatz 1 FamFG).

4.1.2 Beschwerdeberechtigte

Etwas komplizierter ist die Antwort auf die Frage, wer überhaupt eine Beschwerde einlegen kann. Einschlägig sind hier die Regelungen des sogenannten allgemeinen Teils des FamFG, der für das gesamte Verfahrensrecht in Familiensachen und in den Angelegenheiten der freiwilligen Gerichtsbarkeit gilt, aber auch die Sonderregeln des FamFG zu den Verfahren in Betreuungs- und Unterbringungssachen.

Generell steht das Beschwerderecht demjenigen zu, der durch den Beschluss in seinen Rechten beeinträchtigt ist (§ 59 Absatz 1 FamFG). Wenn ein Beschluss nur auf Antrag erlassen werden kann (zu der Problematik, ob Genehmigungen ein Antrag voraussetzen, siehe oben unter 3.1), steht im Falle der Zurückweisung des Antrags das Beschwerderecht generell nur dem **Antragsteller** zu (§ 59 Absatz 2 FamFG). Allerdings gelten für Beschwerdeverfahren in Betreuungssachen bestimmte Sondervorschriften. So regelt § 303 Absatz 1 FamFG ein besonderes Beschwerderecht für die **Betreuungsbehörde** (die allerdings in den Genehmigungsverfahren keine Relevanz hat und deshalb hier nicht näher erörtert wird). Jedenfalls kann der **Verfahrenspfleger** stets Beschwerde einlegen (§ 303 Absatz 3 FamFG) und der **Betreuer oder Vorsorgebevollmächtigte** kann – soweit die Entscheidung seinen Aufgabenkreis betrifft – auch im Namen der betroffenen Person Beschwerde einlegen (§ 303 Absatz 4 FamFG).

Wie oben erwähnt, können auch die sogenannten **Kann-Beteiligten** bei von Amts wegen ergangenen Entscheidungen im Interesse des Betroffenen Beschwerde einlegen, soweit sie im ersten Rechtszug beteiligt worden sind (§ 303 Absatz 2 FamFG).

Entsprechend können gegen eine unterbringungsrechtliche Genehmigung auch Beschwerde einlegen:

- der Verfahrenspfleger (§ 335 Absatz 2 FamFG),
- der Betreuer bzw. der Vorsorgebevollmächtigte – soweit die Entscheidung seinen Aufgabenkreis betrifft – im Namen der betroffenen Person (§ 335 Absatz 3 FamFG),
- die sogenannten Kann-Beteiligten – im Interesse des Betroffenen, soweit sie am Verfahren im ersten Rechtszug beteiligt worden sind (§ 335 Absatz 1 Nr. 1 und 2 FamFG),

- der Leiter der Einrichtung, in der der Betroffene lebt, im Interesse des Betroffenen (§ 335 Absatz 1 Nr. 3 FamFG),
- die zuständige Behörde (§ 335 Absatz 4 FamFG), was allerdings nur bei der öffentlich-rechtlichen Unterbringung eine Rolle spielt.

Kein Beschwerderecht steht allerdings Personen zu, die am Genehmigungsverfahren **nicht beteiligt** sind und die durch die Genehmigungsentscheidung nicht in ihren Rechten direkt beeinträchtigt sind. Dabei reichen lediglich rechtlich geschützte Interessen wirtschaftlicher Art nicht aus.[41] Demnach steht dem Geschäftspartner bei einer Genehmigung im Rahmen der Vermögenssorge oder einem Mitbewohner bei einer Genehmigung der Wohnungskündigung kein Beschwerderecht zu.[42]

4.1.3 Beschwerdewert

Für vermögensrechtliche Angelegenheiten enthält das Gesetz eine zusätzliche Schranke. Generell soll die zweite Instanz nicht mit Verfahren belastet werden, die nur einen geringen Wert betreffen. Daher ist in vermögensrechtlichen Angelegenheiten generell die Beschwerde nur zulässig, wenn der Wert des Beschwerdegegenstandes 600 € übersteigt. Zu beachten ist hierbei, dass es sich allerdings um eine vermögensrechtliche Angelegenheit handeln muss.

Damit sind Beschwerden gegen Entscheidungen, die keine vermögensrechtliche Angelegenheit betreffen, weiterhin unabhängig vom Beschwerdewert zulässig. So sind Genehmigungen im Rahmen der Personensorge stets unabhängig von ihrem Wert zulässig. Das gilt für die Genehmigung der Unterbringung, der freiheitsentziehenden Maßnahmen, der ärztlichen Zwangsbehandlung, aber eben auch für die Kündigung der Wohnung.

Das erstinstanzliche Gericht kann allerdings die Beschwerde auch bei einem Beschwerdegegenstand einer vermögensrechtlichen Angelegenheit unterhalb von 600 € zulassen. Dies wird der Fall sein, wenn die Rechtssache grundsätzliche Bedeutung hat oder die Fortbildung des Rechts oder die Sicherung einer einheitlichen Rechtsprechung eine Entscheidung des Beschwerdegerichts erfordern. So soll – wie bereits oben erwähnt – sichergestellt werden, dass auch bei diesen Rechtsfragen verschiedene Gerichte möglichst einheitlich entscheiden.

Ist die Beschwerde in einer vermögensrechtlichen Angelegenheit nicht zugelassen und liegt der Beschwerdegegenstand unterhalb von 600 €, besteht die Möglichkeit des Rechtsbehelfs der **Erinnerung** nach § 11 Absatz 2 RPflG gegen die Entscheidung des Rechtspflegers.[43] Die befristete Erinnerung kann binnen einer Frist von **zwei Wochen** eingelegt werden, § 11 Absatz 2 Satz 1 RPflG.

41 *Kretz,* in: Jürgens, Betreuungsrecht, § 59 FamFG, Rn. 3.
42 Vgl. *Schneider,* in: MüKo-BGB, § 1907 Rn. 11.
43 *Kretz,* in: Jürgens, Betreuungsrecht, § 58 FamFG, Rn. 16.

4.1.4 Statthaftigkeit der Beschwerde nach Erledigung der Hauptsache

Wurde Beschwerde gegen eine Entscheidung des Gerichts eingelegt und hat sich die Sache in der Zwischenzeit erledigt, besteht generell kein Interesse an der Entscheidung.

Fallbeispiel

Beantragt der Betreuer die Genehmigung der Kündigung des vom Betreuten bewohnten Wohnraums und lehnt der Rechtspfleger dies ab, so kann der Betreuer gegen die Ablehnung Beschwerde einlegen.

Wird das Mietverhältnis allerdings während des Beschwerdeverfahrens auf eine andere Art und Weise beendet – beispielsweise durch fristlose Kündigung des Vermieters –, so ist jener drohende Verlust des Wohnraums gemäß § 1833 Absatz 2 Satz 2 BGB dem Gericht unter Angabe der beabsichtigten Maßnahme lediglich anzuzeigen. Schreitet das Betreuungsgericht im Rahmen seiner Aufsichtspflicht gegen die beabsichtigte Untätigkeit des Betreuers nicht ein, weil sich beispielsweise alle zwischenzeitlich einig sind, dass die betreute Person wunschgemäß in eine andere Wohnform wechseln sollte, so endet hier das Mietverhältnis nicht aufgrund der Kündigung durch den Betreuer, sondern durch die Kündigung des Vermieters. Einer gerichtlichen Genehmigung hierfür bedarf es nicht.

Wurde die Genehmigung in der ersten Instanz abgelehnt, so hat sich das Genehmigungsverfahren durch die inzwischen erfolgte Kündigung des Vermieters erledigt. Eine Entscheidung des Beschwerdegerichts brauchte es hier offensichtlich nicht.

Allerdings sind auch andere Fälle vorstellbar, in denen selbst bei der Erledigung der Hauptsache trotzdem ein berechtigtes Interesse – nicht mehr an der Entscheidung selbst, aber – an der Feststellung besteht, dass die Entscheidung den Beschwerdeführer in seinen Rechten verletzt hatte. Das Gesetz sieht hier zwei Regelfälle vor, nämlich einmal, wenn ein **schwerwiegender Grundrechtseingriff** vorliegt, oder zum anderen, wenn eine **konkrete Wiederholungsgefahr** besteht (§ 62 Absatz 2 FamFG). Ein schwerwiegender Grundrechtseingriff wird bei den Genehmigungen im Bereich der Personensorge – insbesondere bei der Unterbringung oder Zwangsbehandlung– stets anzunehmen sein. Aber auch bei beabsichtigter Kündigung des Wohnraums gegen den erklärten Willen der betreuten Person ist von solch einem schwerwiegenden Eingriff auszugehen.

4.1.5 Beschwerdefristen

Unabhängig davon, ob eine Genehmigung bereits mit der Bekanntgabe wirksam ist oder erst mit der Rechtskraft wirksam wird, besteht stets ein Interesse daran, zu wissen, wann eine Entscheidung rechtskräftig geworden ist. Das bestimmt den Zeitpunkt, ab dem diese Entscheidung nicht mehr angegriffen werden kann. Das heißt freilich nicht, dass die Entscheidung nicht mehr abgeändert werden kann, allerdings ist mit Rechtskraft jenes Genehmigungsverfahren abgeschlossen. Möchte man diese rechtskräftig abgeschlossene Rechtslage nun ändern, muss ein neues, gegebenenfalls Genehmigungsaufhebungsverfahren eingeleitet werden.

Fallbeispiel

Mit Genehmigung des Betreuungsgerichts wurde der an Schizophrenie leidende S für die Dauer von drei Monaten untergebracht. S hat gegen die Genehmigungsentscheidung kein Rechtsmittel eingelegt. Nach zwei Monaten ist er allerdings der Meinung, dass es ihm schon deutlich besser geht und er eigentlich auf einer offenen Station oder ambulant genauso gut versorgt werden könnte.

Lösung:

Die Genehmigungsentscheidung kann S nicht mehr angreifen. Aber selbstverständlich kann S während der andauernden Unterbringung beim zuständigen Betreuungsgericht einen Antrag auf Aufhebung der Genehmigung zur Unterbringung stellen. Damit wird ein neues Genehmigungs(aufhebungs)verfahren in Gang gesetzt, im Rahmen dessen das Betreuungsgericht von Amts wegen prüfen muss, ob die Voraussetzungen einer weiteren Unterbringung noch vorliegen. Es wird also nicht überprüft, ob die ursprüngliche Entscheidung rechtens war. Es wird nun überprüft, ob die Entscheidung für die Zukunft aufgrund einer möglichen neuen Sachlage noch aufrechterhalten bleiben kann.

In der Regel kann Beschwerde binnen einer Frist **von einem Monat** eingelegt werden. Eine kürzere Frist ist allerdings dann geboten, wenn die Entscheidung erst mit Rechtskraft wirksam wird oder es sich um Entscheidungen handelt, die besonders eilbedürftig sind. Dementsprechend beträgt die Beschwerdefrist **zwei Wochen**, wenn die Entscheidung im Verfahren der einstweiligen Anordnung ergangen ist oder die Entscheidung Anträge auf Genehmigung eines Rechtsgeschäfts betrifft. Insbesondere Genehmigungen im Bereich der Personensorge – wie Unterbringung oder Genehmigung freiheitsentziehender Maßnahmen – werden sehr oft im Wege der einstweiligen Anordnung genehmigt.

Zu beachten ist allerdings, dass der **Lauf der Beschwerdefrist** erst mit der **schriftlichen Bekanntgabe** des Beschlusses an die Beteiligten in Gang gesetzt wird. Wird also im Anschluss an eine persönliche Anhörung die vorläufige Genehmigung der Unterbringung im Wege einer einstweiligen Anordnung durch Bekanntgabe an den Betroffenen und Verfahrenspfleger sofort wirksam, so beginnt für beide der Lauf der Beschwerdefrist erst nach der Zustellung des Beschlusses. Übrigens ist hierfür eine förmliche Zustellung erforderlich, wenn die Entscheidung dem erklärten Willen nicht entspricht (§ 41 Absatz 1 Satz 2 FamFG).[44] Eine Heilung der fehlerhaften Zustellung durch Nachweis des tatsächlichen Zugangs ist nicht möglich, weil in diesem Fall der Zustellungswille des Gerichts nicht vorliegt.[45]

4.1.6 Zuständigkeit und Form

Die Beschwerde ist bei dem Gericht einzulegen, dessen Beschluss angefochten wird, also dem Betreuungsgericht, das die Entscheidung erlassen hat (§ 64 Absatz 1 FamFG). Eine

44 BGH, BtPrax 2019, 31.
45 BGH, BtPrax 2022, 73.

Ausnahme gilt nur für untergebrachte Personen. Sie – nicht jedoch ihre Betreuer[46] – können Beschwerden auch in Betreuungssachen in dem Bezirk einlegen, in dem sie untergebracht sind (§ 305 FamFG für Betreuungssachen und § 336 FamFG für Unterbringungssachen). Die Beschwerde kann entweder schriftlich durch eine unterschriebene Beschwerdeschrift oder zur Niederschrift der Geschäftsstelle – die ebenfalls zu unterzeichnen ist – eingelegt werden (§ 64 Absatz 2 FamFG).

4.1.7 Begründung der Beschwerde

Eine Beschwerde soll begründet werden (§ 65 FamFG). Eine Pflicht hierzu besteht zwar nach dem Gesetzeswortlaut nicht, mit der Folge, dass auch eine unbegründete Beschwerde zulässig ist. Allerdings kann das Beschwerdegericht schlecht nachprüfen, warum sich der Beschwerdeführer nun gegen die Entscheidung zur Wehr setzt. Es ist auch im Sinne des Beschwerdeführers, möglichst schnell eine Beschwerdeentscheidung zu bekommen. Daher ist es wichtig, dass der Beschwerdeführer klarmacht, ob er der Meinung ist, dass das Betreuungsgericht von falschen Tatsachen ausgegangen ist – beispielsweise, weil es nicht genug Ermittlungen von sich aus vorgenommen hat – oder auf Basis der hinreichenden Tatsachenermittlung zu falschen Schlussfolgerungen gekommen ist. Wie bereits angesprochen, prüft das Betreuungsgericht zuerst, ob es die Beschwerde für begründet hält oder nicht. Es ist durchaus möglich, dass dem Betreuungsgericht ein Fehler unterlaufen ist und aufgrund der Beschwerde das Gericht nun bereit ist, der Beschwerde abzuhelfen und damit die angefochtene Entscheidung abzuändern. Nur wenn das Betreuungsgericht die Beschwerde für nicht begründet hält, leitet es die Beschwerde unverzüglich an das Beschwerdegericht – also das Landgericht – zur Entscheidung weiter.

4.1.8 Prüfung durch das Gericht

Das Landgericht prüft dann, ob die Beschwerde zulässig ist, also statthaft, sowie in der gesetzlich vorgesehenen Form und Frist eingelegt worden ist. Das Beschwerdegericht ist eine weitere Tatsacheninstanz. Generell richtet sich das Verfahren nach den Vorschriften über das Verfahren im ersten Rechtszug. Das bedeutet, dass das Beschwerdegericht verpflichtet ist, ebenfalls von Amts wegen den Sachverhalt aufzuklären. Zwar ist das Beschwerdegericht an den Beschwerdegegenstand gebunden, sodass es keine über die Beschwerde hinausgehende Entscheidung treffen darf, aber sie ist nicht an den Umfang der Ermittlungen durch die erste Instanz gebunden und kann von sich aus neue Beweis – beispielsweise durch Sachverständigengutachten – erheben.

4.2 Rechtsbeschwerde

Gegen die Entscheidung des Landgerichts ist in bestimmten Fällen auch die Rechtsbeschwerde **zum Bundesgerichtshof** (BGH) statthaft. Dies ist der Fall, wenn die Beschwerde durch das Landgericht zugelassen worden ist, was wiederum dann der Fall ist,

46 *Sonnenfeld/Mazur,* in: Bienwald, Betreuungsrecht, § 305 FamFG Rn. 2; **a.A.** *Giers,* in: Keidel, FamFG, § 305 Rn. 3.

wenn die Rechtssache grundsätzliche Bedeutung hat oder für die Fortbildung des Rechts oder die Sicherung einer einheitlichen Rechtsprechung erforderlich ist.

Allerdings beinhaltet § 70 Absatz 3 FamFG eine Aufzählung von Verfahren im Rahmen des Betreuungs- und Unterbringungsrechts, die eine Rechtsbeschwerde auch ohne Zulassung ermöglichen. Demnach ist eine Rechtsbeschwerde gegen die Entscheidung des Landgerichts ohne Zulassung statthaft in – für das Genehmigungsverfahren weniger relevanten – Betreuungssachen zur Bestellung eines Betreuers, zur Aufhebung einer Betreuung, zur Anordnung oder Aufhebung eines Einwilligungsvorbehaltes, aber auch – für das Genehmigungsverfahren von erheblicher Relevanz – in Unterbringungssachen. Das sind gemäß § 312 FamFG Verfahren, die die Genehmigung einer freiheitsentziehenden Unterbringung, freiheitsentziehender Maßnahmen, aber auch ärztlicher Zwangsmaßnahmen beinhalten. Allerdings gilt dies nur für die Hauptsacheverfahren und nicht für die im Wege der einstweiligen Anordnung ergangenen Entscheidungen (§ 70 Absatz 4 FamFG).

Zu beachten ist bei der Rechtsbeschwerde, dass die Beteiligten sich durch einen beim BGH zugelassenen Rechtsanwalt vertreten lassen müssen (**Anwaltszwang**). Das gilt auch für Rechtsbeschwerden des Verfahrenspflegers. Außerdem handelt es sich bei der Rechtsbeschwerde um keine weitere Tatsacheninstanz. Damit ist die Rechtsbeschwerdeinstanz an die vom Landgericht getroffenen Feststellungen gebunden und überprüft die Entscheidung des Landgerichts nur auf Rechtsfehler.

C Die Personensorge

Der Aufgabenbereich „Personensorge" wird – wenn überhaupt – äußerst selten angeordnet. Zum einen erscheint es schon fraglich, dass die Übertragung eines so umfangreichen Aufgabenbereichs erforderlich sein kann (siehe dazu Teil A unter 2.2.1). Zum anderen können die Befugnisse des Betreuers aufgrund dieses Aufgabenbereichs nicht eindeutig bestimmt werden.[1] Daher werden Teile der Personensorge in dem Aufgabenkreis einzeln aufgezählt.

Dazu gehören üblicherweise die **Gesundheitssorge** und das **Aufenthaltsbestimmungsrecht**. Bestimmte Aufgabenbereiche lassen sich *nicht* eindeutig der Personensorge oder Vermögenssorge zuordnen. Ein bestes Beispiel hierfür ist der Bereich der Wohnungsangelegenheiten, der sowohl Aspekte der Personensorge als auch der Vermögenssorge beinhaltet. Das Gesetz unterscheidet hier auch zwischen dem Genehmigungserfordernis im Rahmen der Wohnungsangelegenheiten, soweit sie die Personensorge betreffen (§ 1833 Absatz 3 BGB), und denen, die die Vermögenssorge betreffen (§ 1850 BGB). Entsprechend der gesetzlichen Konzeption werden diese personenbezogenen Aspekte der Wohnungsangelegenheiten in diesem Teil C und die vermögensbezogenen Aspekte im folgenden Teil D besprochen.

1 Personensorge in Betreuungssachen

Während das materielle Recht des Bürgerlichen Gesetzbuchs (BGB) bei den Vorschriften über die Führung der Betreuung (Untertitel 2) zwischen Personenangelegenheiten (Kapitel 2, §§ 1827 ff.) und Vermögensangelegenheiten (Kapitel 3, §§ 1835 ff.) unterscheidet, unterscheidet das Verfahrensrecht zwischen Verfahren in Betreuungssachen (§§ 271 ff. FamFG) und Verfahren in Unterbringungssachen (§§ 312 ff. FamFG). Zur besseren Übersicht wird diese verfahrensrechtliche Unterscheidung hier zur Gliederung der Genehmigungstatbestände im Rahmen der Personensorge übernommen. Zum einen unterscheiden sich die Voraussetzungen einer Genehmigung in Betreuungssachen von den Voraussetzungen einer Genehmigung in Unterbringungssachen. Zum anderen erfolgen alle Genehmigungen in den Unterbringungssachen gegen den natürlichen Willen der betreuten Person: Dies rechtfertigt eine gesonderte Unterteilung.

Betreuungssachen sind nach der Definition des § 271 Nr. 3 FamFG Verfahren, die die rechtliche Betreuung eines Volljährigen nach §§ 1814 bis 1881 BGB betreffen, soweit es sich nicht um Unterbringungssachen handelt.

1.1 Gesundheitssorge

Auch der Bereich der „Gesundheitssorge" – teilweise auch „gesundheitliche Angelegenheiten" bezeichnet – kann weiter auf bestimmte Teilbereiche eingeschränkt werden. Ins-

1 *Sonnenfeld/Mazur*, in: Bienwald, Betreuungsrecht, § 293 FamFG, Rn. 17.

besondere bei betreuten Personen, die generell selbst den Bereich der Gesundheitssorge wahrnehmen können und vor allem in eine ärztliche Heilbehandlung selbst einwilligen können, kann eine weitere Einschränkung unter Beachtung des Erforderlichkeitsgrundsatzes geboten sein. So kann beispielsweise bei einem alkoholabhängigen Menschen der Aufgabenbereich auf die Organisation einer Entzugstherapie beschränkt werden.

Oft wird mit der Übertragung des Bereichs der Gesundheitssorge noch der Zusatz „einschließlich Zustimmung zu **ärztlicher Heilbehandlung**" beigefügt. Ob es sich hierbei lediglich um einen klarstellenden Zusatz handelt oder um eine weiter gehende Übertragung, wird unterschiedlich gesehen. Sollte folglich dem Betreuer lediglich der Bereich der Gesundheitssorge übertragen worden sein und ergibt sich weder aus den Gründen noch aus sonstigen Erklärungen des Gerichts, ob die Zustimmung zur ärztlichen Heilbehandlung inbegriffen ist, und sollte ein Tätigwerden in diesem Bereich erforderlich sein, ist eine Rücksprache mit dem Gericht anzuraten. Andernfalls könnte sich der Betreuer später dem Vorwurf, außerhalb des übertragenen Bereichs tätig gewesen zu sein, ausgesetzt sehen. Der Betreuer kann beispielsweise gemäß § 1864 Absatz 2 Satz 2 Nr. 3 BGB dem Gericht mitteilen, dass eine Erweiterung des Aufgabenkreises um den Bereich „Zustimmung zur ärztlichen Heilbehandlung" erforderlich ist. Wenn das Gericht eine ausdrückliche Erweiterung für nicht erforderlich hält, wird es dies dem Betreuer mitteilen.

1.1.1 Vorrang der Einwilligung der betreuten Person

Auch im Rahmen der Gesundheitssorge gilt der **Vorrang der Unterstützung vor der Vertretung** (§ 1821 Absatz 1 Satz 2 BGB). Leider wurde der Grundsatz vor der Reform in der Praxis erheblich missachtet. Es bleibt zu hoffen, dass sich mit der Reform das Bewusstsein dafür, dass eine einwilligungsfähige betreute Person stets selbst entscheiden kann, durchsetzt. Das ergibt sich – und ergab sich im Übrigen auch schon vor der Reform – aus § 630d Absatz 1 BGB. Danach ist der Behandelnde vor der Durchführung einer medizinischen Maßnahme – insbesondere eines körperlichen Eingriffs – verpflichtet, die Einwilligung des Patienten einzuholen. Dem gehen Informationspflichten des Behandelnden „in verständlicher Weise" (!) nach § 630c Absatz 2 BGB und Aufklärungspflichten, die „verständlich" (!) sein müssen, nach § 630e BGB voraus. Nach dem klaren Wortlaut des § 630d Absatz 1 Satz 1 BGB ist die **Einwilligung des Patienten** einzuholen. Nur wenn der Patient nicht einwilligungsfähig ist, ist die Einwilligung eines hierzu berechtigten Patientenvertreters – also des Betreuers oder Bevollmächtigten – einzuholen (§ 630d Absatz 1 Satz 2 BGB). Generell ist der **Arzt verpflichtet**, sich im Rahmen der Aufklärung selbst **zu vergewissern, ob der Patient einwilligungsfähig ist oder nicht.** Dabei spielt die Tatsache, ob für ihn ein Betreuer bestellt ist oder nicht, generell keine Rolle.

Praxistipp

▶ *Es ist dem Betreuer – aber auch dem Bevollmächtigten – **dringend** zu empfehlen, auf eine Aufklärung der betroffenen Person in adressatengerechter Weise zu drängen.*

Da den Betreuer ohnehin eine Besprechungspflicht nach § 1821 Absatz 5 BGB trifft – und den Bevollmächtigten wohl eine ähnliche Pflicht aus dem Innenverhältnis –, ist eine Teilnahme der betroffenen Person an jenem Gespräch schon aus diesem Grund erforderlich.

Davon kann ausnahmsweise in den Fällen abgesehen werden, in denen die Person gar nicht in der Lage ist, den Inhalt und die Tragweite des Aufklärungsgesprächs annähernd zu erfassen. Dies ist allerdings sehr restriktiv zu handhaben. Ist nach dem Aufklärungsgespräch nicht klar, ob die betroffene Person einwilligungsfähig ist oder nicht, ist sie jedoch mit der Maßnahme einverstanden, so ist es sicherlich unschädlich, wenn die Einwilligung durch beide Personen erfolgt. Ob es sich bei der Einwilligung durch den Betreuer um eine unterstützte Handlung der wirksamen Einwilligung der betreuten Person handelt oder um eine stellvertretende Handlung aufgrund der Einwilligungsunfähigkeit der betreuten Person, spielt dann keine Rolle mehr.

Hinweis

▶ *Eine Behandlung gegen den **freien** Willen ist stets unzulässig. Eine Behandlung gegen den **natürlichen** Willen stellt eine ärztliche Zwangsmaßnahme im Sinne des § 1832 BGB dar und ist nur mit Genehmigung des Betreuungsgerichts unter den im § 1832 BGB geregelten Voraussetzungen zulässig (dazu unten 2.4.3).*

1.1.2 Umfang

Der Bereich der Gesundheitssorge ist gesetzlich im Betreuungsrecht nicht näher bestimmt.

Für die **Ehegatten** normiert § 1358 BGB ein gesetzliches Vertretungsrecht für den Fall, dass ein Ehegatte „seine Angelegenheiten der Gesundheitssorge" rechtlich nicht besorgen kann. Die Befugnisse des vertretenen Ehegatten umfassen:

- die Einwilligung oder Untersagung von Untersuchungen des Gesundheitszustandes, der Heilbehandlung und der ärztlichen Eingriffe sowie die Entgegennahme der erforderlichen ärztlichen Aufklärung (§ 1358 Absatz 1 Nr. 1 BGB),
- den Abschluss oder die Durchsetzung von Behandlungsverträgen, Krankenhausverträgen oder Verträgen über eilige Maßnahmen der Rehabilitation und Pflege (§ 1358 Absatz 1 Nr. 2 BGB),
- die Zustimmung zu freiheitsentziehenden Maßnahmen (§ 1358 Absatz 1 Nr. 3 BGB),
- die Geltendmachung von Ansprüchen gegenüber Dritten aus Anlass der Erkrankung (§ 1358 Absatz 1 Nr. 4 BGB).

Der erste vom Notvertretungsrecht der Ehegatten umfasste Bereich (§ 1358 Absatz 1 Nr. 1 BGB) ist sicherlich auch von dem Aufgabenbereich der Gesundheitssorge bei einer rechtlichen Betreuung umfasst. Das müsste auch bezüglich des zweiten Bereichs nach § 1358 Absatz 1 Nr. 2 BGB gelten. Hier wird wiederum deutlich, dass die Bereiche der Vermögenssorge und Personensorge nicht immer klar zu trennen sind.

Freiheitsentziehende Maßnahmen sind vom Bereich der Gesundheitssorge (allein) nicht mehr umfasst und müssen dem Betreuer ausdrücklich übertragen werden (§ 1815 Absatz 2 Nr. 2 BGB). Auch der letzte Bereich, der in § 1358 Absatz 1 Nr. 4 BGB dem vertretenen Ehegatten übertragen worden ist, könnte durch einen rechtlichen Betreuer nur mit dem zusätzlichen Aufgabenbereich der Vermögenssorge geregelt werden dürfen.

Allerdings geht der Aufgabenbereich der Gesundheitssorge auch weiter als im Bereich des Notvertretungsrechts, das eben nur für Notfälle gedacht und für eine maximale Dauer von sechs Monaten normiert ist.

Damit gehört zum betreuungsrechtlichen Aufgabenbereich der Gesundheitssorge die **gesamte Ausgestaltung der Gesundheitsversorgung**, ausgehend von der Vorsorge oder Prophylaxe über die erforderliche Behandlung bis zur Rehabilitation.

Auch hier muss der Betreuer die Angelegenheit grundsätzlich mit der betreuten Person zunächst einmal besprechen – unabhängig von deren Einwilligungsfähigkeit – und dabei den Wunsch der betreuten Person ermitteln. Zu den früher geäußerten Wünschen im Sinne von § 1821 Absatz 2 Satz 4 BGB gehören insbesondere die Festlegungen in einer Patientenverfügung nach § 1827 Absatz 1 BGB. Diesbezüglich trifft den Betreuer die Pflicht, dem früher geäußerten Willen des Betreuten Ausdruck und Geltung zu verschaffen, soweit die Patientenverfügung nicht widerrufen worden ist und auf die aktuelle Lebens- und Behandlungssituation zutrifft. Anderenfalls hat der Betreuer unter Zugrundelegung der Ermittlungspflichten gemäß § 1827 Absatz 2 BGB den mutmaßlichen Willen zu ermitteln.

1.1.3 Genehmigungserfordernisse im Rahmen der Gesundheitssorge

Die Ausgestaltung der Gesundheitssorge obliegt generell der betreuten Person und – als Ergebnis der persönlichen Besprechung jener Angelegenheit gemäß § 1821 Absatz 5 BGB mit der betreuten Person – ihrem Betreuer.

Dem Betreuungsgericht obliegt die generelle Aufsichtspflicht nach § 1862 BGB, die – zu Beginn – durch den Anfangsbericht und – regelmäßig – durch die Jahresberichte oder – anlassbezogen – aufgrund einer Mitteilung bezüglich der wesentlichen Änderung durch den Betreuer (§ 1864 Absatz 2 BGB) durchgeführt wird.

Allerdings gibt es im Bereich der Gesundheitssorge auch sehr sensible Bereiche, bei denen es durch die Entscheidung zu schwerwiegenden Folgen für das Leben oder die Gesundheit der betreuten Person kommen kann oder bei denen es zu einem erheblichen Eingriff in das Selbstbestimmungsrecht kommt. Die mit dem erheblichen Eingriff in das Selbstbestimmungsrecht verbundenen Entscheidungen im Bereich der Gesundheitssorge werden im Zusammenhang mit Genehmigungen in den Unterbringungssachen noch besprochen.

Hier spielen Entscheidungen, die zwar nicht gegen den natürlichen Willen der betreuten Person erfolgen, gleichwohl aber mit erheblichen Folgen für sie verbunden sein können, eine Rolle. Dazu gehören Entscheidungen über gefährliche ärztliche Maßnahmen, Sterilisation oder Kastration. In diesem hochsensiblen Bereich soll der Betreuer nicht alleingelassen werden, sondern im Rahmen eines Genehmigungsverfahrens soll die von ihm beabsichtigte Maßnahme nochmals auf ihre Rechtmäßigkeit – nicht hingegen auf ihre Zweckmäßigkeit – überprüft werden.

→ *Zu den Einzelheiten der Genehmigungserfordernisse in Unterbringungssachen siehe unten 2.4.*

1.1.3.1 Einwilligung in gefährliche Eingriffe § 1829 BGB

§ 1829 BGB regelt zwei Konstellationen einer Entscheidung, die schwerwiegende Folgen für das Leben oder die Gesundheit der betreuten Person haben können und dementsprechend einer gerichtlichen Genehmigung bedürfen.

Die Genehmigungserfordernisse gelten gemäß § 1829 BGB **für Vorsorgebevollmächtigte entsprechend** (§ 1829 Absatz 5 BGB). Dies gilt allerdings nur dann, wenn der Vorsorgebevollmächtigte in diesem Bereich tätig werden kann und es daher hierfür keines Betreuers bedarf. Das ist der Fall, wenn die Vorsorgevollmacht schriftlich erteilt worden ist und die Entscheidungen über die Maßnahmen gemäß § 1829 BGB ausdrücklich von der Vorsorgevollmacht umfasst sind (§ 1820 Absatz 2 Nr. 1 BGB).

1.1.3.1.1 Erste Konstellation: Gefahr aufgrund der Zustimmung

Gemäß § 1829 Absatz 1 BGB bedarf die Einwilligung des Betreuers in eine Untersuchung des Gesundheitszustandes, eine Heilbehandlung oder einen ärztlichen Eingriff dann der gerichtlichen Genehmigung, wenn die begründete Gefahr besteht, dass die betreute Person **aufgrund der Maßnahme stirbt oder einen schwerwiegenden und länger dauernden gesundheitlichen Schaden erleidet**. Es geht folglich hier um die Genehmigung der Einwilligung in eine Maßnahme, welche die entsprechende Gefahr für die betreute Person beinhaltet. Das Genehmigungserfordernis entfällt allerdings dann, wenn mit dem Aufschub Gefahr verbunden ist.

Praxisbeispiel

R ist starker Raucher. Er kommt mit seinem „Raucherfuß" ins Krankenhaus. Leider verschlechtert sich der Zustand von R erheblich. Der Fuß von R wird nicht mehr richtig durchblutet. Es kommt infolgedessen zu einer Blutvergiftung (Sepsis). Aufgrund dessen ist R nicht mehr einwilligungsfähig.

Das Betreuungsgericht bestellt im Wege der einstweilen Anordnung B zum Betreuer. Betreuer B beantragt nach Rücksprache mit den behandelnden Ärzten die Einwilligung in die Amputation des Fußes von R. Er kann sich hierzu nicht mehr adäquat äußern, bringt aber zum Ausdruck, dass er weiterleben möchte. Nach Einschätzung der Ärzte ist der Tod des R ohne eine Amputation zu 100 Prozent sicher. Allerdings birgt die Amputation aufgrund des schlechten Allgemeinzustands des R auch eine erhebliche Lebensgefahr für ihn. Nach Angaben der Ärzte muss die Amputation in den nächsten Tagen erfolgen.

Lösung:

Eine Entscheidung des Gerichts ist in der kurzen Zeit schlicht und ergreifend nicht möglich. Das Gericht muss vor seiner Entscheidung gemäß § 298 Absatz 3 FamFG ein Sachverständigengutachten eines nicht behandelnden Arztes einholen. Es muss möglicherweise nach pflichtgemäßem Ermessen einen Verfahrenspfleger bestellen und ihm auch ausreichend Zeit geben, sich mit dem Gutachten auseinanderzusetzen. Schließlich bedarf es der persönlichen Anhörung des R. Hier liegt es auf der Hand, dass eine Entscheidung des Gerichts nicht rechtzeitig erfolgen kann.

Daher kann der Betreuer die Entscheidung gemäß § 1829 Absatz 1 Satz 2 BGB ohne die erforderliche Genehmigung treffen, weil ansonsten die Gefahr besteht, dass R stirbt, bevor eine Genehmigung durch das Gericht erfolgen kann.

Hinweis

▶ *Gleichwohl ist es ratsam, sich in diesem Fall mit dem Betreuungsgericht in Verbindung zu setzen und die beabsichtigte Vorgehensweise dem Betreuungsgericht mitzuteilen. So kann B zumindest verhindern, dass ihm später der Vorwurf gemacht wird, die erforderliche Genehmigung nicht eingeholt zu haben, und das Betreuungsgericht hat gleichwohl die Möglichkeit, im Wege seiner Aufsichtspflicht gegebenenfalls einzuschreiten.*

1.1.3.1.2 Zweite Konstellation: Gefahr aufgrund der Nichteinwilligung

§ 1829 Absatz 2 BGB betrifft den Fall der **Nichteinwilligung** oder des **Widerrufs der Einwilligung** in eine Untersuchung des Gesundheitszustandes, eine Heilbehandlung oder einen ärztlichen Eingriff, wenn die **Maßnahme medizinisch angezeigt ist** und die **begründete Gefahr besteht, dass der Betreute aufgrund des Unterbleibens oder des Abbruchs der Maßnahme stirbt oder einen schweren und länger dauernden gesundheitlichen Schaden erleidet**. Auch hierfür bedarf es generell einer richterlichen Genehmigung.

Praxisbeispiel

D leidet an einer fortgeschrittenen Demenz. Sie wird von ihrem Ehemann E betreut. D war früher sehr gläubig und hat vor Jahren eine „Patientenverfügung" verfasst, die wie folgt lautet:

„Wenn die Zeit gekommen ist, gebe ich mich ganz in Gottes Hände. Ich wünsche ein würdevolles Sterben. Ich lehne lebensverlängernde Maßnahmen ab. Wenn ich schwach und gebrechlich bin und selbst nicht mehr entscheiden kann, so soll Gottes Wille geschehen."

Aufgrund einer Schluckstörung kann D keine Nahrung mehr zu sich nehmen. Der behandelnde Arzt A drängt auf die Einwilligung in die sogenannte PEG-Sonde, durch die D künstlich ernährt werden soll. A sieht die Maßnahme als medizinisch indiziert, da D körperlich eigentlich noch relativ gesund sei und die Schluckstörung lediglich auf die Demenz zurückzuführen sei. Auf die Patientenverfügung angesprochen entgegnet er, dass diese unbestimmt sei und dementsprechend nicht wirksam. E weiß allerdings, dass D ihm immer gesagt hat, sie möchte nicht, dass ihr Leben um jeden Preis verlängert wird, sondern, wenn es so weit ist, in Frieden sterben.

Lösung:

In der Tat beinhaltet die Patientenverfügung keine Untersagung *bestimmter* Maßnahmen. Sie ist daher nicht konkret genug gefasst, um hier unmittelbar gemäß § 1827 Absatz 1 BGB Anwendung zu finden. Allerdings bringt die Patientenverfügung – genau wie die früheren Äußerungen der D – bestimmte Behandlungswünsche bzw. Wünsche bezüglich der Unterlassung einer Behandlung in einer bestimmten Lage zum Ausdruck, die zumindest eine Grundlage für die Ermittlung des mutmaßlichen Willens der D darstellen.

Es spricht vieles dafür, dass hier eine medizinisch indizierte Maßnahme möglicherweise angezeigt ist. Diese medizinische Maßnahme könnte allerdings dem mutmaßlichen Willen der D widersprechen, mit der Folge, dass E die Einwilligung in jene Maßnahme zu Recht versagt hat. Zum Schutz der D bedarf E allerdings der Genehmigung des Betreuungsgerichts.

1.1.3.1.3 Bedeutung der Patientenverfügung für die Entscheidung

§ 1829 Absatz 1 und 2 BGB soll die vertretene Person in ihrem Selbstbestimmungsrecht schützen. Dementsprechend hat das Gericht die Genehmigung nach § 1829 Absatz 1 und 2 BGB zu erteilen, wenn die Einwilligung bzw. die Nichteinwilligung oder der Widerruf der Einwilligung **dem Willen der betreuten Person** entspricht (§ 1829 Absatz 3 BGB).

Unter dem Willen der betreuten Person sind einerseits die gegenwärtigen Wünsche gemäß § 1821 Absatz 2 BGB, anderseits auch die Festlegungen im Rahmen der Patientenverfügung gemäß § 1827 Absatz 1 BGB oder der mutmaßliche Wille gemäß § 1821 Absatz 4 BGB bzw. § 1827 Absatz 2 BGB zu verstehen.[2]

Problematisch ist allerdings, wenn die vertretene Person eine wirksame Patientenverfügung nach § 1827 Absatz 1 BGB verfasst hat und deren **Festlegungen nun den Wünschen** nach § 1820 Absatz 2 BGB **widersprechen**. Generell kann die Patientenverfügung jederzeit, auch formlos, widerrufen werden (§ 1827 Absatz 1 Satz 3 BGB). Damit kann selbst eine notariell beurkundete Patientenverfügung im Prinzip nonverbal widerrufen werden; allerdings muss die Person selbst noch einwilligungsfähig sein.[3] Ärztliche Maßnahmen, die aufgrund einer Patientenverfügung durchgeführt werden sollen, aber dem natürlichen Willen der vertretenen Person widersprechen, sind dann allerdings nicht nur nach § 1829 Absatz 1 BGB, sondern als ärztliche Zwangsmaßnahme zusätzlich auch nach § 1832 BGB zu überprüfen (dazu unten 2.4.3).

Schwieriger ist allerdings die Konstellation zu beurteilen, in der durch die Patientenverfügung eine bestimmte Maßnahme abgelehnt wurde, der vertretene Patient nun aber im nichteinwilligungsfähigen Zustand zum Ausdruck bringt, dass er nun jene Maßnahme doch möchte. Es geht folglich um Konstellationen, in welchen die verfügende Person bestimmte Maßnahmen ablehnt. Beispielsweise legt eine Patientenverfügung fest, dass der Verfasser im Falle einer irreversiblen Erkrankung des Gehirns, wie der Demenz, jegliche ärztliche Maßnahmen, die nicht der Schmerzlinderung dienen, verweigere, insbesondere lehne er es ab, mit Flüssigkeit oder Nahrung versorgt zu werden, wenn er diese auf natürlichem Wege nicht mehr zu sich nehmen könne. Nun wird auf Nachfrage deutlich, dass der – nun nicht mehr zur freien Willensbildung befähigte – Verfasser nicht sterben würde, was allerdings mit Sicherheit bei der Befolgung der Patientenverfügung passieren würde.

2 BtKomm/*Roth*, Teil E, Rn. 26; *Marschner*, in: Jürgens, Betreuungsrecht, § 1829 BGB, Rn. 13 ff.
3 *Schneider*, in: MüKo-BGB, § 1901a Rn. 38.

Der Patientenvertreter (Betreuer oder Bevollmächtigter) ist in solch einem Fall zu einer eigenen Entscheidung nicht befugt, sondern soll im Prinzip dieser Patientenverfügung Ausdruck und Geltung verschaffen. Diese Festlegung steht aber im eindeutigen Widerspruch zu dem nun gerade geäußerten Wunsch, nicht zu sterben und auch nicht zu verhungern. Dadurch lässt der Verfasser erkennen, dass er eine Weiterbehandlung wünscht. Der BGH führt dazu aus:

> „In diesem Zusammenhang hat der Bevollmächtigte auch zu hinterfragen, ob die Entscheidung noch dem Willen des Betroffenen entspricht, was die Prüfung einschließt, ob das aktuelle Verhalten des nicht mehr entscheidungsfähigen Betroffenen konkrete Anhaltspunkte dafür liefert, dass er unter den gegebenen Umständen den zuvor schriftlich geäußerten Willen nicht mehr gelten lassen will und ob er bei seinen Festlegungen diese Lebenssituation mitbedacht hat (vgl. BT-Drs. 16/8442, 14, 15)."[4]

Damit ist der Patientenvertreter verpflichtet, der schriftlichen Festlegung nicht „blind" zu folgen, sondern zu hinterfragen, ob der Vertretene in dieser Situation in Kenntnis aller Umstände – insbesondere, dass ihm trotz eines vorhandenen Lebenswunsches die Nahrungszufuhr verweigert wird – diese Festlegung genauso treffen würde.

Fallbeispiel

Nachdem es in der Familie des D vermehrt zu Fällen der Demenz in einem frühen Stadium gekommen ist, verfasst D eine Patientenverfügung und lässt diese auch notariell beurkunden. Er möchte damit verhindern, wie er es sagt, „vor sich hin zu vegetieren, ohne zu wissen, wer er sei, wie es bereits bei seinem älteren Bruder der Fall ist". Er verfasst eine Patientenverfügung mit dem oben genannten Inhalt, in der insbesondere die Ernährung durch eine Sonde abgelehnt wird.

Ein paar Jahre später wird auch beim D diese frühe Form der Demenz diagnostiziert. Sie entwickelt sich bei ihm anders als bei seinen Geschwistern. So ist D zwar relativ bald vergesslich und desorientiert, erinnert sich aber an sein früheres Leben sehr gut, erkennt auch die Familienangehörigen, ist aber krankheitsbedingt zur freien Willensbildung nicht mehr in der Lage.

Allerdings setzt beim D aufgrund der Demenzerkrankung relativ früh der Schluckreflex aus, mit der Folge, dass D sich bei der Nahrungsaufnahme öfter verschluckt. Auf Nachfrage, ob er künstlich ernährt werden möchte, antwortet er, dass er die Notwendigkeit nicht sehe, da er doch völlig gesund sei. Er ist nicht mehr in der Lage, zu erkennen, dass er in einem Krankenhaus ist. D wähnt sich in einem Hotel und beschwert sich über den schlechten Service, da er hungrig sei. Bei dem ersten Versuch, ihm flüssige Nahrung zuzuführen, verschluckt D sich sofort. Er äußert in diesem Zusammenhang, dass er Hunger habe und ernährt werden möchte. An seine Patientenverfügung erinnert er sich nicht mehr. Er äußert allerdings mehrfach, dass er weiterhin leben möchte und man ihn doch nicht einfach verhungern lassen könne.

4 BGH, NJW 2016, 3297 Rn. 35.

Lösung:

Geht man von einer wirksamen Patientenverfügung gemäß § 1827 Absatz 1 BGB aus, so wäre hier streng genommen die medizinische Maßnahme der künstlichen Ernährung genau für diesen Fall wirksam untersagt. Zu einem Widerruf jener Verfügung ist D gemäß § 1827 Absatz 1 Satz 3 BGB nicht mehr in der Lage. Hier spricht jedenfalls vieles dafür, dass D bei der Verfassung der Patientenverfügung seinen älteren Bruder vor Augen hatte und nicht daran gedacht hat, dass er in einem frühen Stadium der Erkrankung, bei dem er noch körperlich vollkommen fit sein wird und sich auch an vieles aus seiner Vergangenheit erinnern kann, insbesondere noch eine Beziehung zu seinen Angehörigen hat, nun aufgrund einer Störung des Schluckreflexes verhungern muss. Das spricht dafür, dass er diese Lebenssituation nicht bedacht hatte und dementsprechend die Patientenverfügung nicht auf die aktuelle Behandlungssituation zutrifft.

Die Genehmigungsvorbehalte dienen damit der Kontrolle, dass die Entscheidungen des Patientenvertreters (Betreuer oder Bevollmächtigter) tatsächlich dem ermittelten, individuell-mutmaßlichen Patientenwillen entsprechen.[5]

1.1.3.1.4 Fälle des Konsenses zwischen Patientenvertreter und behandelndem Arzt

Allerdings bedarf es dieser Kontrolle in den Fällen nicht, in denen zwischen dem behandelnden Arzt und dem Patientenvertreter Einvernehmen besteht, weil dadurch eine wechselseitige Kontrolle zwischen dem behandelnden Arzt und dem Patientenvertreter bereits stattgefunden hat. Jedoch ist dieses Einvernehmen zu dokumentieren.[6] Damit ist gemäß § 1829 Absatz 4 BGB die gerichtliche Kontrolle – und damit das Erfordernis der Genehmigung – nur auf die Fälle beschränkt, bei denen ein **Dissens zwischen dem behandelnden Arzt und dem Patientenvertreter** besteht.

Hier ist allerdings Vorsicht geboten: Das Gesetz geht grundsätzlich von einer Genehmigungspflicht aus und entbindet von der Genehmigungspflicht im Fall des Einvernehmens. Kommt der Betreute in eine solche Situation, in der eine Entscheidung nach § 1829 Absatz 1 und 2 BGB getroffen werden muss, handelt es sich zumindest um eine wesentliche Änderung der persönlichen Verhältnisse des Betreuten. Diese Änderung muss der Betreuer dem Betreuungsgericht zumindest gemäß § 1864 Absatz 2 BGB anzeigen und in nicht eindeutigen Fällen des Einvernehmens die entsprechende Genehmigung beantragen.

Hinweis

▶ *Allerdings sollte der Betreuer mit der Anzeige oder der Genehmigung auch eindeutig kundtun, zu welchem Ergebnis er selbst bezüglich des ermittelten Willens – und aus welchen Gründen – gekommen ist.*

Es ist unzulässig, die Ermittlungsarbeit des (mutmaßlichen) Willens auf das Gericht zu verlagern oder einen Genehmigungsantrag zu stellen, wenn im Prinzip Einigkeit mit dem be-

5 *Marschner,* in: Jürgens, Betreuungsrecht, § 1829, Rn. 21.

6 BT-Drucks. 16/8442, S. 19.

handelnden Arzt besteht, man sich allerdings aus Sorge vor einer Haftung bei der Entscheidung nicht klar positionieren möchte.

Oft wird von den Betreuern ein sogenanntes **Negativattest** begehrt, also die richterliche Ablehnung der Genehmigung mit der Begründung, dass die beabsichtigte Maßnahme aufgrund des Einvernehmens genehmigungsfrei ist. Ob es neben der Dokumentationspflicht auch noch eines Negativattestes bedarf, erscheint fraglich, weil das Gericht bei der Feststellung des Einvernehmens die Genehmigung ohne weitere gerichtliche Ermittlung ablehnen wird.[7] Damit ergibt es nur in den Fällen Sinn, solch ein Negativattest zu beantragen, in denen die Einschätzung des behandelnden Arztes nicht ganz klar zu sein scheint.

1.1.3.2 Sterilisation

1.1.3.2.1 Grundlagen

Die Regelung der Sterilisation betreuter Personen[8] war und ist hochumstritten.[9] Dabei ist die Zahl der genehmigten Sterilisationen deutlich gesunken.[10] Auch bei der Sterilisation – wie bei allen anderen Einwilligungen im Rahmen der Gesundheitssorge – bedarf es einer Einwilligung des rechtlichen Betreuers – samt der gerichtlichen Genehmigung – nur in den Fällen, in denen die betroffene Person selbst nicht in die Sterilisation einwilligen kann. Das ist dann der Fall, wenn sie nicht die Fähigkeit besitzt, nach einer entsprechenden Aufklärung durch den Arzt (§ 630e BGB) die Bedeutung und Tragweite der Entscheidung über die Sterilisation zu erfassen und ihre Entscheidung danach auszurichten.[11]

Durch die Regelung des § 1829 BGB soll einerseits sichergestellt werden, dass Betreuer nicht leichtfertig im Rahmen der Gesundheitssorge Entscheidungen treffen, die einen erheblichen Eingriff mit erheblichen Konsequenzen für betreute Person darstellen, andererseits dennoch eine stellvertretende Einwilligung möglich bleibt, um so die Durchführung einer Sterilisation auch nichteinwilligungsfähiger Menschen, die sich jedoch diese Maßnahme selbstbestimmt wünschen, nicht gänzlich zu verwehren.[12] Daher hat der Gesetzgeber sich allerdings unter Beachtung sehr hoher Hürden für die Möglichkeit der Einwilligung entschieden.

Die materiellrechtlichen Voraussetzungen der Sterilisation werden in § 1830 BGB und die verfahrensrechtlichen Voraussetzungen in § 297 FamFG gesondert geregelt. Nach den materiellrechtlichen Voraussetzungen des § 1830 BGB darf in eine Sterilisation nur ein **Sterilisationsbetreuer,** also ein Betreuer, der nur für diesen Aufgabenbereich bestellt worden ist, einwilligen. Ferner setzt die Sterilisation Folgendes voraus:

---

7 *Schnellenbach,* in: Schellenbach/Normann-Scheerer/Giers/Thielke, Betreuungsrecht für die Praxis, Rn. 215.

8 Wobei die Regelung zu 90,86 % Frauen betrifft: BT-Drucks. 13/3822, S. 12. Ob eine Sterilisation von Männern überhaupt zulässig ist, ist hochumstritten. Verneinend: BtKomm/*Roth*, Teil E Rn. 38, 47.

9 Vgl. zum alten Recht *Jürgens,* in: Jürgens, Betreuungsrecht, 6. Auflage, § 1905 BGB, Rn. 1, und zum neuen Recht: BtKomm/*Roth*, Teil E, Rn. 38; *Schnellenbach,* in: Schellenbach/Normann-Scheerer/Giers/Thielke, Betreuungsrecht für die Praxis, Rn. 410.

10 So waren es 1996 noch 203 und im Jahr 2000 1526 Genehmigungen: *Schnellenbach,* in: Schellenbach/Normann-Scheerer/Giers/Thielke, Betreuungsrecht für die Praxis, Teil D Fn. 50.

11 *Schnellenbach,* in: Schellenbach/Normann-Scheerer/Giers/Thielke, Betreuungsrecht für die Praxis, Rn. 412.

12 *Schnellenbach,* in: Schellenbach/Normann-Scheerer/Giers/Thielke, Betreuungsrecht für die Praxis, Rn. 410.

- Die Sterilisation entspricht dem natürlichen Willen der betreuten Person.
- Die betreute Person bleibt auf Dauer einwilligungsunfähig.
- Es ist anzunehmen, dass es ohne die Sterilisation zu einer Schwangerschaft kommen würde.
- Die Schwangerschaft kann nicht durch andere zumutbare Mittel verhindert werden.
- Infolge der Schwangerschaft wäre eine Gefahr für das Leben oder eine Gefahr einer schwerwiegenden Beeinträchtigung des körperlichen oder seelischen Gesundheitszustandes der Schwangeren zu erwarten.
- Die Gefahr kann nicht auf andere zumutbare Weise abgewendet werden.

Die dauerhafte Einwilligungsunfähigkeit bezweckt den Schutz junger Erwachsener mit kognitiven Einschränkungen, bei denen es zumindest möglich erscheint, dass sie zu einem späteren Zeitpunkt einwilligungsfähig werden.[13] Ob solch eine dauerhafte Einwilligungsunfähigkeit im Rahmen psychischer Erkrankungen – insbesondere chronifizierter Schizophrenie – angenommen werden kann, muss erst mal durch ein Gutachten geklärt werden.

Nach der Reform des Betreuungsrechts reicht es nicht mehr aus, dass die Sterilisation dem Willen der betreuten Person nicht widerspricht. Vielmehr muss sie nun dem **natürlichen Willen**, welcher durch das Gericht positiv festzustellen ist, **entsprechen**. Freilich handelt es sich bei der Ermittlung des natürlichen Willens um einen Prozess. Zunächst einmal bestellt das Betreuungsgericht einen Sterilisationsbetreuer, wenn eine Sterilisation in Betracht kommt. Danach ermittelt der Betreuer im Rahmen seiner Wunschermittlungspflicht gemäß § 1821 Absatz 2 Satz 2 BGB den Wunsch der betreuten Person und bespricht die Angelegenheit mit ihr. Erst danach können beide gemeinsam die Entscheidung treffen, einen entsprechenden Genehmigungsantrag zu stellen oder stattdessen die Aufhebung der Betreuung zu beantragen.

Hinweis

▶ *Personen, die nicht in der Lage sind, ihren natürlichen Willen zur Frage der Sterilisation zu bilden oder zu äußern, dürfen dementsprechend nicht mehr sterilisiert werden.*[14]

Die Sterilisation erfolgt ausschließlich zum Schutz vom Leib und Leben oder zum Schutz vor schwerwiegender Beeinträchtigung des körperlichen oder seelischen Gesundheitszustandes der Schwangeren. Interessen Dritter – insbesondere Angehöriger – wie auch das Interesse der Allgemeinheit spielen hierbei keine Rolle. Die Gefahr für die Schwangere darf darüber hinaus nicht auf eine andere zumutbare Weise abgewendet werden, wobei ein Schwangerschaftsabbruch als Alternative keine zumutbare Alternative darstellt.[15] Abgesehen davon handelt es sich bei der Entscheidung über den Schwangerschaftsabbruch um eine höchstpersönliche Entscheidung der Schwangeren, mit der Folge, dass die Entschei-

13 *Schnellenbach,* in: Schellenbach/Normann-Scheerer/Giers/Thielke, Betreuungsrecht für die Praxis, Rn. 413.
14 *Schnellenbach,* in: Schellenbach/Normann-Scheerer/Giers/Thielke, Betreuungsrecht für die Praxis, Rn. 414; BtKomm/*Roth*, Teil E Rn. 41.
15 *Schnellenbach,* in: Schellenbach/Normann-Scheerer/Giers/Thielke, Betreuungsrecht für die Praxis, Rn. 419.

dung über einen Schwangerschaftsabbruch nur die Schwangere selbst treffen kann, was wiederum ihre Einwilligungsfähigkeit voraussetzt.[16] Daher handelt es sich bei der Frage der Sterilisation um ein hochsensibles Thema, welches mit der betreuten Person, aber auch mit den behandelnden Ärzten ausgiebig besprochen werden muss.

Hinweis

▶ *Hier sollte der Sterilisationsbetreuer insbesondere darauf drängen, zur Fundierung des natürlichen Willens der betreuten Person auf ein ausführliches Aufklärungsgespräch in leichter Sprache durch den Arzt zu drängen.*

Der betreuten Person muss klar sein, welche Maßnahme hier in Erwägung gezogen wird und welche Folgen es haben kann, wenn die Maßnahme nicht durchgeführt wird. Dies kann auch erfolgen, wenn die betreute Person die Bedeutung und Tragweite ihrer Entscheidung nicht voll erfassen kann und dementsprechend letztendlich bezüglich der Einwilligung durch ihren Betreuer vertreten werden muss.

1.1.3.2.2 Verfahrensrecht

Verfahrensrechtlich muss das Gericht die Betreuungsbehörde **anhören**, wenn die betreute Person es verlangt oder es der Sachaufklärung dient. Es hat auch die sonstigen Beteiligten – insbesondere den notwendigerweise zu bestellenden Verfahrenspfleger bzw. den Verfahrensbevollmächtigten – sowie – auf Verlangen der betreuten Person – auch nahestehende Personen anzuhören.

Vor der Genehmigung muss eine förmliche Beweisname durch **Einholung eines Sachverständigengutachtens**, welches sich auf die medizinischen, psychologischen, sozialen, sonderpädagogischen und sexualpädagogischen Gesichtspunkte erstrecken muss, durchgeführt werden, wobei der Sachverständige nicht mit dem ausführenden Arzt personengleich sein darf und er die betreute Person vor der Erstellung des Gutachtens persönlich zu untersuchen oder zu befragen hat. Schließlich hat der Richter die betreute Person über den möglichen Verlauf des Verfahrens zu unterrichten und vor der Entscheidung persönlich anzuhören und sich einen persönlichen Eindruck von der Person zu verschaffen.

Die Genehmigungsentscheidung wird erst mit der Bekanntgabe an den Sterilisationsbetreuer *und* Verfahrenspfleger bzw. Verfahrensbevollmächtigten wirksam. Durchgeführt werden darf die Sterilisation allerdings erst zwei Wochen nach Wirksamwerden der Genehmigung.

1.1.3.3 Einwilligung in Kastration, § 6 KastrG

Kastration ist ein Eingriff, durch den die Keimdrüsen eines Mannes absichtlich entfernt oder absichtlich dauernd funktionsuntüchtig gemacht werden (§ 1 KastrG). Dies geschieht durch die operative Entfernung der Keimdrüsen (der Hoden) oder durch die Schaffung der dauernden Funktionsunfähigkeit (vornehmlich durch ionisierende Strahlung).[17] Der Eingriff richtet sich ausschließlich gegen die Auswirkungen eines abnormen Geschlechtstrie-

16 AG Fulda, Beschluss vom 8.9.2016 – 81 XVII 521/16.
17 *Golbs,* in: Nomos-BR, KastrG, § 1 Rn. 2.

bes.[18] Auch hier gilt, dass der Betreute selbst in den Eingriff einwilligen soll, wenn er einwilligungsfähig ist. Hierbei kann der Betreuer ihn selbstverständlich unterstützen und beraten (§ 1821 Absatz 1 Satz 2 BGB).

Selbst wenn der Betreute nicht einwilligungsfähig ist, muss der Eingriff seinem Wunsch oder – falls er diesen nicht äußern kann – seinem mutmaßlichen Willen entsprechen (§ 1821 Absatz 2 und 4 BGB). Eine Durchführung der Kastration gegen den erklärten Wunsch des Betreuten ist unzulässig. Insoweit kommt bei derartig schweren Grundrechtseingriffen § 1821 Absatz 3 BGB nicht zur Anwendung. Dementsprechend ist die Einwilligung des Betreuers, wenn der Betreute nicht fähig ist, den Grund und die Bedeutung der Kastration voll einzusehen und seinen Willen hiernach zu bestimmen, gemäß § 3 Absatz 3 KastrG nur dann zulässig, wenn der Betreute mit der Kastration einverstanden ist, nachdem er in einer seinem Zustand entsprechenden Weise aufgeklärt worden ist, wenigstens verstanden hat, welche unmittelbaren Folgen eine Kastration hat, und der Betreuer selbst aufgeklärt worden ist.

Ist der Betreute allerdings unfähig, die unmittelbaren Folgen einer Kastration zu verstehen, so ist die Kastration nur zulässig, wenn sie nach den Erkenntnissen der medizinischen Wissenschaft angezeigt ist und vorgenommen wird, um eine lebensbedrohende Krankheit des Betroffenen zu verhüten, zu heilen oder zu lindern. Auch hier muss die Maßnahme dem Wunsch oder mutmaßlichen Willen des Betreuten entsprechen.

Der Betreuer muss für die Einwilligung einen hierfür ausdrücklich übertragenen Aufgabenbereich haben. Der Bereich der Gesundheitssorge dürfte hierfür nicht ausreichend sein. Des Weiteren bedarf er gemäß § 6 Kastrationsgesetz der **Genehmigung des Betreuungsgerichts**. Das Betreuungsgericht muss den Betreuten zuvor persönlich anhören. Der Genehmigungsbeschluss wird erst mit Rechtskraft wirksam. Entsprechend bedarf der Betreuer auch der Genehmigung des Betreuungsgerichts für die Zustimmung zu anderen Behandlungsmethoden nach § 4 KastrG.

1.2 Aufenthaltsbestimmung

1.2.1 Grundlagen und Abgrenzungsfragen

Der Aufgabenbereich des Aufenthaltsbestimmungsrechts birgt große Schwierigkeiten sowohl in rechtlicher als auch tatsächlicher Art. Zunächst einmal ist das Recht, sich frei zu bewegen und damit auch seinen jeweiligen tatsächlichen Aufenthalt selbst zu bestimmen, ein **wesentlicher Teil des Selbstbestimmungsrechts**, das auch durch Art. 2 Absatz 2 Satz 2 GG grundrechtlich geschützt ist. In dieses Grundrecht kann der Betreuer aktiv nur mit Genehmigung des Betreuungsgerichts, die an den strengen Maßstab des Art. 104 GG gebunden ist, eingreifen.

Diese tatsächliche Festlegung des Aufenthaltes gegen den (natürlichen) Willen der betreuten Person stellt eine freiheitsentziehende Unterbringung dar, welche verfahrensrechtlich in den Unterbringungssachen geregelt wird und daher hier auch erst später besprochen

18 *Golbs,* in: Nomos-BR, KastrG, § 1 Rn. 3.

wird (dazu unten 2.4.1). Im Übrigen muss seit der Reform des Betreuungsrechts der Aufgabenbereich der Entscheidung über eine freiheitsentziehende Unterbringung bzw. über die Anwendung freiheitsentziehender Maßnahmen dem Betreuer ausdrücklich übertragen werden (§ 1815 Absatz 2 Nr. 1 und 2 BGB), mit der Folge, dass entgegen der anerkannten Praxis nach dem alten Recht der Aufgabenbereich des Aufenthaltsbestimmungsrechts – gegebenenfalls in Verbindung mit der Gesundheitssorge – nicht mehr die Befugnis enthält, eine freiheitsentziehende Unterbringung anzuordnen.

Bis zum 1.1.2028 können allerdings Betreuungsgerichte noch – entsprechend der Rechtslage vor der Betreuungsrechtsreform – die Unterbringung mit den Aufgabenbereichen der Gesundheitssorge und Aufenthaltsbestimmung anordnen und die rechtlichen Betreuer deren Genehmigung beantragen, wenn die Betreuerbestellung vor dem 1.1.2023 erfolgt ist und bis jetzt keine Entscheidung über eine Verlängerung der Betreuung oder über die Genehmigung der Unterbringung bzw. freiheitsentziehender Maßnahmen getroffen worden ist. Allerdings ist mit der Genehmigung dieser Maßnahmen auch über die Erweiterung des Aufgabenkreises zu entscheiden (Art. 229 § 54 EGBGB).

Das Aufenthaltsbestimmungsrecht enthält folglich nicht die Befugnis, den Aufenthalt der betreuten Person an einem bestimmten Ort gegen ihren Willen festzulegen. Das Aufenthaltsbestimmungsrecht ist darüber hinaus ebenfalls nicht geeignet, den Aufenthalt der betreuten Person negativ zu bestimmen. Damit kann der Betreuer beispielsweise der von ihm betreuten Person nicht rechtswirksam verbieten, bestimmte Orte aufzusuchen – wie soll das auch durchgesetzt werden?

Praxisbeispiel

Die drogenabhängige Betreute D hat erfolgreich eine Drogenentzugstherapie abgeschlossen. Der Betreuer B hat allerdings Angst, dass D rückfällig werden könnte, wenn sie in Kontakt mit Drogen kommen würde. B möchte daher D verbieten, den nahe gelegenen Park zu besuchen, wo mit Drogen gehandelt wird und wo auch D in der Vergangenheit ihre Drogen bezogen hat.

Lösung:

Im Rahmen seiner Unterstützungspflicht gemäß § 1821 Absatz 1 Satz 2 BGB kann B selbstverständlich darauf einwirken, dass D im eigenen Interesse diesen Ort nicht besucht, um nicht erneut in die Versuchung des Drogenkonsums zu kommen. Faktisch durchsetzen kann er das nicht. Faktisch kann man nur den Aufenthalt positiv auf einen Ort im Rahmen der Unterbringung festlegen. Eine **negative** Festlegung unter Ausschluss des Aufenthalts an bestimmten Orten ist allerdings faktisch nicht möglich.

Demnach beinhaltet das Aufenthaltsbestimmungsrecht die Befugnis des Betreuers, den Aufenthalt der betreuten Person rechtlich zu regeln. Das Erfordernis hierfür liegt in § 8 BGB. Gemäß § 8 BGB kann ein Geschäftsunfähiger ohne den Willen seines gesetzlichen Vertreters einen Wohnsitz weder begründen noch aufheben. Das hat zur Folge, dass eine geschäftsunfähige betreute Person rechtlich nicht in der Lage ist, einen neuen Wohnsitz zu begründen und einen alten Wohnsitz aufzugeben. Hier ist eine Stellvertretung durch den gesetzlichen Vertreter – also den Betreuer oder Bevollmächtigten – zwingend erforderlich.

Unter dem Aufenthaltsbestimmungsrecht versteht man daher **die Befugnis, den Aufenthalt der betreuten Person auch ohne deren Willen rechtsverbindlich ebenfalls für Dritte festzulegen**. Der Betreuer kann daher rechtsverbindlich den bisherigen Wohnort für die betreute Person aufgeben (hier ist das Genehmigungserfordernis allerdings gemäß § 1833 Absatz 3 BGB zu beachten). Der Betreuer kann aber auch – ohne gerichtliche Genehmigung – einen neuen Wohnort – beispielsweise in einer Pflegeeinrichtung – bestimmen. Die Bestimmung ist auch Dritten gegenüber bindend. So können beispielsweise Verwandte den Aufenthalt der betreuten Person nicht entgegen der Bestimmung des Betreuers regeln und so die betreute Person aus einer Einrichtung holen und zu sich nach Hause bringen.[19] Der Betreuer kann sogar die Herausgabe der betreuten Person gegenüber Dritten verlangen (§ 1834 Absatz 2 BGB) und sie mittels eines Gerichtsvollziehers samt Polizei gewaltsam gegenüber Dritten durchsetzen.

Die Befugnis zur Aufenthaltsbestimmung greift erheblich in das Selbstbestimmungsrecht der betreuten Person ein. Auch hier ist der Betreuer im Innenverhältnis zur betreuten Person an den Maßstab des § 1821 BGB gebunden, mit der Folge, dass er hier selbst bei geschäftsunfähigen betreuten Personen auch bezüglich des Aufenthalts die Wünsche der betreuten Person zu ermitteln und diesen zu entsprechen hat, soweit nicht eine Ausnahme der Wunschbefolgungspflicht nach § 1821 Absatz 3 BGB vorliegt.

1.2.2 Gerichtliche Entscheidungen im Rahmen der Aufenthaltsregelung (ohne Unterbringung)

Obwohl das Aufenthaltsbestimmungsrecht erheblich in das Selbstbestimmungsrecht der betreuten Person eingreift, beinhaltet das Gesetz außerhalb der freiheitsentziehenden Regelung des Aufenthalts, die in den Unterbringungssachen geregelt ist, nur den Genehmigungsvorbehalt bezüglich der Aufgabe des Wohnraums (§ 1833 Absatz 3 BGB). In diesem Zusammenhang sollen allerdings Regelungserfordernisse durch das Betreuungsgericht, die in Bezug zur Bestimmung des Aufenthalts stehen, angesprochen werden.

Es wurde bereits erwähnt, dass der Betreuer, der den Aufgabenbereich des Aufenthaltsbestimmungsrechts innehat, auch die **Herausgabe der betreuten Person** gegenüber Dritten verlangen kann. Zwar ist das Herausgabeverlangen genehmigungsfrei, allerdings entscheidet über Streitigkeiten diesbezüglich **auf Antrag** das Betreuungsgericht (§ 1834 Absatz 3 BGB). Damit handelt es sich hierbei nicht um eine gerichtliche Genehmigung der Herausgabe, jedoch findet eine gerichtliche Überprüfung der Entscheidung des Betreuers auf Antrag durch das Gericht statt.

Eine weitere Kontrolle der Befugnis zur Ausübung des Aufenthaltsbestimmungsrechts findet im Rahmen der Prüfung der Anordnung eines **Einwilligungsvorbehaltes für das Aufenthaltsbestimmungsrecht** statt. Das Betreuungsgericht kann anordnen, dass der Betreute für eine Willenserklärung, die einen Aufgabenbereich des Betreuers betrifft, der Einwilligung des Betreuers bedarf. Funktionell zuständig ist hier der Richter.

19 BT-Drucks. 19/24445, S. 264.

Diese Anordnung erfolgt, soweit dies zur Abwendung einer erheblichen Gefahr für die betreute Person oder ihr Vermögen erforderlich ist.

Die Wirkungen des Einwilligungsvorbehaltes ähneln den Wirkungen eines Genehmigungsvorbehaltes bei Betreuern (siehe hierzu Teil B unter 3.3.1). Gibt der Betreuer im Rahmen eines Vertragsschlusses eine eigene Willenserklärung ab, so ist seine Erklärung schwebend unwirksam bis zur Entscheidung seines Betreuers. Einseitige Rechtsgeschäfte sind hingegen nichtig (Näheres dazu Teil B unter 3.3.2).

Wurde ein Einwilligungsvorbehalt im Rahmen der Aufenthaltsbestimmung angeordnet, bedeutet das, dass die betreute Person Willenserklärungen, die den Aufenthalt rechtlich regeln, – unabhängig von ihrer Geschäftsfähigkeit – nicht ohne die Einwilligung des rechtlichen Betreuers wirksam abgeben kann. So sind beispielsweise von der betreuten Person geschlossene Mietverträge schwebend unwirksam und Wohnungskündigungen gänzlich unwirksam.

Das spielt auch bei sogenannten geschäftsähnlichen Handlungen eine Rolle.[20] Das bedeutet, dass ohne die (vorherige) Einwilligung des Betreuers die betreute Person sich weder wirksam polizeilich abmelden noch an einem anderen Ort anmelden kann. Aus dem Grund ist das Betreuungsgericht bei der Anordnung eines Einwilligungsvorbehaltes in das Aufenthaltsbestimmungsrecht zu einer entsprechenden **Mitteilung an die Meldebehörden** verpflichtet (§ 309 FamFG). Durch die Anordnung des Einwilligungsvorbehaltes spricht das Gericht zwar keine Genehmigung im klassischen Sinne aus, stellt aber sicher, dass ohne die Einwilligung des Betreuers die betreute Person eine Rechtsveränderung in diesem Bereich nicht vornehmen kann.

1.2.3 Genehmigungserfordernisse bei Aufgabe der Wohnung

1.2.3.1 Grundlagen

§ 1833 Absatz 3 BGB beinhaltet einen Genehmigungsvorbehalt für Willenserklärungen, die mit der **Aufgabe des von der betreuten Person genutzten Wohnraums** verbunden sind. Durch diese Regelung im Rahmen der Personensorge soll der grundrechtlich (Art. 13 GG) geschützten Bedeutung der Wohnung als private, individuell gestaltete Lebenswelt besser Rechnung getragen werden.[21] Das Genehmigungserfordernis gilt freilich auch hier nur für Maßnahmen des Betreuers. Möchte die geschäftsfähige betreute Person selbst ihre Wohnung kündigen, kann sie das selbstverständlich genehmigungsfrei tun. Dies hat allerdings der Betreuer dem Betreuungsgericht gemäß § 1833 Absatz 2 Satz 2 BGB anzuzeigen.

Dementsprechend bedarf der Betreuer der (vorherigen) Genehmigung des Betreuungsgerichts zur wirksamen **Kündigung des Mietverhältnisses** bezüglich des von der betreuten Person selbst genutzten Wohnraums (§ 1833 Absatz 3 Nr. 1 BGB). Eine Genehmigung bedarf der Betreuer weiterhin für eine Willenserklärung, die auf die Aufhebung des Mietverhältnisses gerichtet ist – also beispielsweise für den Abschluss eines Aufhebungsvertra-

20 *Sonnenfeld/Mazur*, in: Bienwald, Betreuungsrecht, § 309 FamFG Rn. 9.
21 BT-Drucks. 19/24445, S. 261.

ges oder die vertragliche Aufgabe des Wohnrechts (§ 1833 Absatz 3 Nr. 2 BGB). Damit sind in diesen beiden Fällen alle Willenserklärungen umfasst, die durch den Betreuer mit dem Ziel der Beendigung des Mietverhältnisses abgegeben werden.

Keiner Genehmigung des Betreuungsgerichtes bedarf es hingegen, wenn der Betreuer einen **Heimplatz** nach den Regeln des Wohn- und Betreuungsvertrages (WBVG) kündigen möchte. Bei solch einem Heimplatz handelt es sich nicht um ein Mietverhältnis, sondern um einen eigenen zivilrechtlichen Vertragstyp, der Wohnraum zuweist.[22] Allerdings wäre solch eine beabsichtigte Heimplatzkündigung nach § 1833 Absatz 2 Nr. 2 BGB dem Gericht anzuzeigen.

Gemäß § 1833 Absatz 3 Nr. 3 BGB sind auch Willenserklärungen, die auf die **Vermietung** eines von der betreuten Person selbst genutzten Wohnraums gerichtet sind, genehmigungspflichtig. Dies gilt unabhängig davon, ob der Wohnraum im Eigentum der betreuten Person steht oder ob der selbst genutzte Wohnraum einfach weitervermietet werden soll – da es eben nicht um die vermögensrechtliche Genehmigung geht.[23]

Auch eine **Verfügung über ein Grundstück** oder über ein Recht an einem Grundstück bedarf der Genehmigung des Betreuungsgerichts, wenn damit die Aufgabe des von der betreuten Person selbst genutzten Wohnraums verbunden ist. Gegebenenfalls ist hier zusätzlich die vermögensrechtliche Genehmigung gemäß § 1850 Nr. 1 BGB mit der Folge zu beachten, dass bei der Genehmigung sowohl die persönlichen wie auch die wirtschaftlichen Aspekte entscheidungsrelevant wären.[24]

Auch hier kann die Entscheidung über die Aufgabe des Wohnraums nur nach Maßgabe des § 1821 Absatz 2 bis 4 BGB erfolgen. § 1833 Absatz 1 Satz 2 BGB konkretisiert zusätzlich die Gefährdung im Sinne des § 1821 Absatz 3 Nr. 1 BGB. Danach liegt eine **erhebliche Gefährdung** in diesem Sinne vor, wenn eine Finanzierung des Wohnraums trotz Ausschöpfung aller der betreuten Person zur Verfügung stehenden Ressourcen nicht möglich ist oder eine häusliche Versorgung trotz umfassender Zuhilfenahme aller ambulanten Dienste zu einer erheblichen gesundheitlichen Gefährdung der betreuten Person führen würde. Mit anderen Worten: Vor solch einer Entscheidung müssen andere Ressourcen und Unterstützungsmaßnahmen ausgeschöpft worden sein. Hat die betreute Person z.B. Vermögenswerte (Sparbücher, Wertpapiere oder andere Vermögenswerte), die zur Finanzierung des Lebensunterhalts und des Wohnraums eingesetzt werden können, so müssen diese zwingend vorher eingesetzt werden, bevor der Wohnraum aus finanziellen Gründen aufgegeben wird. Auch bezüglich der Versorgung in der häuslichen Umgebung müssen zunächst einmal Unterstützungsmaßnahmen versucht oder zumindest in Erwägung gezogen werden.

Dazu gehören insbesondere folgende Maßnahmen:

- behindertengerechte Einrichtung der Wohnung,
- häusliche Pflege bzw. 24-Stunden Pflege – soweit finanzierbar – samt Überwachung der Einnahme der Medikamente,

22 BT-Drucks. 19/24445, S. 263.
23 BT-Drucks. 19/24445, S. 263.
24 BT-Drucks. 19/24445, S. 263.

- Haushaltshilfe,
- Essen auf Rädern und Einkaufshilfe,
- Notrufsystem,
- entlastende Hilfen für pflegende Angehörige.

1.2.3.2 Formulierungsvorschlag: Genehmigung der Wohnraumkündigung (§ 1833 Absatz 3 Nr. 1 BGB)

Absender: ____________________

Vorname, Name

____

Straße, Hausnummer PLZ, Ort

____

Telefon tagsüber mobil

Amtsgericht Musterhausen

– Abteilung Betreuungsgericht –

Straße/Hausnummer

PLZ Musterhausen

Antrag auf Genehmigung der Kündigung des von der betreuten Person selbst genutzten Wohnraums

Für

Name, Vorname:	
geboren am:	
Anschrift:	
derzeitiger Aufenthalt:	

Sehr geehrte Damen und Herren,

in dem oben genannten Verfahren bin ich zum Betreuer bestellt,

☐ unter anderem mit den Aufgabenbereichen der Vermögenssorge und Wohnungsangelegenheiten.

☐ mit dem Aufgabenkreis der Gesundheitssorge und des Aufenthaltsbestimmungsrechts.

Hiermit beantrage ich die gerichtliche Genehmigung der Kündigung des Wohnraummietvertrages zwischen der betreuten Person und dem Vermieter ____ über die von der betreuten Person selbst genutzte Wohnung in ____.

Eine Kopie des Mietvertrages füge ich bei.

☐ Gleichzeitig beantrage ich die Erweiterung meines Aufgabenkreises um den Bereich der

- ☐ Vermögenssorge (gegebenenfalls beschränkt auf die Befugnis zur Kündigung der Wohnung),
- ☐ Wohnungsangelegenheiten.

Begründung:

Der Wohnungsmietvertrag muss gekündigt werden, weil

☐ trotzt Ausschöpfung aller der betreuten Person zur Verfügung stehenden finanziellen Ressourcen eine weitere Finanzierung des Wohnraums nicht möglich ist.[25] Begründung: ______

☐ trotz umfassender Zuhilfenahme aller ambulanten Dienste und anderer Hilfen weiterhin eine erhebliche gesundheitliche Gefährdung der betreuten Person bestehen würde.[26] Begründung: ______

Die Angelegenheit wurde mit der betreuten Person ausführlich besprochen. Die betreute Person ist mit der Kündigung und Aufgabe des Wohnraums

☐ einverstanden.

☐ nicht einverstanden. Es besteht allerdings eine erhebliche Gefahr für ☐ die betreute Person ☐ das Vermögen der betreuten Person.

☐ Sie ist krankheitsbedingt nicht in der Lage, diese Gefahr zu erkennen.[27] Begründung: ______.

Mit freundlichem Gruß

Ort, Datum Unterschrift

1.2.4 Verschollenheit § 16 Absatz 3 VerschG

Die Regelungen des Verschollenheitsgesetzes spielen – glücklicherweise – keine wesentliche Rolle mehr.

Verschollen ist nach der Definition von § 1 Absatz 1 VerschG, wessen Aufenthalt während längerer Zeit unbekannt ist, ohne dass Nachrichten darüber vorliegen, ob er in dieser Zeit noch gelebt hat oder gestorben ist, sofern nach den Umständen hierdurch ernstliche Zweifel an seinem Fortleben begründet werden. Ein Verschollener kann im Aufgebotsverfahren für tot erklärt werden (§ 2 VerschG). Das Verfahren hierzu wird in §§ 433 bis 484 FamFG geregelt.

Das Aufgebotsverfahren wird allerdings nur auf Antrag eingeleitet. Diesen Antrag kann auch der rechtliche Betreuer stellen, allerdings nur mit Genehmigung des Betreuungsge-

25 Hier sollte nun eine weitere Begründung folgen, insbesondere welche Vermögenswerte vorhanden sind und wie sie bereits eingesetzt worden sind.
26 Auch hier ist eine weiter gehende Begründung erforderlich, insbesondere ob weitere Hilfen bereits ausprobiert worden sind oder weshalb sie von vornherein nicht erfolgversprechend sind.
27 Auch hier ist eine nähere Erläuterung erforderlich.

richts (§ 16 Absatz 3 VerschG). Die praktische Relevanz dieser Norm erscheint allerdings fraglich. Wenn der rechtliche Betreuer zu der betreuten Person längere Zeit keinen Kontakt hat, stellt sich die Frage, weshalb die Betreuung nicht aufgehoben worden ist. Ebenfalls ist schwer vorstellbar, weshalb solch ein Antrag dem mutmaßlichen Willen des Betreuten entsprechen soll, was die Voraussetzung des Tätigwerdens des Betreuers wäre.

1.3 Aufhebung der Ehe oder Scheidung, § 125 FamFG

Die Voraussetzungen für die Aufhebung der Ehe sind in den §§ 1313 bis 1318 BGB geregelt. Die Aufhebung kann nur auf **Antrag** (§ 1313 BGB) erfolgen, wobei unter anderem jeder Ehegatte antragsberechtigt ist (§ 1316 BGB). Die Voraussetzungen der Scheidung der Ehe sind in den §§ 1564 bis 1587p BGB geregelt. Auch die Ehe kann nur auf Antrag eines oder beider Ehegatten geschieden werden (§ 1564 BGB).

Der geschäftsunfähige Ehegatte ist verfahrensunfähig und kann folglich weder einen Antrag auf Aufhebung der Ehe noch auf Scheidung der Ehe stellen. Daher ist der Scheidungsantrag durch den gesetzlichen Vertreter – also den rechtlichen Betreuer – zu stellen und bedarf wegen des höchstpersönlichen Charakters der Ehe der **Genehmigung des Betreuungsgerichts**.[28] An sich ist eine Stellvertretung in höchstpersönlichen Rechten – wie beispielsweise der Eheschließung – unzulässig. Um allerdings einer geschäftsunfähigen Person die Möglichkeit der Aufhebung oder Scheidung der Ehe nicht ganz zu verwehren, ist dies unter den strengeren Voraussetzungen, samt dem Erfordernis der gerichtlichen Genehmigung, ausnahmsweise möglich.

Erforderlich ist ein entsprechender Aufgabenbereich des Betreuers, z.B. Vertretung in familienrechtlichen Angelegenheiten oder sogar konkret „Vertretung im Scheidungsverfahren". Zuständig für die Entscheidung über die Genehmigung dürfte bei Volljährigen ausschließlich das Betreuungsgericht sein.[29] Funktionell zuständig ist der **Richter** (§ 15 Absatz 1 Nr. 10 RPflG). Eine nachträgliche Genehmigung ist möglich.[30] Dies dürfte auch dem Rechtsgedanken des § 1858 Absatz 3 BGB entsprechen.

Sowohl der Antrag des Betreuers wie auch die richterliche Genehmigung müssen sich nach dem Maßstab des § 1821 BGB richten. Gegen die Erteilung der Genehmigung hat der andere Ehegatte keine Beschwerdebefugnis im Sinne von § 59 FamFG.[31]

28 *Weber,* in: MüKo-BGB, § 1564 Rn. 44.

29 *Helms* in: Prütting/Helms, FamFG, § 125 Rn. 6; a.A. *Lugani,* in: MüKo-FamFG, § 125 Rn. 15, danach ist für das Genehmigungsverfahren nur das Familiengericht zuständig.

30 *Helms* in: Prütting/Helms, FamFG, § 125 Rn. 6.

31 *Helms* in: Prütting/Helms, FamFG, § 125 Rn. 6.

1.4 Anerkennung der Vaterschaft und Zustimmung zur Anerkennung der Vaterschaft, §§ 1595, 1596 Absatz 1 Satz 3 BGB

Auch die Anerkennung der Vaterschaft durch einen Mann und die Zustimmung zur Anerkennung durch die Mutter stellen höchstpersönliche Entscheidungen dar. An sich ist bei höchstpersönlichen Entscheidungen eine Stellvertretung nicht möglich. Allerdings soll geschäftsunfähigen Personen einerseits die Möglichkeit der Anerkennung und Zustimmung nicht gänzlich versagt werden, anderseits die geschäftsfähige Person vor nachteiligen Folgen unüberlegter Anerkennungs- oder Zustimmungserklärungen geschützt werden.[32] Daher soll die Mitwirkung des gesetzlichen Vertreters sicherstellen, dass Umstände, die schwerwiegende Zweifel an der Vaterschaft aufkommen lassen könnten, überprüft werden.[33] Der Schutz der betreuten Person wird hier durch die zusätzliche gerichtliche Überwachung im Rahmen des Genehmigungserfordernisses verstärkt.

Maßstab für die Entscheidung des Betreuers und des Gerichts über die Genehmigung dürfte auch hier § 1821 BGB sein. Allerdings kommt hier der Frage, ob die Anerkennungserklärung bzw. Zustimmung der genetischen Vaterschaft entspricht oder nicht, ein erhebliches Gewicht zu. Zur Überprüfung dieser Tatsache kann das Gericht ein **Abstammungsgutachten** einholen oder dessen Vorlage fordern. Das kann allerdings nicht das ausschließende Kriterium sein, denn das Gesetz erlaubt auch dem Nicht-Erzeuger die Vaterschaftsanerkennung.[34]

Dementsprechend ist bei der Entscheidung der **Wunsch der betreuten Person** unter Beachtung möglicher Folgen gemäß § 1821 Absatz 3 BGB zu berücksichtigen und schließlich der mutmaßliche Wille zu beachten. Steht beispielsweise fest, dass das Kind genetisch nicht von der betreuten Person abstammen kann, ist zu prüfen, ob die betreute Person sich bei Kenntnis der Sachlage und Fähigkeit zur freien Willensbildung für die Anerkennung aussprechen würde oder nicht. Bei einer Verweigerung der Genehmigung bleibt eine Vaterschaftsfeststellung nach § 1600d BGB möglich.[35]

Die Zustimmung des gesetzlichen Vertreters kann wirksam vor oder nach der Anerkennung bzw. Zustimmung erfolgen. Auch kann die Zustimmung schon vor der Geburt des Kindes erklärt werden (§ 1595 Absatz 3, § 1594 Absatz 4 BGB). Eine Frist für die Zustimmung ist nicht vorgesehen, allerdings ist zu beachten, dass die Anerkennung nach einem Jahr widerrufen werden kann, wenn die Zustimmung bis dahin noch nicht erteilt worden ist (§ 1597 Absatz 3 Satz 1 BGB).[36]

Nach bisheriger Regelung in § 1831 BGB musste die gerichtliche Genehmigung der Anerkennungserklärung des gesetzlichen Vertreters vorausgehen. Begründet wurde dies mit dem Zweck der Regelung, den Geschäftsunfähigen gegen die Belastung mit Vaterpflichten

32 *Wellenhofer*, in: MüKo-BGB, § 1596 Rn. 1.
33 *Wellenhofer*, in: MüKo-BGB, § 1596 Rn. 1.
34 *Wellenhofer*, in: MüKo-BGB, § 1596 Rn. 9.
35 *Wellenhofer*, in: MüKo-BGB, § 1596 Rn. 9.
36 Vgl. dazu auch *Wellenhofer*, in: MüKo-BGB, § 1596 Rn. 1.

auf unsicherer Grundlage möglichst weitgehend abzusichern. Die Gefahr, dass eine sachlich unrichtige Anerkennung ohne gerichtliche Genehmigung gemäß § 1598 Absatz 2 BGB nach fünf Jahren wirksam wird, wäre nach dieser Ansicht durch die zwingende Vorschaltung des Genehmigungsverfahrens erheblich gemindert.[37] Ob dies allerdings nach der Reform mit dem Rechtsgedanken des § 1858 Absatz 2 BGB zu vereinbaren ist, bleibt abzuwarten. Jedenfalls erscheint es äußerst unwahrscheinlich, dass über eine gerichtliche Genehmigung nicht binnen fünf Jahren entschieden werden kann.

Für die Genehmigung der Anerkennung der Vaterschaft bzw. der Zustimmung der Anerkennung ist funktionell der **Rechtspfleger** zuständig (§ 3 Nr. 2 lit. a und Nr. 2 lit. b RPflG).

2 Personensorge in Unterbringungssachen

Die Unterbringungssachen sind in § 312 FamFG geregelt.

Neben den freiheitsentziehenden Unterbringungen, freiheitsentziehenden Maßnahmen oder ärztlichen Zwangsmaßnahmen zählen auch die Unterbringungen nach den Landesgesetzen über die Unterbringung psychisch Kranker, also nach dem öffentlichen Recht, zu den Unterbringungssachen im Sinne des § 312 FamFG. Dies spielt allerdings im Rahmen der Betreuung oder Bevollmächtigung und damit im Rahmen dieser Darstellung keine Rolle.

Demnach zählen zu den Unterbringungssachen folgende Verfahren:

- Verfahren über die freiheitsentziehende Unterbringung durch den Betreuer nach § 1831 Absatz 1 und 2 BGB,
- Verfahren über die freiheitsentziehende Unterbringung durch den Bevollmächtigten nach § 1831 Absatz 5 BGB,
- Verfahren über freiheitsentziehende Maßnahmen durch den Betreuer nach § 1831 Absatz 4 BGB,
- Verfahren über freiheitsentziehende Maßnahmen, angeordnet durch den Bevollmächtigten nach § 1831 Absatz 5 BGB,
- ärztliche Zwangsmaßnahmen, angeordnet durch den Betreuer nach § 1832 Absatz 1 und 2 BGB,
- ärztliche Zwangsmaßnahmen, angeordnet durch den Bevollmächtigten nach § 1832 Absatz 5 BGB,
- Verbringung zu einem stationären Aufenthalt durch den Betreuer zwecks Zwangsbehandlung nach § 1832 Absatz 4 BGB,
- Verbringung zu einem stationären Aufenthalt durch den Bevollmächtigten zwecks Zwangsbehandlung nach § 1832 Absatz 5 BGB.

All diesen Maßnahmen ist gemeinsam, dass sie durch einen Vertreter erfolgen. Eine Unterstützung reicht hier nicht aus, denn diese Maßnahmen erfolgen allesamt **gegen den na-**

37 *Wellenhofer*, in: MüKo-BGB, § 1596 Rn. 7.

türlichen Willen der vertretenen Person. So muss hier eine stellvertretende Handlung für die vertretene Person gegen ihren natürlichen Willen erfolgen.

Hinweis

*Wie der obigen Übersicht zu entnehmen ist, gelten all diese Regelungen sowohl für rechtliche Betreuer als auch für Bevollmächtigte. Deswegen wird im Folgenden auch die Formulierung „**Vertreter**" verwendet, worunter sowohl der rechtliche Betreuer mit dem entsprechenden Aufgabenbereich als auch der Bevollmächtigte mit der entsprechenden Bevollmächtigung im Rahmen der Vorsorgevollmacht zu verstehen ist.*

2.1 Freier und natürlicher Wille

Der freie Wille spielt im gesamten Betreuungsrecht eine entscheidende Rolle. So kann gegen den freien Willen kein Betreuer bestellt werden (§ 1814 Absatz 2 BGB). Gegen den freien Willen darf ebenfalls kein Einwilligungsvorbehalt angeordnet werden (§ 1825 Absatz 1 Satz 2 BGB). Ist die betreute Person zur freien Willensbildung in der Lage, so bedarf es im Wesentlichen nur der unterstützenden und *nicht* stellvertretenden Handlung durch den Betreuer. Insbesondere gibt es für die Einwilligung des Betreuers in eine Sterilisation genauso wenig Bedarf wie auch für die Ausübung eines Aufenthaltsbestimmungsrechts. Ist die betreute Person zur freien Willensbildung in der Lage und wünscht sie sich eine wesentliche Änderung im Betreuungsverfahren, beispielsweise die Aufhebung der Betreuung, so ist der Betreuer verpflichtet, dies dem Betreuungsgericht mitzuteilen (§ 1864 Absatz 2 Nr. 1 BGB).

Die Feststellung, ob die betreute Person zur freien Willensbildung in der Lage ist, ist für Entscheidungen in den Unterbringungssachen von entscheidender Bedeutung. Alle Entscheidungen in Unterbringungssachen setzen nämlich zwingend voraus, dass die betreute Person *nicht* zur freien Willensbildung in der Lage ist. Ist sie zu einer freien Willensbildung in der Lage und stimmt sie einer freiheitsentziehenden Maßnahme zu, so handelt es sich bei dieser Maßnahme eben um keine freiheitsentziehende Maßnahme.

Fallbeispiel

A ist hochgradig alkoholabhängig und möchte nun eine Entgiftung machen. Dies kann allerdings auf Anraten der Ärzte nur auf einer geschützten Station erfolgen, um so zu verhindern, dass A gleichwohl an Alkoholika kommt. Stimmt A ausdrücklich dem Aufenthalt auf einer beschützten Station, auf welcher die Ausgangstüren verschlossen sind, zu, so ist A *nicht* untergebracht. Er kann zwar die Station nicht verlassen, dies erfolgt allerdings mit seinem ausdrücklichen Einverständnis.

Natürlich kann er dieses Einverständnis jederzeit widerrufen. Wenn er um 2:00 Uhr morgens das Pflegepersonal auffordert, die Tür zu öffnen, so muss man dieser Aufforderung nachkommen, wenn A zur freien Willensbildung in der Lage ist und damit keine Unterbringungskriterien vorliegen. In dem Rütteln an der Tür ist auch ein konkludenter Widerruf seiner Einwilligung zu sehen.

Ein **freier Wille** liegt dann vor, wenn eine Person bei der Entscheidung einsichtsfähig und in der Lage ist, nach der gewonnenen Einsicht zu handeln.[38] **Einsichtsfähigkeit** wiederum setzt die Fähigkeit des Betroffenen voraus, im Grundsatz die dafür und dagegen sprechenden Gesichtspunkte zu erkennen und gegeneinander abzuwägen.[39] Dabei muss die Person den Grund, die Bedeutung und die Tragweite der Entscheidung intellektuell erfassen können, was wiederum voraussetzt, dass die Person ihre Defizite im Wesentlichen zutreffend einschätzen und auf der Grundlage dieser Einschätzung die dafür und dagegen sprechenden Gesichtspunkte gegeneinander abwägen kann.[40] Es kommt also nicht darauf an, ob der Wille unbeeinflusst von äußeren Faktoren gebildet wurde. Wir werden tagtäglich in unseren Entscheidungen von äußeren Faktoren beeinflusst und können trotzdem die Entscheidung frei – wenn auch nicht unbeeinflusst – treffen.

Fallbeispiel

Der Alkoholiker A sieht ein, dass er ein Problem mit Alkohol hat. Von sich aus möchte er aber keine Therapie machen. Eines Tages stellt ihn seine Ehefrau vor die Wahl: Entweder macht A eine Entzugstherapie oder sie wird sich von ihm scheiden lassen und mit den Kindern ausziehen. Auch sein Arbeitgeber macht im deutlich, dass er A kündigen wird, wenn er sich keiner Therapie unterzieht und weiterhin unzuverlässig sowie alkoholisiert zur Arbeit erscheint. A sieht zwar die Notwendigkeit der Therapie nicht ein, willigt aber in die Therapie ein, um seine Arbeit und seine Ehe zu retten.

Ohne den äußeren Druck würde A die Therapie nicht antreten, gleichwohl handelt es sich hier um eine freie Entscheidung aufgrund freier Willensbildung.

Dementsprechend muss eine Entscheidung, als Ergebnis einer Abwägung, nicht „vernünftig" sein. Damit basieren auch – aus unserer Sicht – irrationale und unvernünftige Entscheidungen auf einer freien Willensbildung, wenn und solange die entscheidende Person in der Lage ist, alle Argumente zu erfassen und gegeneinander abzuwägen.

Ein weiterer Aspekt ist die Steuerungsfähigkeit, also die Fähigkeit, nach der gewonnenen Einsicht auch tatsächlich zu handeln.

Die freie Willensbildung kann nur aufgrund einer Krankheit oder Behinderung ausgeschlossen sein. Das kann auch vorübergehend sein, wenn man sich beispielsweise in einen Rausch – sogenannte akute Alkohol- oder Drogenintoxikation – versetzt und in diesem Rauschzustand nicht einsichtsfähig oder steuerungsfähig ist.

Den **Ausschluss des freien Willens** kann allerdings nur ein Facharzt für Psychiatrie oder ein auf dem Gebiet der Psychiatrie erfahrener Arzt feststellen. Für den Betreuer kann das Betreuungsgutachten einen ersten Anhaltspunkt bieten. War beispielsweise die betreute Person zum Zeitpunkt der Gutachtenerstellung zur freien Willensbildung nicht in der Lage

38 BGH, BtPrax 2014, 276 f.
39 BGH, BtPrax 2014, 140 f.
40 BGH, BtPrax 2014, 140 f.

und hat sich ihr Zustand von da an nicht wesentlich verändert, so bietet dies zumindest einen ersten Anhaltspunkt für den fehlenden freien Willen.

Das Gericht benötigt für die Genehmigung von Maßnahmen in Unterbringungssachen generell ein Gutachten eines Psychiaters, in welchem auch zur freien Willensbildung Stellung genommen wird. Ausnahmsweise – insbesondere in Eilsachen – reicht auch ein fachärztliches Zeugnis, in welchem allerdings auch hierzu Stellung genommen werden muss.

Fehlt entweder die Einsichtsfähigkeit oder die Fähigkeit, nach dieser Einsicht zu handeln, liegt kein freier, sondern ein **natürlicher Wille** vor.[41] Hierbei muss dieser natürliche Wille auf irgendeine Art und Weise auch geäußert werden. Eine Person, die beispielsweise im Koma liegt, kann keinen Willen äußern. Eine stark beeinträchtigte Person – beispielsweise im Stadium einer fortgeschrittenen Demenz – kann sich vielleicht nicht adäquat äußern, aber durchaus einen natürlichen Willen zum Ausdruck bringen.

Fallbeispiel

Eine an Demenz erkrankte Person rüttelt an den an ihrem Bett hochgezogenen Bettgittern. Sie kann krankheitsbedingt nicht erkennen, dass sie mit eigenen Kräften das Bett nicht verlassen kann, beim Aufstehversuch stürzen und sich vermutlich schwer verletzen könnte.

Da sie diese Gefahren nicht erkennen und damit in ihre Entscheidung nicht einbeziehen kann, liegt kein freier Wille vor. Trotzdem besteht ein (natürlicher) Wille, die Bettgitter zu überwinden, um möglicherweise den Aufenthaltsort zu verändern.

2.2 Selbstbestimmung und Zwang?

Mit der Reform des Betreuungsrechts – wovon auch die Unterbringungssachen umfasst sind – wird das Selbstbestimmungsrecht der betreuten Person gestärkt. Auch im Rahmen dieser Darstellung wurde die Bedeutung des Selbstbestimmungsrechts bereits mehrfach erwähnt. Es stellt sich damit die Frage, wie das Selbstbestimmungsrecht mit Zwang zu vereinbaren ist.

Sowohl in Betreuungssachen als auch in Unterbringungssachen ist das Selbstbestimmungsrecht nicht grenzenlos geschützt. So hat der Betreuer – als Ausnahme von der generell geltenden Wunschbefolgungspflicht (§ 1821 Absatz 2 BGB) – den Wünschen der betreuten Personen nicht zu entsprechen, soweit die betreute Person sich oder ihr Vermögen hierdurch erheblich gefährden würde und sie diese Gefahr aufgrund ihrer Krankheit oder Behinderung nicht erkennen oder nicht nach dieser Einsicht handeln kann. Die Formulierung „aufgrund ihrer Krankheit oder Behinderung nicht erkennen oder nicht nach dieser Einsicht handeln kann" meint genau die eben besprochene **mangelnde Einsichtsfähigkeit oder Steuerungsfähigkeit**, also die Fähigkeit **zum freien Willen**.

Das reicht allerdings nicht aus. Neben der fehlenden Willensbildung bedarf es darüber hinaus einer **erheblichen Gefahr** für die betreute Person oder ihr Vermögen

41 BGH, BtPrax 2014, 140 f.

Erst wenn beide Voraussetzungen gemeinsam erfüllt sind und zusätzlich die Ursache der Gefahr gerade in der krankheitsbedingten – bzw. behinderungsbedingten – fehlenden freien Willensbildung liegt, darf der Betreuer diesen Wünschen der betreuten Person nicht entsprechen. Das bedeutet allerdings noch nicht, dass er aktiv tätig werden muss. Wann er nach seinem pflichtgemäßen Ermessen zur Anwendung von Zwang verpflichtet ist, regeln die nachfolgend unter 2.4 dargestellten Voraussetzungen.

Das Gesetz nimmt also einen Ausgleich zwischen dem Selbstbestimmungsrecht und den staatlichen Schutzpflichten vor. Das Selbstbestimmungsrecht ist auch bei betreuten Personen, die zur freien Willensbildung nicht in der Lage sind, zu respektieren, aber nur bis zu der oben genannten Erheblichkeitsschwelle. Ab dieser Erheblichkeitsschwelle ist der Staat – durch den staatlich eingesetzten rechtlichen Betreuer, soweit keine privatrechtliche Vorsorge getroffen worden ist – dazu verpflichtet, die zur freien Willensbildung nicht befähigte Person vor erheblichen Gefahren zu schützen. Es gibt also einen Ausgleich zwischen staatlichen Schutzpflichten einerseits und dem Selbstbestimmungsrecht anderseits.

Ab einer Erheblichkeitsschwelle für die Person oder das Vermögen der betreuten Person muss der Staat die Person vor sich selbst schützen. Auch hier ist das Selbstbestimmungsrecht nicht gänzlich ausgeschlossen. Zum einen kann die betreute Person im Zustand der freien Willensbildung – z.B. im Rahmen einer Patientenverfügung – hierfür verbindliche Vorkehrungen treffen. Zum anderen ist auch hier in diesem Zustand der erheblichen Gefahr nicht auf das für die betreute Person „Beste" im Sinne eines objektiven Wohls abzustellen, sondern es ist auch hier stets der mutmaßliche Wille zu ermitteln und umzusetzen.

Demnach dürfen Zwangsmaßnahmen nur dann angewendet werden, wenn diese dem mutmaßlichen Willen der betreuten Person entsprechen. Es erfordert daher die Kontrollfrage: Wie würde die betreute Person jetzt entscheiden, wenn sie zur freien Willensbildung in der Lage wäre und damit selbst eine Entscheidung nach Abwägung aller für und gegen die Maßnahme sprechenden Gesichtspunkte treffen könnte?

Fallbeispiel

S leidet unter einer paranoiden Schizophrenie. Er ist der festen Überzeugung, dass alle Lebensmittel durch seine Feinde vergiftet worden sind, um ihn zu töten. Aus diesem Grund verweigert er jegliche Nahrungsaufnahme. Es kommt zu einem lebensbedrohlichen Zustand. Der Vertreter von S – sei es Betreuer oder Bevollmächtigter – muss sich nun fragen, wie S sich entscheiden würde, wenn er wissen würde, dass das Essen in Wirklichkeit nicht vergiftet ist, sondern die Vorstellung davon nur Ausfluss seiner Krankheit ist.

Wenn er vor dem Ausbruch der Erkrankung normal gegessen hat, so kann man annehmen, dass er dies weiterhin tun würde. Bei der Frage, ob er durch eine Sonde zwangsweise ernährt werden soll, müsste man sich die Frage stellen, ob er bei Kenntnis aller Umstände – insbesondere der Tatsache, dass er sich durch normale Nahrungsaufnahme nicht mehr ernähren kann – der Ernährung durch die Sonde zustimmen oder stattdessen lieber verhungern würde.

Zugegebenermaßen rückt der Unterschied zwischen dem mutmaßlichen Willen und einem objektiven Wohl immer näher zusammen, je wichtiger ein Tätigwerden für das Leben der vertretenen Person wird und je weniger Anhaltspunkte man dafür hat, dass die vertretene Person sich im Zustand der freien Willensbildung gegen diese objektiv erforderliche Maßnahme entscheiden würde. Gänzlich ausgeschlossen ist es allerdings nicht.

Fallbeispiel

Wie oben leidet S an einer paranoiden Schizophrenie und kann dementsprechend bezüglich seiner weiteren Gesundheitsversorgung keine Entscheidungen treffen. Er befindet sich in einem akut lebensbedrohlichen Zustand. Der Tod kann nur durch eine Bluttransfusion abgewendet werden. Sein Vertreter – Betreuer oder Bevollmächtigter – weiß, dass S, als er noch gesund war, immer eine Bluttransfusion aus Glaubensgründen abgelehnt hatte. Anhaltspunkte dafür, dass S in der Zwischenzeit seine Meinung geändert hat, gibt es nicht.

Hier kann in der Tat von einer Diskrepanz zwischen der ärztlich dringend indizierten Maßnahme einerseits und dem mutmaßlichen Willen anderseits mit der Folge ausgegangen werden, dass das Sterben ohne eine Bluttransfusion nicht nur dem natürlichen Willen des S, der jegliche Behandlung ablehnt, sondern auch dem mutmaßlichen Willen des S, an den der Vertreter gebunden ist, entspricht.

2.3 Andere Arten des Freiheitsentzugs

Bevor hier die einzelnen Voraussetzungen der jeweiligen genehmigungsbedürftigen Unterbringungssache besprochen werden, wird hier zunächst einmal eine Abgrenzung zu anderen Unterbringungssachen dargestellt, die durch das Betreuungsrecht *nicht* geregelt werden. Es gibt mehrere Formen des Freiheitsentzugs, die in verschiedenen Gesetzen geregelt sind.

Die bekannteste Form des Freiheitsentzugs ist die **Haft**, sei es als Strafhaft – also in Form der Vollstreckung einer Freiheitsstrafe – oder als Untersuchungshaft oder auch als Abschiebehaft.

Daneben gibt es auch diverse Formen der Unterbringung. So kennt auch das Strafrecht die Unterbringung in einem psychiatrischen Krankenhaus (§ 63 StGB) oder in einer Entziehungsanstalt (§ 64 StGB). Man spricht hier von einer sogenannten **forensischen Unterbringung**. Diese Art der Unterbringung setzt allerdings die Begehung einer rechtswidrigen Tat – mindestens im Versuchsstadium – voraus. Zwar erfolgt auch diese Art der Unterbringung zu Präventionszwecken, um eine weitere erhebliche Straftat zu verhindern, aber eben erst nachdem „etwas passiert ist".

Eine weitere präventive Unterbringung kann nach dem **Infektionsschutzgesetz** erfolgen. So kann eine Person, die einer Absonderung nach dem Infektionsschutzgesetz nicht nachkommt oder bei der nach ihrem bisherigen Verhalten davon auszugehen ist, dass sie der Anordnung nicht Folge leisten wird, in einem abgeschlossenen Krankenhaus oder einem abgeschlossenen Teil eines Krankenhauses abgesondert werden. Als Ansteckungsverdächtiger oder als Ausscheider kann sie auch in einer anderen geeigneten und abgeschlossenen Einrichtung abgesondert werden (§ 30 Absatz 1 IfSG).

Schließlich haben alle Bundesländer ein Psychisch-Kranken-Gesetz (PsychKG), teilweise auch Psychisch-Kranken- und Hilfegesetz (PsychKHG) genannt. Nur im Saarland heißt das Gesetz noch Unterbringungsgesetz. All diese Gesetze beinhalten eine Rechtsgrundlage für eine **öffentlich-rechtliche Unterbringung**. Diese Unterbringung ist nach all diesen Gesetzen zur Gefahrenabwehr sowohl bei einer Eigen- wie auch bei einer Fremdgefährdung zulässig. Zuständig für diese Unterbringung sind teilweise die Ordnungsämter und teilweise der sozialpsychiatrische Dienst. Zum Teil sind auch beliehene Ärzte der Kliniken für eine vorläufige Unterbringung bis zur gerichtlichen Genehmigung zuständig.

Das Verhältnis zwischen der öffentlich-rechtlichen Unterbringung und der privatrechtlichen Unterbringung nach § 1831 BGB ist in den einzelnen Landesgesetzen im Einzelnen unterschiedlich geregelt. Allerdings ergibt sich aus der Ratio der privatrechtlichen Unterbringung, dass die Unterbringung durch einen Bevollmächtigten oder Betreuer, der bei seiner Tätigkeit an den strengen Maßstab des § 1821 BGB gebunden ist, einen geringeren grundrechtlichen Eingriff in das Freiheitsrecht der untergebrachten Person darstellt als eine öffentlich-rechtliche Unterbringung. Daher soll bei einer Eigengefährdung die betreuungsrechtliche Unterbringung stets bevorzugt werden. Bei einer reinen Fremdgefährdung ist eine betreuungsrechtliche Unterbringung nicht statthaft, mit der Folge, dass hier nur eine öffentlich-rechtliche Unterbringung in Betracht kommt.

Allerdings muss eines berücksichtigt werden: Die betreuungsrechtliche Unterbringung ist Ausfluss des Stellvertretungsrechts eines Betreuers oder eines Bevollmächtigten und in ihrem Verfahren an strenge Vorgaben gebunden. Die öffentlich-rechtliche Unterbringung entstammt, historisch gesehen, dem Polizeirecht, das von seiner Konzeption her darauf ausgerichtet ist, schnell präventive Maßnahmen der Gefahrenabwehr zu ergreifen. Damit sind Maßnahmen nach dem öffentlich-rechtlichen Unterbringungsrecht viel schneller durchzusetzen als nach dem Betreuungsrecht. Das soll das folgende Beispiel verdeutlichen.

Fallbeispiel

Die betreute B ruft ihren Betreuer am Freitagnachmittag gegen 16:00 Uhr an und erklärt ihm ganz euphorisch, dass sie nun Kontakt mit Außerirdischen aufnehmen konnte. Sie hätten ihr, durch einen Chip, den sie in ihrem Kopf implantiert hätten, ausgerichtet, dass sie nun zu ihnen fliegen könne. Sie stehe nun auf dem Balkon im achten Stock und beabsichtige, ins All zu fliegen, sie wolle sich nur noch von ihrem Betreuer verabschieden. Auf den Hinweis des Betreuers, dass sie psychotisch sei und sofort in die Psychiatrie müsse, legt sie auf. Was ist zu tun?

Lösung:

Hier wird dem Betreuer dringend geraten, unverzüglich die Polizei zu verständigen. Es liegt eine akute Lebensgefahr für B vor, die so schnell wohl nur durch die Polizei abgewendet werden kann.

Fallbeispiel – Fortsetzung

Die Polizei ruft den Betreuer nach wenigen Minuten zurück und berichtet, dass sich auf dem Balkon keine Person befindet und es auch sonst keine Hinweise auf ein selbstschädigendes Verhalten gibt. Die Bitte, bei B zu klingeln und nach ihr zu fragen, lehnt die Polizei mit den Worten ab: *„Wieso sollen wir das tun, Sie sind doch der Betreuer."*

Der Betreuer ruft nun die in dem Bundesland zuständige Behörde (Ordnungsamt oder sozialpsychiatrischen Dienst) an und erhält folgende Antwort: *„An sich wären wir zuständig, aber da es hier um reine Eigengefährdung geht, ist ausschließlich der Betreuer zuständig."*

Der Betreuer fährt nun selbst zur B. Dort trifft er die B wieder auf dem Balkon; sie habe sich noch etwas frisch machen wollen, um nun ins Weltall zu fliegen. Wie müsste der Betreuer nun nach Betreuungsrecht verfahren?

Lösung:

Die einzelnen Voraussetzungen der Unterbringung werden sogleich besprochen. Es gibt allerdings durchaus Anhaltspunkte dafür, dass B zunächst einmal in die Psychiatrie gefahren werden sollte, dort durch einen Psychiater untersucht werden sollte und zumindest vorläufig durch den Betreuer bis zur richterlichen Genehmigung gemäß § 1831 Absatz 2 BGB vorläufig untergebracht werden müsste.

B ist aber nicht in der Psychiatrie, sondern auf ihrem Balkon. Gemäß § 326 Absatz 1 FamFG hat die zuständige Behörde den Betreuer bei der Zuführung zur Unterbringung zu unterstützen. Selbst wenn man annehmen sollte, dass der Betreuer, um mittlerweile 17:00 Uhr, noch jemand bei der Betreuungsbehörde erreichen sollte, kann die Betreuungsbehörde eine zwangsweise Verbringung der B in die Psychiatrie nicht erzwingen. Zwar kann sie gemäß § 326 Absatz 2 Satz 2 FamFG die Unterstützung der polizeilichen Vollzugsorgane verlangen, allerdings darf sie Gewalt nur dann anwenden, wenn das Gericht dies ausdrücklich angeordnet hat (§ 326 Absatz 2 Satz 1 FamFG).

Dieses Beispiel zeigt, dass eine Verbringung der B in die Psychiatrie nach dem Betreuungsrecht schlicht und ergreifend nicht möglich ist. Das ist auch nicht erforderlich, denn für das sofortige Tätigwerden gibt es eben die einzelnen öffentlich-rechtlichen Rechtsgrundlagen. Diese Rechtsgrundlagen ermächtigen die zuständigen Stellen, **sofort** tätig zu werden, und zwar **24 Stunden am Tag und sieben Tage die Woche**. Es gibt daher **keinen Bedarf für ein unverzügliches Tätigwerden der Betreuungsbehörde**, die im Übrigen nur zu den üblichen Bürozeiten besetzt ist.

Praxistipp

▶ *Der gesetzliche Vertreter – Betreuer oder Bevollmächtigter – sollte in diesem Fall auf eine Entscheidung nach dem öffentlichen Recht bei der zuständigen Stelle drängen. Der Hinweis darauf, dass man selbst es eben nicht tun kann, aber bereit ist, in der Psychiatrie die erforderliche Entscheidung nach Rücksprache mit dem behandelnden*

Psychiater zu treffen, und der Hinweis auf mögliche haftungsrechtliche und strafrechtliche Konsequenzen der Weigerung, tätig zu werden, reichen meistens aus, um ein Umdenken bei den nach wie vor zuständigen Stellen zu erwirken.

Wenn im Rahmen dieser Darstellung von „Unterbringung" gesprochen wird, ist damit die **betreuungsrechtliche** Unterbringung durch den Betreuer oder Bevollmächtigten gemeint.

2.4 Genehmigungserfordernisse in Unterbringungssachen

Wie bereits erwähnt, handelt es sich bei den Unterbringungssachen um Bereiche, die in einer erheblichen Weise in die Freiheitsrechte der betreuten Person eingreifen. **Unterbringungsmaßnahmen**, die in die Fortbewegungsfreiheit eingreifen, **bedürfen der richterlichen Entscheidung nach Art. 104 Absatz 2 GG**. Bei jeder nicht auf richterlicher Anordnung beruhenden Freiheitsentziehung ist unverzüglich eine richterliche Entscheidung herbeizuführen (Art. 104 Absatz 2 Satz 2 GG). Auch im Hinblick auf ärztliche Zwangsmaßnahmen bedarf es aufgrund des erheblichen Grundrechtseingriffs ebenso einer richterlichen Entscheidung.

Das bedeutet konkret, dass generell eine freiheitsentziehende Unterbringung (§ 1831 Absatz 1 BGB) oder die Anordnung freiheitsentziehender Maßnahmen (§ 1831 Absatz 4 BGB) nur mit Genehmigung des Betreuungsgerichts zulässig ist.

Kann eine Genehmigung nicht rechtzeitig eingeholt werden und ist mit dem Aufschub Gefahr verbunden, so kann zwar der gesetzliche Vertreter mit der entsprechenden Befugnis – Betreuer mit dem entsprechenden Aufgabenbereich und Bevollmächtigter mit der entsprechenden Übertragung in der Vorsorgevollmacht – die Unterbringung oder unterbringungsähnliche Maßnahme selbst anordnen, muss aber die richterliche Genehmigung **unverzüglich nachholen**.

Eine ärztliche Zwangsmaßnahme (§ 1832 BGB) ist hingegen ausschließlich mit richterlicher Genehmigung zulässig (siehe dazu unten 2.4.3 ff., 2.4.3.11).

2.4.1 Freiheitsentziehende Unterbringung

Die Voraussetzungen der freiheitsentziehenden Unterbringung durch den Vertreter sind in § 1831 Absatz 1 BGB geregelt. Das Gesetz stellt insoweit klar, dass hier eine Unterbringung, die **mit Freiheitsentziehung** verbunden ist, geregelt wird. Der Begriff der Unterbringung ist nämlich im alltäglichen Sprachgebrauch missverständlich. So spricht man beispielsweise im Hotel gern davon, dass man im Zimmer XY „untergebracht" wurde. Auch wenn ein Betreuer meint: „Nach langer Suche konnte ich meine Betreute endlich in einer passenden Einrichtung unterbringen", ist damit nicht zwingend eine freiheitsentziehende Unterbringung gemeint, sondern es ist im allgemeinen Sprachgebrauch durchaus möglich, dass nun ein Platz in einer Einrichtung für die betreute Person gefunden worden ist.

2.4.1.1 Begriffsbestimmung

Von einer Unterbringung im Sinne des Betreuungsrechts spricht man allerdings nur dann, wenn eine Person **gegen ihren Willen** in einer Einrichtung, auf einer Station oder sonst einem umgrenzten Raum festgehalten wird und sie damit an der Fortbewegung gehindert ist. Das geht mit der **tatsächlichen Aufhebung der Fortbewegungsfreiheit** außerhalb dieses eingeschränkten Bereichs einher. Entscheidend ist dabei, dass die untergebrachte Person tatsächlich am Verlassen des Ortes gehindert ist.

Dies setzt allerdings einen Entzug dieser Fortbewegungsfreiheit von einer gewissen **Dauer** voraus. Wird in einer Einrichtung die Ausgangstür nachts verschlossen, beim Klingeln eines Bewohners jedoch innerhalb einer halben Stunde geöffnet, so liegt keine freiheitsentziehende Unterbringung im Sinne des § 1831 Absatz 1 BGB vor – gegebenenfalls aber eine freiheitsentziehende Maßnahme im Sinne von § 1831 Absatz 4 BGB.[42]

Ein Freiheitsentzug liegt allerdings auch dann vor, wenn die betreute Person individuell durch eine bestimmte **Vorrichtung am Verlassen des Ortes gehindert** ist. Damit ist eine freiheitsentziehende Unterbringung auch anzunehmen – und zwar jeweils für die Person, die tatsächlich an dem Verlassen der Einrichtung gehindert ist –, wenn andere Personen mühelos die Einrichtung verlassen können.[43] In Betracht kommen beispielsweise folgende Fälle:

- In einer Senioreneinrichtung ist die Ausgangstür zwar verschlossen, allerdings kann sie durch die Eingabe einer **Zahlenkombination** wieder geöffnet werden. Die Zahlenkombination steht deutlich sichtbar neben der Tür auf einem Schild. Die betreute Person ist allerdings krankheitsbedingt nicht in der Lage, dies zu erfassen und ohne fremde Hilfe die Tür zu öffnen.
- Die **Ausgangstür** in der Einrichtung befindet sich **nicht im Erdgeschoss**, sondern auf einem anderen Stockwerk eines recht verwinkelten Heimes. Im Aufzug ist das Erdgeschoss mit einer großen grünen Taste gegenüber den anderen Stockwerken deutlich hervorgehoben. Bei den anderen Stockwerken finden sich Angaben zu den Zimmernummern und den jeweiligen Räumen, wie beispielsweise Kapelle, Friseur, Musikzimmer usw. Dazwischen steht bei einem Stockwerk auch der Hinweis auf den Ausgang. Die betreute Person möchte gern rausgehen, bedient im Aufzug die Taste Erdgeschoss, irrt längere Zeit durch die Gänge, ohne den gesuchten Ausgang zu finden.
- Die Station kann nur über das Treppenhaus oder einen Lift verlassen werden. Beides befindet sich hinter einer **als normale Zimmertür getarnten Tür**. Lediglich an dem Schild neben der Tür steht nicht wie bei allen anderen von der Bauart gleichen Türen der Name des Bewohners, sondern im selben Schriftzug die Bezeichnung „Ausgang". Die betreute Person sucht den Ausgang, kann diesen aber nicht finden, weil sie irrtümlich an der zum Lift führenden Tür vorbeigeht und nicht erkennt, dass es sich hierbei nicht um eine gewöhnliche Zimmertür handelt.

42 BGH, BtPrax 2015, 65.

43 Bezüglich der sensorgesteuerten Weglaufsperre LG Fulda, Beschluss vom 31.5.2016 – 5 T 83/16, juris.

- Auf der Station ist die **Ausgangstür als ein Bücherregal getarnt**. Die Besucher auf der Station erkennen, dass die Ausgangstür das verschiebbare Bücherregal ist. Die betreute Person erkennt dies allerdings nicht und irrt auf der Suche nach der Ausgangstür vergeblich durch die Station.
- In dem Wohnbereich einer Einrichtung ist der Boden mit einem hellen Bodenbelag ausgelegt. Vor der Ausgangstür befindet sich allerdings ein großer halbrunder **schwarzer Bodenbelag.** Dies stellt für die normalen Besucher kein Hindernis dar. Die betreute Person nimmt das allerdings **als ein tiefes Loch** wahr und traut sich aus Angst, in dieses Loch hineinzufallen, nicht, zur Ausgangstür zu gehen, obwohl sie eigentlich die Station verlassen möchte.
- In der Einrichtung ist eine sogenannte **sensorgesteuerte Weglaufsperre** angebracht. Die meisten Bewohner können sich in der Einrichtung und außerhalb der Einrichtung frei bewegen. Die betreute Person hat allerdings – ähnlich wie manche andere Bewohner der Einrichtung – an ihrer Hand einen sogenannten **Uhrendummy**. Wenn sie sich mit diesem Uhrendummy der Ausgangstür nähert, verschließt sich diese Tür automatisch.

All diese Beispiele haben eines gemeinsam: Eine bestimmte Person ist nicht in der Lage, aufgrund einer Vorrichtung einen bestimmten umgrenzten Ort zu verlassen, obwohl sie es möchte und obwohl sie dazu körperlich in der Lage ist. Hierbei spielt es keine Rolle, dass andere Personen diesen Ort problemlos verlassen können. Entscheidend ist, dass diejenigen Personen, die körperlich in der Lage und gewillt sind, den Ort zu verlassen, dies aufgrund tatsächlicher Hindernisse nicht können. Diese Personen sind an jenem Ort mithin untergebracht.

Dabei spielt ebenfalls keine Rolle, dass diese Personen den umgrenzten Ort in Begleitung verlassen können. Steht die Begleitung nicht stets zur Verfügung, sodass die Personen jederzeit jenen Ort verlassen können, sind sie untergebracht. Das bedeutet allerdings nicht, dass diese Vorrichtungen verboten sind. Es bedeutet aber, dass der Vertreter für eine entsprechende richterliche Genehmigung sorgen muss und die Einrichtung nach dem Heimrecht dazu verpflichtet ist, sicherzustellen, dass solch eine Genehmigung vorliegt.

Geschützt ist allerdings hier nicht die allgemeine Handlungsfreiheit, sondern ausschließlich die Fortbewegungsfreiheit. Das bedeutet freilich nicht, dass die allgemeine Handlungsfreiheit grundlos eingeschränkt werden darf, allerdings bedarf es hierfür jedenfalls keiner Genehmigung nach § 1831 Absatz 1 BGB. Folgende Beispiele können das verdeutlichen:

- Die Einrichtung hat ebenfalls eine sensorgesteuerte Weglaufsperre, die allerdings bei der Annäherung durch die betreute Person nicht die Tür verschließt, sondern einen **Alarm beim Pflegepersonal** auslöst. Das Pflegepersonal schaut nach der betreuten Person und führt diese ohne Gewaltanwendung zurück oder begleitet sie außerhalb der Einrichtung, um dann eine Rückkehr in die Einrichtung zu ermöglichen.
- Die betreute Person hat einen **GPS-Tracker** an ihrem Arm. Sie kann die Einrichtung jederzeit verlassen. Wenn dem Personal allerdings auffällt, dass die Person längere Zeit oder zu Essenszeiten weg ist, kann der jeweilige aktuelle Aufenthaltsort der Person ermittelt werden und die Person kann durch das Pflegepersonal auf freiwilliger Basis in die Einrichtung zurückgeholt werden.

Selbstverständlich findet in diesen Fällen eine **Überwachung** der betreuten Person statt, die nur mit Einverständnis des Vertreters zulässig ist, der zumindest – als Betreuer oder Bevollmächtigter – die Befugnis zur Bestimmung des Aufenthalts hat, und wenn diese Maßnahme zur Abwehr einer erheblichen Gefahr für die betreute Person erforderlich ist. Allerdings stellen diese Maßnahmen **keine Unterbringung** oder freiheitsentziehende Maßnahme dar, weil sie die Fortbewegungsfreiheit nicht einschränken, und sind demnach genehmigungsfrei.

Damit unterliegen dem Genehmigungserfordernis nur freiheits*entziehende* Maßnahmen, nicht allerdings freiheits*beschränkende* Maßnahmen.

Fallbeispiel

Der Unterschied kann anhand der Maßnahmen während der Corona-Pandemie deutlich gemacht werden. Während des sogenannten Lockdowns war es verboten, bestimmte Orte aufzusuchen, sich mit einer bestimmten Anzahl von Personen zu treffen und teilweise auch zu Nachtzeiten die Wohnung zu verlassen.

Das Bundesverfassungsgericht sah hierin eine Freiheitseinschränkung, jedoch keinen Freiheitsentzug. Zum einen gab es keinen körperlich wirkenden Zwang, sondern nur einen psychischen Zwang durch die Androhung von Maßnahmen zur Durchsetzung jener Verbote. Zum anderen durfte man sich den Ort, den man dann zur Nachtzeit nicht mehr verlassen durfte, selbst aussuchen. Schließlich war die Maßnahme nur auf wenige Stunden in der Nacht beschränkt.[44]

2.4.1.2 Unterbringung zur Abwehr einer Eigengefährdung

Nach § 1831 Absatz 1 BGB kann die Unterbringung sowohl zur Abwehr einer erheblichen Eigengefährdung wie auch zur Heilbehandlung angeordnet werden. Die Unterbringung zur Abwendung einer erheblichen Eigengefährdung ist in § 1831 Absatz 1 Nr. 1 BGB geregelt. Danach ist die freiheitsentziehende Unterbringung der betreuten Person durch den Betreuer zulässig, solange sie erforderlich ist, weil aufgrund einer psychischen Krankheit oder geistigen oder seelischen Behinderung der betreuten Person die Gefahr besteht, dass sie sich selbst tötet oder erheblichen gesundheitlichen Schaden zufügt. Entsprechendes gilt für den Bevollmächtigten (§ 1831 Absatz 5 BGB).

Der Betreuer kann folglich diese Unterbringung nur zur Abwehr einer Lebensgefahr oder der Gefahr eines erheblichen gesundheitlichen Schadens für die betreute Person selbst anordnen. Bei einer reinen Fremdgefährdung greift § 1831 Absatz 1 BGB nicht. Hier wäre eine Unterbringung ausschließlich nach den öffentlich-rechtlichen Landesgesetzen zulässig. Dafür wäre der Betreuer nicht zuständig, gleichwohl jedoch befugt – oder gar verpflichtet –, die entsprechenden Stellen von jener Fremdgefährdung in Kenntnis zu setzen.

In der Praxis liegt oft allerdings **sowohl Eigen- wie auch Fremdgefährdung** vor. Ist eine Person beispielsweise psychotisch und fühlt sie sich von anderen bedroht, stellt sie für diese Personen eine Fremdgefährdung dar, wenn sie jeden Angriff abwehren möchte. Sie neigt

44 BVerfG, NJW 2022, 139.

aber oft auch zu einem selbstgefährdenden Verhalten, indem sie beispielsweise in Verkennung der Realität vor Autos rennt. Oft kann auch die Fremdgefährdung zwar abgewendet werden, diese Abwendung der Fremdgefährdung stellt jedoch gleichzeitig eine Eigengefährdung für die betreute Person dar. Wird beispielsweise eine vertretene Person nach einem Sturz mit sogenanntem Schädel-Hirn-Trauma ins Krankenhaus eingeliefert und schlägt die Person um sich und greift das Krankenhauspersonal an, könnte die Fremdgefährdung dadurch gebannt werden, dass man sich der Person nicht nähert oder sie sogar des Krankenhauses verweist. Allerdings würde eine möglicherweise lebensbedrohliche und dringend erforderliche Behandlung dadurch abgebrochen. Durch den Angriff gegenüber Dritten stellt die Person eine Gefahr für sich selbst dar, indem sie eine Behandlung von möglicherweise lebensbedrohlichen Unfallfolgen verhindert.

Im Übrigen ist es unerheblich, ob die vertretene Person die Gefahr absichtlich oder unabsichtlich verursacht. Eine freiheitsentziehende Unterbringung kann daher angeordnet werden, wenn die vertretene Person sich absichtlich – beispielsweise im Rahmen einer Depression – suizidieren möchte oder – beispielsweise im Rahmen einer Psychose – zu Handlungen neigt, durch welche sie sterben könnte, wie das obige Beispiel der betreuten Person, die ins Weltall fliegen wollte (siehe oben Seite 138 f.), gezeigt hat.

Neben der Lebensgefahr rechtfertigt auch eine **Gefahr eines erheblichen gesundheitlichen Schadens** eine freiheitsentziehende Unterbringung. Ab wann die **Erheblichkeitsschwelle** erreicht ist, ist sicherlich schwer zu beurteilen und hängt von dem konkreten Einzelfall ab. Die Erheblichkeitsschwelle ist dann überschritten, wenn der gesundheitliche Schaden schwerer wiegt als der Freiheitsentzug. Letztendlich muss eine Abwägung zwischen dem Eingriff durch den Freiheitsentzug und den Folgen des unterlassenen Freiheitsentzugs vorgenommen werden. Je länger der Freiheitsentzug voraussichtlich erforderlich sein wird und je weniger der gesundheitliche Schaden die Lebens- und Versorgungssituation – samt den anderen Wünschen und Zielen der Person – tangieren würde, desto eher ist die Erheblichkeit zu verneinen.[45]

2.4.1.3 Sonderfall: Alkoholabhängigkeit

Vor großen praktischen Herausforderungen stehen Betreuer oder Bevollmächtigte beim Umgang mit Menschen, die alkoholkrank sind.

Zum einen stellt der Alkoholismus für sich allein keine die freie Willensbildung ausschließende Erkrankung dar. Zwar ist im intoxikierten Zustand die vertretene Person zur freien Willensbildung nicht in der Lage – das kann bei einer Blutalkoholkonzentration zwischen zwei und drei Promille in Erwägung gezogen werden. Nach der Ausnüchterung ist sie dann wieder zur freien Willensbildung in der Lage, wenn nicht eine weitere Begleiterkrankung oder Behinderung zum Ausschluss der freien Willensbildung führt. Solch ein **Ausschluss der freien Willensbildung** kann vorliegen, wenn es beispielsweise aufgrund des langjährigen Alkoholmissbrauchs bereits zu einem Abbau der Hirnmasse gekommen ist (sogenanntes Korsakow-Syndrom). Unabhängig von der Problematik der freien Willensbildung stellt sich auch die Frage nach der erheblichen Gesundheitsschädigung. Ein dauerhafter

45 Näher hierzu *Loer* in: Jürgens, Betreuungsrecht, § 1821 BGB Rn. 18.

Alkoholkonsum schädigt mit Sicherheit die Gesundheit. Die latente Gefahr erreicht aber für sich genommen nicht die Erheblichkeitsschwelle. Darüber hinaus stellt sich die Frage, was eine freiheitsentziehende Unterbringung der vertretenen Person bringen könnte.

Fallbeispiel

A ist seit Jahren alkoholabhängig. Eine eigene Motivation zur Abstinenz hat A nicht. Nachdem A im Alltag immer schlechter zurechtgekommen ist und in letzter Zeit immer vergesslicher wurde, wurde beim A nach einer Untersuchung das sogenannte Korsakow-Syndrom, das auf den langjährigen Alkoholkonsum zurückgeht, diagnostiziert. Der behandelnde Psychiater erklärt dem Betreuer gegenüber, dass beim abstinenten Verhalten möglicherweise eine gewisse Besserung zu erwarten wäre, allerdings bei weiterem Alkoholkonsum mit einer erheblichen weiteren Schädigung zu rechnen sei.

Der Betreuer beantragt beim zuständigen Betreuungsgericht eine geschlossene Unterbringung für ein Jahr, die auch genehmigt wird. Nachdem A ein Jahr in einer geschlossenen Einrichtung untergebracht war, dort abstinent gelebt und auch eine Therapie gemacht hat, ist er motiviert, ohne Alkohol zu leben. Nach seiner Entlassung wird er aber bereits nach wenigen Tagen rückfällig und trinkt genauso viel Alkohol wie zuvor.

Der Betreuer fragt sich, ob er eine weitere Unterbringung beantragen soll.

Lösung:

Die Frage ist nicht leicht zu beantworten. Sicherlich liegt eine erhebliche Gefahr für die Gesundheit von A vor. Allerdings hat eine Unterbringung von einem Jahr nichts gebracht. Man wird kaum erwarten können, dass eine weitere Unterbringung von einem Jahr an der Situation von A etwas ändern würde. Wie soll es folglich nach der Unterbringung weitergehen? Soll A für zwei Jahre oder gar lebenslang untergebracht werden? Spätestens hier wird man zum Ergebnis kommen müssen, dass die Unterbringung nicht mehr verhältnismäßig ist. Es liegt zwar eine erhebliche Gefahr für die Gesundheit des A vor, ein wirksamer Gesundheitsschutz wäre aber nur mit einer dauerhaften Unterbringung zu erreichen. Was wäre das aber für ein Leben für A?

Hier wird man wohl annehmen müssen, dass durch die Unterbringung das Leben von A nicht besser wird. Er wird zwar in der Zeit der Unterbringung abstinent bleiben, „geheilt" wird er in dieser Zeit allerdings nicht. Wenn er folglich einer freiwilligen weiteren Therapie nicht zustimmt, scheint eine weitere – dauerhafte – Unterbringung nicht mehr verhältnismäßig zu sein. Letztendlich dürfte dies aber einzelfallabhängig sein.

2.4.1.4 Unterbringung zur Untersuchung und Heilbehandlung

Die oben dargestellte Unterbringung gemäß § 1831 Absatz 1 Nr. 1 BGB bezweckt den Freiheitsentzug zur Gefahrenabwehr. Eine Besserung des Gesundheitszustandes während der Unterbringung ist zwar willkommen, ist aber nicht die Voraussetzung der Unterbringung nach § 1831 Absatz 1 Nr. 1 BGB. Eine Verbesserung des Gesundheitszustandes bezweckt allerdings die Unterbringung zur Heilbehandlung nach § 1831 Absatz 1 Nr. 2 BGB.

Gemäß § 1831 Absatz 1 Nr. 2 BGB ist eine Unterbringung zur Abwendung eines drohenden erheblichen gesundheitlichen Schadens erforderlich,

- wenn eine Untersuchung des Gesundheitszustandes, eine Heilbehandlung oder ein ärztlicher Eingriff notwendig ist,
- diese Maßnahme ohne die Unterbringung nicht durchgeführt werden kann und
- die vertretene Person zur freien Willensbildung nicht in der Lage ist.

Auch hier erfolgt die Unterbringung – ähnlich wie nach § 1831 Absatz 1 Nr. 1 BGB – **zur Abwendung eines drohenden erheblichen gesundheitlichen Schadens.** Dieser Schaden kann allerdings nicht allein durch die Verwahrung auf einer geschlossenen Station abgewendet werden. Vielmehr bedarf es hierfür der Untersuchung des Gesundheitszustandes, einer Heilbehandlung oder eines ärztlichen Eingriffs. Zusätzlich kann eine der drei aufgezählten Maßnahmen ohne eine freiheitsentziehende Unterbringung nicht durchgeführt werden.

Personen, die sich nicht behandeln lassen wollen, möchten sehr häufig auch nicht untersucht werden. Die Untersuchung ist allerdings die zwingende Vorstufe einer Behandlung. Erst wenn man weiß, was der Person fehlt, man folglich eine bestimmte Diagnostik durchgeführt hat, kann man auch die passende Behandlung anbieten. Dementsprechend ermöglicht § 1831 Absatz 1 Satz Nr. 2 Alt. 1 BGB die Unterbringung zur Untersuchung des Gesundheitszustandes.

Fallbeispiel 1

Bei I wurde eine Intelligenzminderung festgestellt, weshalb B für ihn zum Betreuer bestellt worden ist. In dem Gutachten wurde festgestellt, dass I aufgrund der Behinderung zur freien Willensbildung nicht in der Lage ist. In letzter Zeit sieht I immer schlechter aus und klagt über einen drückenden Schmerz in der Brust. Zum Arzt möchte er nicht gehen, weil er nicht glaubt, dass der Arzt ihm helfen kann. Alle bisherigen Überzeugungsversuche des B sind gescheitert. Außerdem „zockt" er viel lieber vor dem Computer, als zu irgendeiner Untersuchung zu gehen.

B weiß aus der Vergangenheit, dass I sich Untersuchungen nicht aktiv widersetzt. Er ist nur nicht zu motivieren, dorthin zu gehen. Daher beantragt B die Genehmigung der Unterbringung von I zur Untersuchung für die Dauer von drei Tagen. In der Zeit soll geschaut werden, was I fehlt, und danach soll gemeinsam entschieden werden, ob eine Behandlung erforderlich ist oder nicht.

Die Unterbringung zur Heilbehandlung bezweckt eben die Behandlung, die jenen drohenden erheblichen gesundheitlichen Schaden abwenden soll. Hierbei ist allerdings zu beachten, dass die Genehmigung der Unterbringung nach § 1831 Absatz 1 Nr. 2 BGB lediglich den Aufenthalt an einem bestimmten Ort gegen den natürlichen Willen der vertretenen Person erlaubt. Die **Durchführung der Behandlung** gegen den natürlichen Willen (siehe dazu oben unter 2.1) bedarf **zusätzlich der Genehmigung als ärztliche Zwangsbehandlung** nach § 1832 BGB (siehe dazu unten 2.4.3).

Allerdings ist die Genehmigung der Unterbringung zur Heilbehandlung nicht immer zwingend mit der Genehmigung der ärztlichen Zwangsmaßnahme verbunden. Im Gegenteil: Die Praxis zeigt, dass nach erfolgter Unterbringung die untergebrachten Personen durchaus bereit sind, an der Heilbehandlung mitzuwirken. Ist dies nicht der Fall und ist das bereits vor der Unterbringung absehbar, sollte zumindest geprüft werden, ob eine Zwangsbehandlung notfalls durchgeführt werden könnte. Allerdings kann allein aus der Tatsache, dass die vertretene Person sich keiner Heilbehandlung unterziehen möchte, nicht automatisch geschlussfolgert werden, dass diese Heilbehandlung nur zwangsweise durchgeführt werden kann.

Fallbeispiel 2

S leidet an einer paranoiden Schizophrenie. Da S seine Medikamente abgesetzt hat, wird er zunehmend psychotisch. Der behandelnde Psychiater sieht die weitere Einnahme der Medikamente als zwingend erforderlich, um eine sogenannte Chronifizierung der Krankheit zu verhindern. Der gesetzliche Vertreter beantragt nun beim Betreuungsgericht eine Unterbringung von S für die Dauer von vier Wochen, damit er medikamentös erneut eingestellt werden kann. S sieht die Notwendigkeit nicht. Er fühle sich gesund und brauche daher keine Medikamente. Daher ist er auch nicht bereit, freiwillig ins Krankenhaus zu gehen.

Nachdem die Unterbringung genehmigt worden ist und S auf eine geschützte Station gebracht worden ist, sieht er zwar die Notwendigkeit der Einnahme der Medikamente nach wie vor nicht ein, nimmt aber die Medikamente freiwillig ein. Auf Nachfrage entgegnet er: *„Ich bin gesund und brauche die Medikamente nicht. Nun bin ich aber hier gegen meinen Willen. Wenn ich schon hier bin, kann ich auch die Pillen schlucken, damit die da zufrieden sind."*

Lösung:

Eine Krankheitseinsicht liegt bei S nicht vor. Er sieht nach wie vor weder die Notwendigkeit der Unterbringung noch die Notwendigkeit der Medikamenteneinnahme. Allerdings ist er im Rahmen der Unterbringung bereit, die Medikamente freiwillig einzunehmen. Dabei spielt es keine Rolle, dass er die Medikamente nur einnimmt, „damit die da zufrieden sind" oder „um seine Ruhe zu haben". Eine Zwangsbehandlung liegt hier nicht vor.

Die Notwendigkeit eines ärztlichen Eingriffs, der nicht gleichzeitig eine Heilbehandlung darstellt, hat keine praktische Bedeutung. Ärztliche Eingriffe setzen stets eine Beeinträchtigung der körperlichen Unversehrtheit voraus. Solche Maßnahmen, die keine gleichzeitige Heilbehandlung darstellen, könnten höchstens kosmetische Eingriffe sein (z. B. im Rahmen einer Schönheitsoperation), die kaum eine Unterbringung rechtfertigen könnten.[46] Auch ein Schwangerschaftsabbruch ist zwar ein Eingriff und dient – zumindest wenn er nicht

46 *Schneider*, in: MüKo-BGB, § 1904 Rn. 30.

aus medizinischen Gründen erfolgen soll – nicht der Heilbehandlung, stellt aber eine höchstpersönliche Entscheidung dar, in die nur die betroffene Person selbst einwilligen kann (dazu oben unter 1.1.3.1).

Bei der Abwägung, ob man eine Unterbringung zur Heilbehandlung beantragt oder nicht, sind ähnliche Erwägungen anzustellen wie bei der Abwägung der Unterbringung nach § 1831 Absatz 1 Nr. 1 BGB.

Dabei spielen die **Heilungschancen** eine Rolle. Ähnlich wie der Fall des Alkoholikers gezeigt hat, kann auch bei einer bereits **chronifizierten Erkrankung** die Frage gestellt werden, welchen Mehrwert eine weitere Unterbringung zur Heilbehandlung für die vertretene Person hätte. Andersrum ist eine Unterbringung, die solch eine Chronifizierung, verbunden mit lebenslangen Folgen für die vertretene Person, abwenden könnte, regelmäßig erforderlich. Die Chronifizierung dürfte regelmäßig einen erheblichen gesundheitlichen Schaden darstellen.

Hinweis

▶ *Es empfiehlt sich daher eine **Gegenüberstellung der beiden Szenarien:** Wie wird die vertretene Person nach der Durchführung der Heilbehandlung weiterleben können und wie wird ihr Leben ohne die Unterbringung zur Heilbehandlung aussehen? Hier kann eine relativ kurze Unterbringung das Leben der vertretenen Person in eine ganz andere Bahn lenken.*

Selbstverständlich sind hier eine Nachsorge und eine engmaschige Begleitung nach der Entlassung immens wichtig.

Auch die Unterbringung zur Heilbehandlung ist ein erheblicher Grundrechtseingriff, der nicht selten mit traumatisierenden Folgen verbunden ist. Daher sollte der Betreuer bzw. Bevollmächtigte vor der Beantragung einer Genehmigung ein **Gesamtkonzept** entwickeln.

Dies gilt nicht immer für die Unterbringung zur Untersuchung des Gesundheitszustandes. Naturgemäß muss erst einmal die Diagnose feststehen, um sich dann über eine mögliche Heilbehandlung Gedanken zu machen. Ist die Erkrankung allerdings bekannt und liegt das Erfordernis der Behandlung auf der Hand – wie beispielsweise bei der Absetzung der Medikamente eines an Schizophrenie Erkrankten –, so muss sich vor der Genehmigung das Gesamtkonzept des Betreuers oder Bevollmächtigten mit folgenden Fragen befassen, gegebenenfalls auch nach Rücksprache mit dem behandelnden Arzt:

- Für welche **Zeit/Dauer** wird die Unterbringung zur Heilbehandlung vermutlich erforderlich sein?
- Wird die Heilbehandlung im stationären Setting auf **freiwilliger Basis** erfolgen oder wird voraussichtlich eine Zwangsbehandlung erforderlich sein? Liegen die Voraussetzungen einer Zwangsbehandlung in diesem Fall voraussichtlich vor und wird diese auch beantragt?
- Wie wird die **Versorgung nach der Unterbringung** erfolgen?

- Kann die vertretene Person in ihre gewohnte Umgebung **zurückkehren** oder muss zumindest zeitweise ein betreutes Wohnen in Erwägung gezogen werden?
- Gibt es einen Arzt, der die **Nachversorgung** übernehmen kann?
- Wie soll sichergestellt werden, dass die vertretene Person nach der Unterbringung die erforderlichen **Medikamente** freiwillig nimmt und nicht absetzt?
  - Welche Möglichkeiten stehen zur Verfügung, um dies sicherzustellen (beispielsweise überwachte Verabreichung der Medikamente durch einen Pflegedienst oder Verabreichung eines sogenannten Depotmedikaments)?
  - Welche Möglichkeiten der Intervention gibt es, wenn die vertretene Person ihre Medikamente erneut absetzt?
  - Welche Möglichkeiten gibt es, früher zu reagieren, damit es nicht so weit kommt (beispielsweise Patientenvereinbarung)?

2.4.1.5 Das gerichtliche Genehmigungsverfahren

2.4.1.5.1 Eckdaten des Verfahrens

Vor einer Genehmigung sollte sich der Vertreter bewusst machen, dass das Genehmigungsverfahren eine gewisse Zeit beansprucht und bestimmte Verfahrensschritte zwingend erforderlich macht. Ob die Genehmigung der Unterbringung einen förmlichen Antrag des gesetzlichen Vertreters erfordert, wurde bereits erörtert (siehe Teil B unter 3.1). Der Gesetzeswortlaut verlangt jedenfalls nicht ausdrücklich solch einen Antrag. Allerdings bedarf die Unterbringung einer klaren Befürwortung des gesetzlichen Vertreters.

Es empfiehlt sich, einen förmlichen Antrag zu stellen und hier bereits klarzustellen, warum und für welche Dauer man die vertretene Person unterbringen möchte (zu möglichen Formulierungsvorschlägen siehe weiter unten 2.4.1.7).

Der Unterbringungsantrag ist beim örtlich zuständigen Betreuungsgericht zu stellen. Bei der Beantragung der Unterbringung durch den Betreuer ist das Betreuungsgericht zuständig, bei dem das Betreuungsverfahren bereits anhängig oder zumindest eingeleitet worden ist.

Das ist bei einer Bevollmächtigung meistens nicht der Fall. Hier ist das Gericht zuständig, in dessen Bezirk die unterzubringende Person ihren **gewöhnlichen Aufenthalt** hat, also meistens der Wohnort der Person oder der Ort, an dem sich die Person meistens auffällt. Kann ein solcher Ort ausnahmsweise nicht bestimmt werden, weil die Person beispielsweise ohne festen Wohnsitz ist und zwischen mehreren Bezirken unterwegs ist, wäre das Gericht des Bezirks für die Unterbringung zuständig, in dem das **Bedürfnis für die Unterbringungsmaßnahme** hervortritt.

Das Betreuungsgericht wird zunächst einmal prüfen, welche Personen an dem Verfahren zu beteiligen sind (§ 315 FamFG). Die unterzubringende Person ist in jedem Fall zu beteiligen und sie ist stets verfahrensfähig (§ 316 FamFG). Die Beteiligten sind in jedem Fall anzuhören – wenn auch nicht notwendigerweise persönlich (§ 320 FamFG).

Regelmäßig wird das Betreuungsgericht auch einen **Verfahrenspfleger** zur Wahrnehmung der Interessen der unterzubringenden Person bestellen (§ 317 FamFG).

Vor einer Unterbringungsmaßnahme muss das Betreuungsgericht ein **Sachverständigengutachten** einholen. Der Sachverständige muss die unterzubringende Person vor der Erstattung des Gutachtens persönlich untersuchen oder befragen. Der Sachverständige soll ein Arzt für Psychiatrie oder zumindest mit Erfahrung auf dem Gebiet der Psychiatrie sein. Das erstattete Gutachten hat das Betreuungsgericht der unterzubringenden Person vor einer persönlichen Anhörung zu übermitteln und ihr damit hinreichend Zeit zu geben, sich mit dem Gutachten auseinanderzusetzen.

Dann hat das Betreuungsgericht die unterzubringende Person **persönlich anzuhören** und muss sich einen persönlichen Eindruck von ihr verschaffen – soweit erforderlich in der üblichen Umgebung der unterzubringenden Person. Der Verfahrenspfleger soll ebenfalls an der Anhörung persönlich teilnehmen. Erst danach – soweit weitere Ermittlungen aufgrund der Anhörung nicht erforderlich sein sollten – entscheidet das Gericht, ob es die Genehmigung erteilt oder nicht.

2.4.1.5.2 Entscheidung des Gerichts

Wird eine Genehmigung erteilt, so erfolgt dies durch Beschluss, in dem die nähere Bezeichnung der Unterbringungsmaßnahme sowie der Zeitpunkt, zu dem die Unterbringungsmaßnahme endet, benannt sind. Generell werden die Beschlüsse über die Unterbringungsmaßnahme erst **mit Rechtskraft** wirksam, wobei das Gericht auch die **sofortige Wirksamkeit** im Beschluss anordnen kann. In dem Fall wird die Genehmigung bereits dann wirksam, wenn sie der unterzubringenden Person, ihrem Verfahrenspfleger, Betreuer oder Bevollmächtigten bekannt gegeben worden ist oder einem Dritten – beispielsweise der Einrichtung – zum Zwecke des Vollzugs mitgeteilt worden ist oder der Geschäftsstelle des Gerichts zum Zwecke der Bekanntgabe übergeben worden ist. Zu diesem Zeitpunkt ist zwar die Genehmigung der Unterbringung noch nicht rechtskräftig, jedoch **wirksam**, sodass die Unterbringung ab diesem Zirkelzeitpunkt vollzogen werden kann.

2.4.1.5.3 Zuführung zur Unterbringung

Die **Zuführung zur Unterbringung** kann mit Unterstützung der Betreuungsbehörde nach Maßgabe des § 326 FamFG erfolgen (Näheres dazu unter 2.3). Zu beachten ist, dass die Genehmigung der Unterbringung für längstens **ein Jahr** – in Ausnahmefällen für längstens **zwei Jahre** – erfolgen kann. Hierbei hat der Vertreter darauf zu achten, dass er vor dem Ablauf der Genehmigung rechtzeitig einen Antrag auf Verlängerung der Unterbringung stellt. Dies sollte bei einer längeren Unterbringung mindestens drei bis vier Monate vorher erfolgen, damit das Gericht die Möglichkeit hat, das eben beschriebene Verfahren durchzuführen, denn für die Verlängerung der Unterbringung gelten dieselben Voraussetzungen und es ist dasselbe Verfahren durchzuführen wie bei der erstmaligen Anordnung.

2.4.1.5.4 Einstweilige Anordnung/Vorläufige Unterbringung

Es liegt aber auf der Hand, dass das eben dargestellte Verfahren eine gewisse Zeit in Anspruch nimmt. Insbesondere die Erstellung des Sachverständigengutachtens kann mehrere Wochen dauert. Das Verfahren kann sich auch noch erheblich verzögern, wenn die unterzubringende Person für den Sachverständigen oder das Gericht nicht erreichbar ist und möglicherweise zur Untersuchung oder der Anhörung vorgeführt werden muss (§ 322

FamFG bzw. § 319 Absatz 5 FamFG). Da in vielen Fällen so lange Zeit nicht abgewartet werden kann, weil eine dringende Gefahr für einen erheblichen Schaden besteht, kann die Genehmigung der Unterbringung auch durch eine **einstweilige Anordnung** erfolgen. Hier wird allerdings nur eine vorläufige Unterbringung – bis zu einer Entscheidung in der Hauptsache – erteilt.

Hier ist ausnahmsweise **ein ärztliches Zeugnis** eines Arztes für Psychiatrie oder zumindest mit Erfahrung auf dem Gebiet der Psychiatrie ausreichend. In besonders dringenden Fällen, wenn Gefahr im Verzug droht, kann die Unterbringung bereits vor der richterlichen Genehmigung durch den Betreuer oder Bevollmächtigten angeordnet werden, wobei die Genehmigung dann unverzüglich nachzuholen ist.

Fallbeispiel

D leidet an einer Depression und hat versucht, sich das Leben zu nehmen. Dafür hat sie mehrere Schlaftabletten eingenommen. D wurde allerdings durch Angehörige rechtzeitig gefunden und wurde im bewusstlosen Zustand mit dem Rettungsdienst ins Krankenhaus gebracht. Nachdem D im Krankenhaus zu sich gekommen ist, erklärt sie gegenüber den Ärzten, nicht mehr leben zu wollen. Das mit den Medikamenten habe leider nicht geklappt, sie müsse sich wohl was anderes einfallen lassen. Aus diesem Grund möchte D unverzüglich die Klinik verlassen. Der behandelnde Psychiater erklärt der D in Anwesenheit des Vorsorgebevollmächtigten V, dass sie aufgrund ihrer Depression zur freien Willensbildung nicht in der Lage sei und er aufgrund der Erkrankung eine erhebliche Gefahr für das Leben der D sehe, weswegen er die Verlegung der D auf die geschlossene psychiatrische Station dringend empfehle.

Lösung:

Hier kann V die freiheitsentziehende Unterbringung der D – die Übertragung der entsprechenden Befugnis in der Vorsorgevollmacht vorausgesetzt – sofort anordnen; die Genehmigung muss unverzüglich nachgeholt werden.

Praxistipp

▶ *Um das Genehmigungsverfahren zu beschleunigen, ist es ratsam, den behandelnden Psychiater um ein entsprechendes ärztliches Zeugnis zu ersuchen. Mit diesem Zeugnis kann dann die betreuungsgerichtliche Genehmigung beim zuständigen Amtsgericht beantragt werden. Da die Krankenhäuser sowieso mit den zuständigen Betreuungsgerichten kommunizieren, kann das ärztliche Zeugnis auch sofort an das zuständige Betreuungsgericht – meistens per Fax – geschickt werden. Hier empfiehlt es sich, gleich mit dem ärztlichen Zeugnis den Antrag des Patientenvertreters (Betreuers oder Bevollmächtigten) zu verbinden.*

Ein Antrag kann in diesem Fall aus wenigen Sätzen bestehen und auf das ärztliche Zeugnis Bezug nehmen. Wichtig ist, dass sich aus dem Antrag der Wille des Patientenvertreters ergibt, dass die unterzubringende Person für eine bestimmte Dauer untergebracht wird.

Bezüglich der Zuständigkeit in diesen Eilsachen beinhaltet das Gesetz noch eine weitere Ergänzung: Für eine einstweilige Anordnung ist nämlich – neben dem für die Hauptsache örtlich **zuständigen Gericht** – auch das Gericht zuständig, in dessen Bezirk das **Bedürfnis für die Unterbringungsmaßnahme** bekannt wird (§ 313 Absatz 2 Satz 1 FamFG). Ist beispielsweise das Betreuungsverfahren beim Amtsgericht Flensburg anhängig und wird das Bedürfnis für die Unterbringung in München bekannt, so ist neben dem Amtsgericht Flensburg auch das Amtsgericht München für die Genehmigung der Unterbringung im Wege der einstweiligen Anordnung zuständig.

Auch im Wege der einstweiligen Anordnung muss der zuständige Richter die unterzubringende Person persönlich anhören.

Praxistipp

▶ *Es empfiehlt sich daher dringend, den Antrag auf Genehmigung bei dem Bezirk des Gerichts zu stellen, in dem sich die unterzubringende Person gerade aufhält.*

Zwar kann ausnahmsweise die persönliche Anhörung bei einstweiliger Anordnung im Wege der Rechtshilfe erfolgen (§ 331 Satz 2 FamFG), aber auch damit ist eine erhebliche Verzögerung verbunden. Ist das Betreuungsverfahren – wie im obigen Beispiel – beim Amtsgericht Flensburg anhängig, ist aber das Bedürfnis in München bekannt geworden, weil bei D während ihres Aufenthalts in München eine suizidale Krise mit einem Selbsttötungsversucht ausgebrochen ist und sie in ein Krankenhaus in München gebracht worden ist, so wäre an sich für die Genehmigung der vorläufigen Unterbringung sowohl das Amtsgericht Flensburg als auch das Amtsgericht München zuständig. Eine schnellere Entscheidung kann allerdings nur durch das Amtsgericht München erfolgen. Es liegt auf der Hand, dass der zuständige Richter beim Amtsgericht Flensburg nicht die Möglichkeit haben wird, D zeitnah persönlich anzuhören. Er wird daher vermutlich ein Rechtshilfeersuchen an das Amtsgericht München schicken oder das Amtsgericht München ersuchen, in eigener (Mit-)Zuständigkeit zu entscheiden. Wird aber der Antrag von vornherein beim Amtsgericht München gestellt, kann sich hier der zuständige Richter unverzüglich mit dem Genehmigungsverfahren befassen.

Praxistipp

▶ *In diesem Fall wird empfohlen, dem Eilgericht gleichzeitig eine Kopie des Betreuerausweises mit dem Antrag einzureichen, weil das Amtsgericht München selbstverständlich von dem Betreuungsverfahren keinerlei Kenntnis hat.*

2.4.1.6 Dauer der Unterbringung

Die Unterbringung wird immer nur für eine gewisse Zeit/Dauer genehmigt. Ist absehbar, dass nach dem Ablauf dieser Zeit eine weitere Unterbringung erforderlich sein wird, so ist der Vertreter verpflichtet, **rechtzeitig** beim Gericht einen entsprechenden **Verlängerungsantrag** zu stellen.

Nach dem klaren Wortlaut des § 329 Absatz 1 FamFG endet die Unterbringungsmaßnahme spätestens nach **einem Jahr** – ausnahmsweise nach **zwei Jahren** –, wenn nicht zuvor eine Verlängerung der Genehmigung erfolgt ist. Die vorläufige Genehmigung der Unterbringung im Wege der einstweiligen Anordnung darf die Dauer von **sechs Wochen** nicht überschreiten. Auch die vorläufige Unterbringung kann zwar mehrfach durch eine einstweilige Anordnung verlängert werden, darf jedoch die Gesamtdauer von **drei Monaten** nicht überschreiten (§ 333 FamFG).

An sich gehört zu den Beratungspflichten des Gerichts auch, den Betreuer darauf hinzuweisen, dass eine Verlängerung der vorläufigen Unterbringung im Wege der einstweiligen Anordnung die Gesamtdauer von drei Monaten nicht überschreiten darf. Bei manchen Gerichten gibt es für die Entscheidungen im einstweiligen Verfahren allerdings unterschiedliche Zuständigkeiten, sodass es möglich ist, dass sich in einem Wochenrhythmus die Zuständigkeit des jeweiligen Richters ändert. Auch kann es aufgrund einer Krankheit oder Urlaubsabwesenheit vorkommen, dass ein vertretender Richter tätig wird. Im Übrigen handelt es sich hierbei um eine beratende Tätigkeit des Gerichts. Es liegt in der Verantwortung des Betreuers oder Bevollmächtigten, dafür Sorge zu tragen, dass Anträge rechtzeitig gestellt werden.

Praxistipp

▶ *Daher empfiehlt es sich, mindestens vier Wochen vor Ablauf der Dreimonatsfrist mit den zuständigen Ärzten abzuklären, ob möglicherweise eine Unterbringung über die drei Monate hinaus erforderlich sein könnte. Dies sollte mindestens vier Wochen vorher dem zuständigen Betreuungsgericht mitgeteilt werden, damit das Gericht die Genehmigung der Unterbringung im Hauptsacheverfahren – insbesondere unter Einholung eines Sachverständigengutachtens – prüfen kann.*

Auch wenn die Genehmigung für eine gewisse Zeit ausgesprochen wird, bedeutet das nicht, dass diese Zeit ausgeschöpft werden muss oder darf. Vielmehr sind der Betreuer und der Bevollmächtigte verpflichtet, die Unterbringung sofort zu beenden, wenn ihre Voraussetzungen weggefallen sind. Das bedeutet für die Unterbringung gemäß § 1831 Absatz 1 Nr. 1 BGB, dass entweder beim Wegfall der Eigengefährdung oder wenn die untergebrachte Person wieder zur freien Willensbildung in der Lage ist, die Unterbringung zu beenden ist.

Bei einer Unterbringung gemäß § 1831 Absatz 1 Nr. 2 BGB ist die Unterbringung zu beenden, wenn die Untersuchung des Gesundheitszustandes oder die Heilbehandlung abgeschlossen sind oder die untergebrachte Person zur freien Willensbildung in der Lage ist. Dasselbe gilt, wenn die untergebrachte Person eine tragfähige Einverständniserklärung abgibt und nun bereit ist, freiwillig weiterbehandelt zu werden.

Die Aufhebung der Unterbringung ist dem Betreuungsgericht unverzüglich anzuzeigen (§ 1831 Absatz 3 Satz 2 BGB). Hier kann das Gericht im Wege seiner Aufsichtspflicht prüfen, ob die Aufhebung der Unterbringung pflichtgemäß erfolgt ist.

2.4.1.7 Formulierungsvorschläge

2.4.1.7.1 Antrag zur Genehmigung einer freiheitsentziehenden Unterbringung auf der geschlossenen Station eines Krankenhauses bzw. einer stationären Einrichtung gemäß § 1831 Absatz 1 BGB

Absender:

____
Vorname, Name

____
Straße, Hausnummer PLZ, Ort

____
Telefon beruflich privat mobil

Amtsgericht Musterhausen

– Abteilung Betreuungsgericht –

Straße/Hausnummer

PLZ Musterhausen

Genehmigung einer freiheitsentziehenden Unterbringung auf der geschlossenen Station eines Krankenhauses bzw. einer stationären Einrichtung gemäß § 1831 Absatz 1 BGB

Für

Name, Vorname:	
geboren am:	
Anschrift:	
derzeitiger Aufenthalt:	
Aktenzeichen[47]	… XVII …./..

47 Ist ein Betreuungsverfahren anhängig, so sollte das Aktenzeichen immer angegeben werden, um so eine schnellere Bearbeitung zu ermöglichen. Bei einem Antrag durch einen Bevollmächtigten dürfte ein Aktenzeichen beim Erstantrag noch nicht vergeben sein.

beantrage ich/beantragen wir[48] als

☐ rechtlicher Betreuer mit den Aufgabenbereichen „Aufenthaltsbestimmung und Gesundheitsfürsorge“[49]

☐ rechtlicher Betreuer mit den Aufgabenbereichen „Entscheidung über die mit Freiheitsentziehung verbundene Unterbringung“

☐ Bevollmächtigter (gemäß § 1831 Absatz 5 BGB) mit der Entscheidungsbefugnis über Unterbringungen, die mit Freiheitsentziehung gemäß § 1831 Absatz 1 BGB verbunden sind,

die Genehmigung der freiheitsentziehenden Unterbringung in

☐ einer beschützten stationären Einrichtung _____ (Name) in _____ (Anschrift)

☐ einem psychiatrischen Krankenhaus _____, auf der beschützten Station _____

☐ _____

für die Dauer von _____.

☐ Gleichzeitig beantrage ich die Erweiterung meines Aufgabenkreises um den Bereich „Entscheidung über die mit Freiheitsentziehung verbundene Unterbringung“.[50]

Begründung[51]:

Die betroffene Person leidet an folgender psychischen Krankheit bzw. Behinderung:

____.

Der Gesundheitszustand hat sich in letzter Zeit wie folgt geändert:

____.

Aus diesem Grund wird die freiheitsentziehende Unterbringung beantragt:

☐ zur Abwehr einer Lebensgefahr oder eines erheblichen gesundheitlichen Schadens. Ohne der Unterbringung ist Folgendes zu befürchten:[52] _______________.

---

48 Der Antrag ist dann von allen Betreuern und Bevollmächtigten zusammen zu stellen, wenn sie laut der Betreuerbestellung oder Vorsorgevollmacht in diesem Bereich nicht einzelvertretungsbefugt sind, sondern gemeinsam handeln müssen.

49 Bis zum 1.1.2028 können Betreuer noch – entsprechend der Rechtslage vor der Betreuungsrechtsreform – die Unterbringung mit den Aufgabenbereichen der Gesundheitssorge und Aufenthaltsbestimmung anordnen und deren Genehmigung beantragen, wenn die Betreuerbestellung vor dem 1.1.2023 erfolgte und bis jetzt keine Entscheidung über eine Verlängerung der Betreuung oder über eine Genehmigung getroffen worden ist. Allerdings ist mit der Genehmigung über die Erweiterung des Aufgabenkreises zu entscheiden (Art. 229 § 54 EGBGB).

50 Dies ist nur dann erforderlich, wenn Ihnen als Betreuer dieser Aufgabenbereich bislang nicht ausdrücklich übertragen worden ist (§ 1815 Absatz 2 Nr. 1 BGB).

51 Zwar gilt auch bei den Unterbringungssachen eine generelle Amtsermittlungspflicht, aber Sie müssen dem für die Genehmigung zuständigen Richter erstmals darlegen, weshalb Sie den Freiheitsentzug befürworten. Je genauer Ihre Angaben sind, desto schneller kann darüber entschieden werden.

52 Hier muss sich aus Ihrer Schilderung ergeben, welche konkrete Gefahr droht. Der Richter muss verstehen, weshalb der Freiheitsentzug überhaupt erforderlich ist und was ohne diesen passieren kann.

☐ zur Untersuchung des Gesundheitszustandes. Es liegen folgende Anzeichen für eine schwerwiegende Erkrankung vor, die dringend diagnostiziert werden muss. Aus folgenden Gründen kann dies nur im Rahmen einer geschlossenen Unterbringung erfolgen: ______________________________.

☐ zur Heilbehandlung. Folgende Heilbehandlung ist zur Abwendung eines erheblichen gesundheitlichen Schadens erforderlich: ______________________________.

Die betroffene Person ist aus folgenden Gründen – nach meiner Einschätzung – zur freien Willensbildung nicht in der Lage: ______________________________.

Mildere Mittel, die eine Unterbringung entbehrlich machen könnten, sind nicht ausreichend. Folgende Maßnahmen wurden bereits erprobt oder sind offensichtlich aussichtslos:[53] ______________________________.

☐ Es ist Eile geboten, da[54] ______________________________.

Angaben zur persönlichen Situation der betroffenen Person:

Die betroffene Person hält sich derzeit auf in: ______________________________.

Vor der persönlichen Untersuchung oder Anhörung ist zu beachten:[55] ____.

Kontakt zu der betroffenen Person kann vermittelt werden durch: ____.

Der behandelnde Psychiater ist:[56] ______________________________.

☐ Dem Antrag füge ich eine beglaubige Kopie meiner Vorsorgevollmacht bei.[57]

Ort, Datum   Unterschrift

53 Das dürfte einer der schwersten Punkte sein. Der Freiheitsentzug ist stets das letzte Mittel. Mildere Mittel müssen ausgeschöpft sein. Hier müssen Sie darlegen, was Sie bereits versucht haben und was das gebracht hat.

54 Hier muss für das Gericht erkennbar sein, wie eilig die Maßnahme ist. Bedenken Sie bitte, dass hier noch ein Sachverständigengutachten eingeholt werden muss. Bei sehr eiligen Sachen müssen Sie eine vorläufige Genehmigung beantragen. Siehe hierzu das nächste Formular.

55 Um eine schnelle Entscheidung erwirken zu können, müssen Sie versuchen, alle Unwägbarkeiten zu vermeiden. Ist die Person schwer zu Hause anzutreffen, teilen Sie das mit. Auch wenn mit Gefahren für den Sachverständigen oder das Gericht zu rechnen ist, weil die Person aggressiv ist, müssen Sie das mitteilen.

56 Diese Information ist sehr wichtig, denn nach Möglichkeit sollte der Sachverständige nicht der behandelnde Arzt sein. Es geht viel Zeit verloren, wenn das Gericht gerade den behandelnden Arzt zum Sachverständigen bestellt und dieser aus diesem Grund die Erstattung des Gutachtens verweigert.

57 Bei einer Betreuung wird das Gericht anhand des Aktenzeichens das Verfahren mit allen erforderlichen Informationen finden. Ansonsten bedarf es der Vorsorgevollmacht grundsätzlich im Original, weil nur so überprüft werden kann, ob die Vollmacht noch existiert. Vielen reicht auch eine Kopie aus. Möglich ist auch, dass man mit dem Original und der Kopie zum Gericht kommt. Dann vermerkt der Rechtspfleger, dass er das Original gesehen hat.

2.4.1.7.2 Antrag zur Genehmigung einer vorläufigen freiheitsentziehenden Unterbringung auf der geschlossenen Station eines Krankenhauses bzw. einer stationären Einrichtung gemäß § 1831 Absatz 1 BGB im Wege der einstweiligen Anordnung

Absender:

____
Vorname, Name

____
Straße, Hausnummer PLZ, Ort

____
Telefon beruflich privat mobil

Amtsgericht Musterhausen

– Abteilung Betreuungsgericht –

Straße/Hausnummer

PLZ Musterhausen

!!! Eilt sehr !!!
Bitte der/dem zuständigen Richter*in sofort vorlegen

Genehmigung der geschlossenen Unterbringung gemäß § 1831 Absatz 1 BGB

Für

Name, Vorname:	
geboren am:	
Anschrift:	
derzeitiger Aufenthalt:	
Aktenzeichen	… XVII …./..

beantrage ich als

- ☐ rechtlicher Betreuer mit den Aufgabenbereichen „Aufenthaltsbestimmung und Gesundheitsfürsorge“[58]
- ☐ rechtlicher Betreuer mit den Aufgabenbereichen „Entscheidung über die mit Freiheitsentziehung verbundene Unterbringung“
- ☐ Bevollmächtigter (gemäß § 1831 Absatz 5 BGB) mit der Entscheidungsbefugnis über Unterbringungen, die mit Freiheitsentziehung gemäß § 1831 Absatz 1 BGB verbunden sind,

58 Siehe Fn. 49.

die vorläufige Genehmigung der freiheitsentziehenden Unterbringung in

☐ einer beschützten stationären Einrichtung ____ (Name) in ____ (Anschrift)

☐ einem psychiatrischen Krankenhaus ____, auf der beschützten Station ____

☐ ____

im Wege der einstweiligen Anordnung aufgrund der Gefahr im Verzug.

☐ Gleichzeitig beantrage ich die vorläufige Erweiterung meines Aufgabenkreises um den Bereich „Entscheidung über die mit Freiheitsentziehung verbundene Unterbringung".[59]

☐ Die betroffene Person ist noch nicht untergebracht, muss aber dringend untergebracht werden (siehe nachfolgende Begründung).

☐ Die betroffene Person **wurde bereits ohne Genehmigung durch mich untergebracht**, da mit dem Aufschub Gefahr verbunden war (siehe nachfolgende Begründung). Es wird **um unverzügliche Genehmigung** der Unterbringung gebeten.

Begründung:

Die betroffene Person leidet an folgender psychischer Krankheit bzw. Behinderung:

____.

Der Gesundheitszustand hat sich in letzter Zeit wie folgt geändert: ____________.

Es ist Eile geboten aus folgenden Gründen: ____________________.

Aus diesem Grund wird die freiheitsentziehende Unterbringung beantragt:

☐ zur Abwehr einer Lebensgefahr oder eines erheblichen gesundheitlichen Schadens. Ohne die Unterbringung ist Folgendes – **und zwar in naher Zukunft** – zu befürchten: ____________________.

☐ zur Untersuchung des Gesundheitszustandes. Es liegen folgende Anzeichen für eine schwerwiegende Erkrankung vor, die dringend diagnostiziert werden muss. Aus folgenden Gründen kann dies nur im Rahmen einer geschlossenen Unterbringung erfolgen: ____________________.

☐ zur Heilbehandlung. Folgende Heilbehandlung ist zur Abwendung eines erheblichen gesundheitlichen Schadens erforderlich: ____________.

Die betroffene Person ist auf folgenden Gründen – nach meiner Einschätzung – zur freien Willensbildung nicht in der Lage: ____________________.

Mildere Mittel, die eine Unterbringung entbehrlich machen könnten, sind nicht ausreichend. Folgende Maßnahmen wurden bereits erprobt oder sind offensichtlich aussichtslos: ____________________.

Angaben zur persönlichen Situation der betroffenen Person:

Die betroffene Person hält sich derzeit auf in: ____________________.

---

59 Dies ist nur dann erforderlich, wenn Ihnen als Betreuer dieser Aufgabenbereich bislang nicht ausdrücklich übertragen worden ist (§ 1815 Absatz 2 Nr. 1 BGB).

Vor der persönlichen Untersuchung oder Anhörung ist zu beachten: ____________.

Kontakt zur betroffenen Person kann vermittelt werden durch: ______________.

Der behandelnde Psychiater ist: ____.

Ein fachärztliches Zeugnis ist beigefügt.[60]

Ort, Datum Unterschrift

2.4.1.7.3 *Mitteilung der Beendigung der Unterbringung gemäß § 1831 Absatz 3 BGB*

Absender: ____

Vorname, Name

____

Straße, Hausnummer PLZ, Ort

____

Telefon beruflich privat mobil

Amtsgericht Musterhausen

– Abteilung Betreuungsgericht –

Straße/Hausnummer

PLZ Musterhausen

Mitteilung der Beendigung der Unterbringung gemäß § 1831 Absatz 3 BGB

Für

Name, Vorname:	
geboren am:	
Anschrift:	
derzeitiger Aufenthalt:	
Aktenzeichen	… XVII …./..
untergebracht	von….. bis ….

60 Das ist im Hinblick auf § 331 FamFG ganz wichtig. Der Arzt muss den Betroffenen in letzter Zeit untersucht haben. Der Richter hat keinerlei Möglichkeiten, an solch ein Zeugnis heranzukommen. Wird dem Antrag kein Zeugnis beigefügt oder zumindest nachgereicht, bleibt dem Gericht nichts anderes übrig, als ein Gutachten einzuholen. Wenn Sie ebenfalls keine Möglichkeit haben, ein Zeugnis einzureichen – weil sich z.B. der Betroffene weigert, zu seinem Psychiater zu gehen –, und Eile geboten ist, müssen Sie über die in Ihrem Bundesland zuständige Behörde (Ordnungsamt oder sozialpsychiatrischer Dienst) zumindest eine Verbringung in die Psychiatrie erwirken, damit der Betroffene dort untersucht und ein Zeugnis erstellt werden kann.

teile ich als

☐ rechtlicher Betreuer

☐ Bevollmächtigter (gemäß § 1831 Absatz 5 BGB)

mit, dass ich die freiheitsentziehende Unterbringung zum _____ beendet habe. Die Unterbringung wurde durch Beschluss vom _____ bis zum _____ richterlich genehmigt.

Begründung:

Die Voraussetzungen für die Unterbringung sind weggefallen.

☐ Die betroffene Person ist nun freiwillig im psychiatrischen Krankenhaus und konnte auf die offene Station verlegt werden. Ihr Gesundheitszustand hat sich wie folgt verbessert: ______________________________.

☐ Der Gesundheitszustand der betroffenen Person hat sich in letzter Zeit so erheblich verbessert, dass sie nach Rücksprache mit den behandelnden Ärzten entlassen werden konnte. Es ist folgende Nachsorge geplant: ______________.

☐ Die betroffene Person ist nach Einschätzung der behandelnden Ärzte und meinem Eindruck zur freien Willensbildung in der Lage. Zwar wäre eine Weiterbehandlung ärztlich indiziert, die betroffene Person lehnt das jedoch ab.

☐ Die betroffene Person ist nun nicht mehr in der Lage, den beschützten Wohnbereich eigenständig zu verlassen. Die sensorgesteuerte Weglaufsperre wird bei ihr nicht mehr verwendet.

☐ Die Untersuchung des Gesundheitszustandes wurde abgeschlossen. Gründe für eine weitere Unterbringung liegen nicht vor.

☐ Die Heilbehandlung wurde bereits abgeschlossen. Es ist folgende Nachsorge beabsichtigt: ______________________________.

☐ Der Gesundheitszustand hat sich so weit gebessert, dass die weitere Heilbehandlung im ambulanten Setting fortgeführt werden kann. Die betroffene Person ist absprachefähig und bereit, die Medikamente, welche durch den Pflegedienst gebracht werden, einzunehmen.

Ort, Datum Unterschrift

2.4.2 Freiheitsentziehende Maßnahmen

2.4.2.1 Abgrenzung

In § 1831 Absatz 4 BGB ist das Genehmigungserfordernis für die sogenannten freiheitsentziehenden Maßnahmen – teilweise auch unterbringungsähnliche Maßnahmen genannt – geregelt. Da § 1831 Absatz 4 BGB die Regelung des § 1831 Absatz 1 bis 3 BGB für entsprechend anwendbar erklärt, scheint auf den ersten Blick die Unterscheidung zwischen freiheitsentziehender Unterbringung und freiheitsentziehenden Maßnahmen rein theoretischer Natur zu sein. Dies ist allerdings nicht der Fall, denn die Anwendung freiheitsentziehender Maßnahmen nach § 1831 Absatz 4 BGB bedarf nur dann der gerichtlichen Genehmigung, wenn die vertretene Person sich in einem Krankenhaus, einem Heim oder einer sonstigen Einrichtung aufhält. Damit ist die Anwendung dieser Maßnahmen im häuslichen Bereich zumindest dem Wortlaut nach ausgeschlossen. Die begriffliche Unterscheidung zwischen der freiheitsentziehenden Unterbringung und freiheitsentziehenden Maßnahmen ist also nicht nur theoretischer Natur.

Generell werden als freiheitsentziehende Maßnahmen solche Maßnahmen bezeichnet, die **personenbezogen** wirken und dadurch generell die **Fortbewegungsfreiheit** nur bei den Personen beseitigen, bei denen sie angewendet werden. Wird folglich die Fortbewegungsfreiheit bei einer Person durch mechanische Vorrichtungen wie Bettgitter, Sitzhose, Stecktisch oder sogar durch eine Fixierung beseitigt, spricht man allgemein von freiheitsentziehenden Maßnahmen.

Hingegen spricht man allgemein von einer Unterbringung, wenn eine Station, ein Wohnbereich oder eine gesamte Einrichtung verschlossen ist oder der Ausgang bestimmten Personen verwehrt wird und damit der Freiheitsentzug mehrere Menschen in der Einrichtung betrifft. Diese allgemeine Unterscheidung wurde allerdings durch eine Entscheidung des Bundesgerichtshofes infrage gestellt, wonach der Einschluss eines Wohnbereichs zur Nachtzeit, der binnen 30 Minuten geöffnet werden kann, keine Unterbringung, sondern eine freiheitsentziehende Maßnahme darstellen soll, obwohl davon alle Bewohner betroffen sind (siehe dazu auch oben unter 2.4.1.1).[61]

Für den BGH ist hier die **Eingriffsintensität in die Fortbewegungsfreiheit** aufgrund der kurzen Dauer nicht derart intensiv, dass man hier von einer Unterbringung sprechen kann. Dieses Abgrenzungskriterium erscheint etwas unglücklich und sollte daher nur auf diese eine Konstellation angewendet werden. Eine körpernahe Fixierung ist die intensivste Form des Freiheitsentzugs und stellt trotzdem „nur" eine freiheitsentziehende Maßnahme und keine Unterbringung dar, und zwar unabhängig von der Dauer der Fixierung.

Die Unterscheidung zwischen Unterbringung und freiheitsentziehender Maßnahme spielt in der Praxis nur dann eine Rolle, wenn die Anwendung außerhalb eines stationären Bereichs stattfinden soll. Die freiheitsentziehende Unterbringung – wozu sicherlich auch der Einschluss in der privaten Wohnung gehören würde – ist immer genehmigungsbedürftig. Freiheitsentziehende Maßnahmen im häuslichen Umfeld – insbesondere, wenn die Pflege von Familienangehörigen übernommen wird – sind nicht genehmigungsbedürftig.

Praxistipp

▶ *Der Vertreter beantragt immer die Genehmigung **einer konkreten Maßnahme** (beispielsweise sensorgesteuerte Weglaufsperre). Die rechtliche Einordnung als Unterbringung oder als freiheitsentziehende Maßnahme kann bei der Beantragung offengelassen werden. Ist man sich nicht sicher, ob eine bestimmte Maßnahme im häuslichen Bereich als Unterbringung anzusehen und damit genehmigungsbedürftig ist, empfiehlt es sich, dies dem Gericht mitzuteilen und vorsorglich eine Genehmi-*

61 BGH, BtPrax 2015, 65.

gung zu beantragen. Das Gericht kann dann ein sogenanntes Negativattest erteilen, in dem es die Genehmigung als nicht genehmigungserforderlich zurückweist.

Zu den typischen freiheitsentziehenden Maßnahmen gehören unter anderem:

- Bettgitter,
- Sitzhose im Rollstuhl,
- Becken- oder Schultergurt,
- Stecktisch am Rollstuhl, wenn er das Aufstehen verhindern soll,
- körpernahe Fixierung:
  - Fixierung einer Hand,
  - Fixierung mittels eines Bauchgurtes,
  - Fixierung mittels eines Baugurtes sowie an einer Hand und einem Bein (sogenannte 3-Punkt-Fixierung),
  - Fixierung mittels eines Bauchgurtes sowie an den Händen und Füßen (sogenannte 5-Punkt-Fixierung),
  - Fixierung mittels eines Bauch- und Brustgurtes sowie an den Händen und Füßen (sogenannte 7-Punkt-Fixierung),
- Medikamente, wenn die Einschränkung der Bewegungsfreiheit beabsichtigt wird (nicht hingegen, wenn deren Einschränkung nur eine Nebenwirkung eines aus anderem Grund verabreichten Medikamentes ist),
- und Ähnliches.

Nicht zu den freiheitsentziehenden Maßnahmen gehören:

- Nutzung von sogenannten Fäustlingen (große Handschuhe, die die Nutzung der Hand einschränken),
- Nutzung des sogenannten Gehfreis (solange der Einsatz der Mobilisierung dient und nicht die Fortbewegung einschränken soll),
- Nutzung eines sogenannten GPS-Ortungsgerätes,
- geteiltes Bettgitter (solange nur das Herausfallen verhindert wird, nicht jedoch der gewollte Ausstieg),
- Niederflurbett,
- Sensormatte (auch in Verbindung mit Niederflurbett und geteilten Bettgittern).

2.4.2.2 Voraussetzungen

Zu den Voraussetzungen der freiheitsentziehenden Maßnahmen verweist § 1831 Absatz 4 auf Absatz 1 bis 3. Das bedeutet, dass im Wesentlichen die Voraussetzungen der freiheitsentziehenden Unterbringung und der freiheitsentziehenden Maßnahmen gleich sind.

Auch hier kann der Freiheitsentzug bei einer erheblichen Eigengefährdung genehmigt werden und setzt ferner den fehlenden freien Willen der vertretenen Person bezüglich der erforderlichen Maßnahmen voraus. Dementsprechend ist eine freiheitsentziehende Maßnahme entweder zur Abwehr einer erheblichen Eigengefährdung (§ 1831 Absatz 1 Nr. 1 BGB) oder zur Untersuchung bzw. Heilbehandlung (§ 1831 Absatz 1 Nr. 2 BGB) zulässig.

Die Notwendigkeit der Anwendung der freiheitsentziehenden Maßnahmen zur Ermöglichung der Untersuchung des Gesundheitszustandes oder einer Heilbehandlung zur Abwehr eines drohenden erheblichen gesundheitlichen Schadens dürfte allenfalls bei einer Fixierung, um beispielsweise so das Herausziehen einer Kanüle zu verhindern, eine Rolle spielen.

Allerdings ist hier die Abgrenzung zur Zwangsbehandlung nicht ganz einfach.

Fallbeispiel

Zieht sich ein Patient im Delir auf einer Intensivstation im verwirrten Zustand den Zugang, über welchen er mit lebensnotwendigen Medikamenten versorgt wird, und wird er aus diesem Grund am Arm fixiert, um so das Herausziehen zu verhindern, stellt sich die Frage, ob die Fixierung eine freiheitsentziehende Maßnahme oder eine ärztliche Zwangsbehandlung darstellt.

Lösung:

Möchte der Patient die weitere Versorgung durch die Medikamente gezielt unterbrechen, dürfte eine ärztliche Zwangsmaßnahme gemäß § 1832 BGB zu prüfen sein. Ist er allerdings aufgrund des Delirs derart verwirrt, dass er seine gegenwärtige Situation nicht richtig wahrnimmt, und stört ihn einfach der Zugang am Arm, sodass er ihn zu entfernen versucht, ohne sich dabei Gedanken über die medikamentöse Versorgung zu machen, so dürfte dies eine freiheitsentziehende Maßnahme, die zur Heilbehandlung erforderlich ist, darstellen.

Auch bei der Untersuchung des Gesundheitszustandes ist darauf zu achten, ob neben den Voraussetzungen des § 1831 Absatz 4 BGB nicht auch die des § 1832 BGB erfüllt sein müssen.

Fallbeispiel

Ist zur Untersuchung des Gesundheitszustandes beispielsweise eine Blutentnahme erforderlich, stellt dies eine ärztliche Maßnahme dar. Soll diese gegen den natürlichen Willen der betreuten Person erfolgen und sollte sie zwecks Blutentnahme am Arm fixiert werden, so stellt die Maßnahme sowohl eine ärztliche Zwangsmaßnahme als auch eine freiheitsentziehende Maßnahme dar. Hier müssen die Voraussetzungen beider Normen geprüft und genehmigt werden.

In den allermeisten Fällen werden allerdings freiheitsentziehende Maßnahmen angewendet, um so einem erheblichen gesundheitlichen Schaden vorzubeugen oder sogar das Leben der betreuten Person zu schützen. Dementsprechend sollen Bettgitter oder Sitzhosen im Rollstuhl vor dem Sturz schützen, um so schwere Brüche zu verhindern.

2.4.2.3 Alternativen zu freiheitsentziehenden Maßnahmen

Wie bei jedem Freiheitsentzug muss auch hier im Rahmen der Erforderlichkeit geprüft werden, ob nicht **mildere Maßnahmen**, also solche Maßnahmen, die weniger eingriffsintensiv sind, ausreichend sind. Sind mildere Maßnahmen möglich, so dürfen angriffsintensivere freiheitsentziehende Maßnahmen nicht angewendet werden.

Insbesondere im stationären Bereich der Altenpflege gab es in den letzten Jahren eine erhebliche Entwicklung. Eingeleitet durch den sogenannten **Werdenfelser Weg**[62] wurden die Genehmigungen dieser freiheitsentziehenden Maßnahmen erneut auf den Prüfstand gestellt und unter dem Blickwinkel der Erforderlichkeit überprüft. Die Erfahrung aus der Praxis hat gezeigt, dass eine Vielzahl der bis dato verwendeten freiheitsentziehenden Maßnahmen durch Alternativen ersetzt werden konnte. Untersuchungen aus der Pflegewissenschaft haben darüber hinaus belegt, dass viele Verletzungen und gar Todesfälle durch die Verwendung freiheitsentziehender Maßnahmen verursacht – und gerade nicht verhindert – wurden. Sicherlich ist die Anwendung freiheitsentziehender Maßnahmen nicht in jedem Fall durch mildere Mittel ersetzbar. Das Genehmigungsverfahren ist gerade dafür da, zu prüfen, ob im Einzelfall eine Genehmigung dieser Maßnahmen erteilt werden kann.

Praxistipp

▶ *Patientenvertreter – Betreuer und Bevollmächtigte – sollten vor der Einholung solch einer Genehmigung klären, ob nicht alternative Maßnahmen zur Gefahrenabwehr ausreichend sind. Dies sollte auch im Antrag dargelegt werden.*

Gerade bei der Verwendung von Bettgittern hat die Praxis gezeigt, dass zum einen die Bettgitter erhebliche Gefahren für die vertretene Person bergen und zum anderen Niederflurbetten – gegebenenfalls zusammen mit einer sogenannten Sensormatte – eine sichere, die Fortbewegungsfreiheit nicht entziehende Alternative dazu sind. Durch die Verwendung von Bettgittern ist es nicht selten zu Einklemmungen in denselben gekommen und teilweise sogar zu Stürzen, als die vertretenen Personen versucht haben, diese Bettgitter zu überklettern. Ein Sturz aus der Höhe eines konventionellen Pflegebettes samt Bettgitter führte zu erheblichen Frakturen, nicht selten im Zusammenhang mit Schädelhirntrauma, die auch zum Tod geführt haben. Demgegenüber birgt ein Sturz aus einem Niederflurbett, welches nachts auf die Höhe von ca. 15 cm heruntergefahren werden kann und gegebenenfalls mit einer Sturzmatte oder einer Sensormatte zusätzlich abgesichert ist, entsprechend eine viel geringere Gefahr. Die Sensormatten haben die Funktion, dass durch diese ein Alarm an das Pflegepersonal ausgelöst wird, wenn die vertretene Person versucht, das Bett zu verlassen – beispielsweise zwecks Toilettengangs –, oder aus dem Bett fällt. Oft wird auch Pflegebett mit einem geteilten Bettgitter verwendet. Dieses soll das Herausfallen verhindern, gleichzeitig aber auch die Möglichkeit lassen, das Bett bewusst und gewollt zu verlassen. Ist im konkreten Fall die Verwendung dieser Alternativen zur Gefahrenabwehr ausreichend, so ist die Verwendung der Bettgitter als freiheitsentziehende Maßnahmen nicht erforderlich und damit nicht genehmigungsfähig.

62 *Wassermann/Kirsch*, BtPrax 2017, 180.

In der Vergangenheit wurde von Betreuern und Bevollmächtigten oft eingewendet, dass in manchen Einrichtungen solche Alternativen nicht zur Verfügung stehen würden. Die Verwendung von Niederflurbetten dürfte allerdings mittlerweile zum pflegerischen Standard zählen. Dementsprechend kann keine seriöse Einrichtung im Hinblick auf die Kosten deren Verwendung verweigern.

Praxistipp

▶ *Für den Fall, dass eine Einrichtung im Hinblick auf die Kosten die Verwendung von Niederflurbetten verweigert, wird empfohlen, sich mit der Heimaufsicht in Kontakt zu setzen und auf die Durchsetzung dieser Pflegestandards, die durch den Abschluss des Heimvertrages auch gegenüber der vertretenen Person geschuldet werden, zu drängen und diese Standards notfalls gerichtlich durchzusetzen.*

2.4.2.4 Einwilligung in freiheitsentziehende Maßnahmen

In diesem Zusammenhang soll nicht unerwähnt bleiben, dass man bei den freiheitsentziehenden Maßnahmen – ähnlich wie bei der Unterbringung – vom Freiheitsentzug bzw. freiheitsentziehenden Maßnahmen nur dann sprechen kann, wenn die Maßnahmen **gegen den natürlichen Willen der vertretenen Person** erfolgt. Das bedeutet zum einen – wie bereits erwähnt –, dass Maßnahmen gegen den freien Willen niemals zulässig sind. Andererseits sind Maßnahmen, die dem natürlichen Willen der vertretenen Person entsprechen, keine freiheitsentziehenden Maßnahmen.

Fallbeispiel

Die ältere Heimbewohnerin H ist im Gang ziemlich unsicher. Sie bewegt sich nur mittels eines Rollators fort. Sie hat Angst, im Schlaf aus dem Bett zu fallen. Auch ein Niederflurbett gibt ihr nicht das Gefühl der Sicherheit. Außerdem kann sie aus dem Niederflurbett nicht sicher aufstehen. Sie bittet darum, die Bettgitter abends hochzuziehen, damit sie in Ruhe schlafen kann. Wenn sie nachts aufstehen möchte, klingelt sie und wartet darauf, dass sie in Begleitung des Pflegepersonals sicher aufstehen kann, um z.B. zur Toilette zu gehen.

Lösung:

Diese Maßnahme stellt keine genehmigungsfähige freiheitsentziehende Maßnahme dar. Zur Gefahrenabwehr ist diese Maßnahme nicht erforderlich und damit auch nicht genehmigungsfähig. H wünscht aber die Verwendung dieser Maßnahme, weil sie sich mit dieser Maßnahme sicherer fühlt. Dagegen ist sicherlich nichts einzuwenden. Es entspricht gerade dem Freiheitsrecht eines jeden, darüber selbst zu entscheiden. Auf die freie Willensbildung kommt es hier auch nicht an. Auch jemand, der keinen freien, sondern nur einen natürlichen Willen bilden kann, kann darüber entscheiden, ob und wann er seine Fortbewegungsfreiheit tatsächlich auch nutzt. Einen Zwang zur Fortbewegung gibt es nicht.

Allerdings ist in diesem Zusammenhang ebenfalls zu beachten, dass dieses **Einverständnis** jederzeit **widerrufen** werden kann und auch nicht für die Zukunft abgegeben werden kann. Ab dem Augenblick, in dem die vertretene Person zum Ausdruck bringt, diese Maßnahme nicht mehr zu wollen, handelt es sich um eine sogenannte genehmigungsbedürftige freiheitsentziehende Maßnahme. Wünscht jemand beispielsweise das Hochziehen der Bettgitter, rüttelt aber später daran und bringt damit zum Ausdruck, diese nicht mehr haben zu wollen, so dürfen sie nur unter den strengen Voraussetzungen des § 1831 Absatz 4 BGB weiterverwendet werden.

Gerade bei Personen, die unter kognitiven Einschränkungen leiden, wie beispielsweise Personen mit mittelgradiger oder fortgeschrittener Demenz, können ein tragfähiges Einverständnis zur Verwendung solcher Maßnahmen nicht abgeben. Auch wenn die Betroffenen vor dem Zubettgehen auf Nachfrage des Pflegepersonals ihr Einverständnis zum Hochziehen der Bettgitter erklären, haben sie dies womöglich nachts vergessen, werden versuchen, das Bett zu verlassen, und werden durch diese Bettgitter daran gehindert. Darin liegt der Freiheitsentzug.

Praxistipp

Es sollte in diesen Zweifelsfällen lieber eine Genehmigung mehr beantragt werden – auch wenn diese durch das Betreuungsgericht zurückgewiesen wird mit der Feststellung, dass die beabsichtigte Maßnahme keine freiheitsentziehende Maßnahme ist. Andernfalls könnte sich der Vertreter in der Folge dem Vorwurf des Freiheitsentzugs ausgesetzt sehen.

Auch kann kein Einverständnis mit der Maßnahme für die Zukunft abgegeben werden. Das Einverständnis muss während der gesamten Dauer der Durchführung fortbestehen und bei deren Widerruf die freiwillige Anwendung der Maßnahme beendet werden. So ist es auch nicht zulässig – wie teilweise in der Vergangenheit praktiziert –, bei der Aufnahme in eine Pflegeeinrichtung bereits vorab durch eine Unterschrift unter einer Zusatzvereinbarung das eigene Einverständnis mit einer – möglicherweise Jahre später erforderlichen – freiheitsentziehenden Maßnahme zu erklären.

2.4.2.5 Genehmigungsbedürftigkeit abhängig vom Aufenthaltsort

Schließlich soll noch mal beachtet werden, dass die Vorschriften über die Unterbringung bei der Verwendung der freiheitsentziehenden Maßnahmen nicht bei jeder Anwendung derselben gelten. Nach § 1831 Absatz 4 BGB gelten diese Zulässigkeitsvoraussetzungen nämlich nur dann, wenn die vertretene Person sich in einem **Krankenhaus**, einem **Heim** oder einer **sonstigen Einrichtung** aufhält.

Aus dieser Aufzählung sind die Verwendungen der freiheitsentziehenden Maßnahmen beispielsweise **im Rahmen der häuslichen Pflege** ausdrücklich nicht umfasst. Der Begriff der Einrichtung ist aufgrund der Relevanz für den Grundrechtsschutz eng auszulegen. Damit gehören hierzu alle stationären Einrichtungen der Altenpflege, für Menschen mit Behinderungen, psychisch Kranke, aber auch teilstationäre Einrichtungen. Vom Wortlaut her gehört die von der vertretenen Person **selbst genutzte Wohnung** *nicht* hierzu. Teilweise wird allerdings vertreten, dass freiheitsentziehende Maßnahmen dann genehmigungsbedürftig sind, wenn die Pflege durch einen professionellen **Pflegedienst** durchgeführt wird. Eine betreuungsrechtliche Diskussion über den Begriff der Einrichtung bringt in der Praxis niemanden weiter.

Praxistipp

▶ *Auch hier empfiehlt sich daher in Zweifelsfällen, entweder dem Betreuungsgericht die Anwendung bestimmter Maßnahmen unter Hinweis auf den professionellen Pflegedienst anzuzeigen oder – noch besser – die Genehmigung der Anwendung jener Maßnahme zu beantragen. Vertritt das Gericht die Rechtsauffassung, dass eine Genehmigung trotz professionellem Pflegedienst in häuslicher Umgebung nicht erforderlich ist, so wird es den Genehmigungsantrag mit dieser Begründung ablehnen.*

Bezüglich der **Medikamente** ist hier ebenfalls darauf zu achten, aus welchem Grund diese verabreicht werden. Ist der Grund der Medikamentenabgabe die Einschränkung der Fortbewegungsfreiheit, so ist deren Verabreichung ebenfalls genehmigungsbedürftig. Sind Einschränkungen der Fortbewegungsfreiheit allerdings nur nicht beabsichtigte Nebenwirkungen des ärztlich verschriebenen Medikamentes, so bedarf es der Genehmigung hierfür nicht. Hier ist allerdings ein ehrlicher Umgang mit der Verwendung der Medikamente dringend empfehlenswert. Drängt die Einrichtung darauf, einer unruhigen vertretenen Person jenes Medikament ebenfalls „verordnen zu lassen", weil man damit bei anderen Bewohnern „gute Erfahrungen" gemacht habe und man auch einen Arzt kenne, der dies „nicht so eng sehe und das Medikament bereitwillig verschreibe", so sollte man hier zuvor dringend einen Facharzt des Vertrauens konsultieren.

Eine weitere Schwierigkeit im Zusammenhang mit dem Genehmigungserfordernis der freiheitsentziehenden Maßnahmen gemäß § 1831 Absatz 4 BGB stellt die Einschränkung dar, dass ein Genehmigungserfordernis nur für die Maßnahmen besteht, die „über einen **längeren Zeitraum**" oder „**regelmäßig**" die Freiheit entziehen.

Auch hier gibt es leider für die Praxis keine einheitlichen Vorgaben. Bezüglich des Begriffs „**längerer Zeitraum**" wird zwischen drei Tagen und einer halben Stunde alles vertreten.[63] Richtigerweise wird darauf abzustellen sein, wie intensiv durch die Maßnahme die Fortbewegungsfreiheit entzogen wird. Bei einer körpernahen Fixierung aller Gliedmaßen, die voraussichtlich länger als 30 Minuten dauern wird, bedarf es der richterlichen Genehmigung, die bei Gefahr im Verzug zumindest unverzüglich nachzuholen ist. Damit ist beispielsweise für die Fixierung bei einem (einmaligen) Krankentransport, der kürzer als 30 Minuten dauert, keine Genehmigung nach § 1831 Absatz 4 i.V.m. Absatz 2 BGB erforderlich.

Regelmäßig erfolgt eine freiheitsentziehende Maßnahme, wenn sie entweder zu gleichen Zeiten oder aus wiederkehrendem Anlass – z.B. für die Zeitdauer der Körperpflege – erfolgt.[64] Spätestens nach dem dritten Mal dürfte man hier von einer Regelmäßigkeit – und damit einer Genehmigungsbedürftigkeit – ausgehen.

63 Vgl. mit weiteren Nachweisen *Mazur*, GUP 2019, 121, 123.
64 *Mazur*, GUP 2019, 121, 123.

Aus dem Erfordernis der betreuungsgerichtlichen Genehmigung für die Anwendung freiheitsentziehender Maßnahmen in Einrichtungen, die regelmäßig oder über einen längeren Zeitraum erfolgen, darf man allerdings **nicht** den Rückschluss ziehen, dass kurze, einmalige Maßnahmen oder Maßnahmen im Rahmen der häuslichen Pflege **nach Belieben erfolgen** dürfen. Auch diese Maßnahmen stellen einen Grundrechtseingriff und einen Freiheitsentzug im Sinne des § 239 StGB dar. Auch diese Maßnahmen sind folglich nur zulässig, wenn sie gerechtfertigt sind. An die Rechtfertigung müssen nur nicht die ganz strengen Maßstäbe des § 1831 Absatz 4 BGB gestellt werden. Allerdings darf auch hier diese Maßnahme nur erfolgen, wenn der Vertreter – also der Bevollmächtigte im Rahmen der Vorsorgevollmacht und der Betreuer im Rahmen seines Aufgabenkreises – diese Befugnis ausdrücklich übertragen bekommen hat. Auch darf diese Maßnahme nur erfolgen, wenn sie pflegerischen Standards entspricht. Das ist insbesondere im Rahmen der häuslichen Pflege zu beachten. Der Vertreter muss stets darauf achten, dass bei der Anwendung der – wenn auch nicht genehmigungsbedürftigen – freiheitsentziehenden Maßnahmen die pflegerischen Standards eingehalten werden. Und schließlich dürfen diese Maßnahmen auch hier nur angewendet werden, wenn dies gerechtfertigt ist, also zur Abwendung eines erheblichen Schadens erforderlich ist und mildere Mittel nicht zur Verfügung stehen.

2.4.2.6 Formulierungsvorschlag: Antrag zur Genehmigung freiheitsentziehender Maßnahmen gemäß § 1831 Absatz 4 BGB

Absender: ______________________________

Vorname, Name

____

Straße, Hausnummer PLZ, Ort

____

Telefon beruflich privat mobil

Amtsgericht Musterhausen

– Abteilung Betreuungsgericht –

Straße/Hausnummer

PLZ Musterhausen

Genehmigung freiheitsentziehender Maßnahmen gemäß § 1831 Absatz 4 BGB

Für

Name, Vorname:	
geboren am:	
Anschrift:	
derzeitiger Aufenthalt:	
Aktenzeichen[65]	... XVII ..../..

beantrage ich/beantragen wir[66] als

- ☐ rechtlicher Betreuer mit den Aufgabenbereichen „Aufenthaltsbestimmung und Gesundheitsfürsorge"[67]
- ☐ rechtlicher Betreuer mit den Aufgabenbereichen „Entscheidung über freiheitsentziehende Maßnahmen"
- ☐ Bevollmächtigter (gemäß § 1831 Absatz 5 BGB) mit der Entscheidungsbefugnis über freiheitsentziehende Maßnahmen im Sinne des § 1831 Absatz 1 BGB

die Genehmigung folgender ☐ regelmäßiger ☐ längerer freiheitsentziehender Maßnahme(n):

- ☐ Anbringung von Bettgittern,
- ☐ Anbringung einer Sitzhose im Rollstuhl,
- ☐ Anbringung eines Becken- oder Schultergurts,
- ☐ Anbringung eines Stecktisches am Rollstuhl,
- ☐ körpernahe Fixierung:
  - ☐ Fixierung einer Hand,
  - ☐ Fixierung mittels eines Bauchgurtes,
  - ☐ Fixierung mittels eines Baugurtes sowie an einer Hand und einem Bein (sogenannte 3-Punkt-Fixierung),
  - ☐ Fixierung mittels eines Bauchgurtes sowie an den Händen und Füßen (sogenannte 5-Punkt-Fixierung),

65 Ist ein Betreuungsverfahren anhängig, so sollte immer das Aktenzeichen angegeben werden, um so eine schnellere Bearbeitung zu ermöglichen. Bei einem Antrag durch einen Bevollmächtigten dürfte ein Aktenzeichen beim Erstantrag noch nicht vergeben sein.

66 Der Antrag ist dann von allen Betreuern und Bevollmächtigten zusammen zu stellen, wenn sie laut der Betreuerbestellung oder Vorsorgevollmacht in diesem Bereich nicht einzelvertretungsbefugt sind, sondern gemeinsam handeln müssen.

67 siehe Fn. 49

- ☐ Fixierung mittels eines Bauch- und Brustgurtes sowie an den Händen und Füßen (sogenannte 7-Punkt-Fixierung),

☐ Verabreichung folgender Medikamente zur Ruhigstellung,

☐ ____.

Begründung:[68]

Die betroffene Person leidet an folgender psychischer Krankheit bzw. Behinderung:

____________________.

Der Gesundheitszustand hat sich in letzter Zeit wie folgt geändert: ____________.

Aus diesem Grund wird die oben genannte freiheitsentziehende Maßnahme beantragt:

☐ zur Abwehr einer Lebensgefahr oder eines erheblichen gesundheitlichen Schadens. Ohne der freiheitsentziehenden Maßnahme ist Folgendes zu befürchten:[69]

____________________.

☐ zur Untersuchung des Gesundheitszustandes. Es liegen folgende Anzeichen für eine schwerwiegende Erkrankung vor, die dringend diagnostiziert werden muss. Aus folgenden Gründen bedarf es der freiheitsentziehenden Maßnahme zur Durchführung der Untersuchung: ____________.

☐ zur Heilbehandlung. Folgende Heilbehandlung ist zur Abwendung eines erheblichen gesundheitlichen Schadens erforderlich: ____________.

Die freiheitsentziehenden Maßnahmen sollen wie folgt angewendet werden:[70]

____________________.

Folgende milderen Maßnahmen wurden bereits erfolglos erprobt oder kommen aus folgenden Gründen nicht in Betracht:[71] ____________.

Die betroffene Person ist auf folgenden Gründen – nach meiner Einschätzung – zur freien Willensbildung nicht in der Lage: ____________.

Eile ist geboten, da ____________.

68 Zwar gilt auch bei den Unterbringungssachen generelle Amtsermittlungspflicht, aber Sie müssen dem für die Genehmigung zuständigen Richter erstmals darlegen, weshalb Sie den Freiheitsentzug befürworten. Je genauer Ihre Angaben sind, desto schneller kann darüber entschieden werden.

69 Hier muss sich aus Ihrer Schilderung ergeben, welche konkrete Gefahr droht. Der Richter muss verstehen, weshalb der Freiheitsentzug überhaupt erforderlich ist und was ohne diesen passieren kann.

70 Dieser Punkt ist extrem wichtig. Es muss klar sein, warum, wann und wie die Maßnahme zur Anwendung kommt. Es macht einen sehr großen Unterschied, ob eine Fixierung für die Zeit der Körperpflege benötigt wird oder ob man eine Person dauerhaft zu fixieren beabsichtigt. Zur Sitzhose im Rollstuhl: Hier muss klar sein, dass die Mobilisierung gerade durch diese Maßnahme ermöglicht wird und dass ohne diese Maßnahme die vertretene Person im Bett liegen würde.

71 Es ist für das Gericht äußerst hilfreich, zu wissen, dass mildere Maßnahmen (z.B. Niederflurbett, Sitzkeil im Rollstuhl usw.) zumindest in Betracht gezogen wurden.

Angaben zur persönlichen Situation der betroffenen Person:

Die betroffene Person hält sich derzeit auf in: ______________________.

Der behandelnde Psychiater ist:[72] ______________________.

☐ Dem Antrag füge ich eine beglaubige Kopie meiner Vorsorgevollmacht bei.[73]

Ort, Datum Unterschrift

2.4.3 Ärztliche Zwangsmaßnahmen

Die Entscheidung darüber, ob eine ärztliche Maßnahme zwangsweise durchgeführt werden soll, gehört sicherlich zu den schwierigsten und unangenehmsten Entscheidungen, die der Patientenvertreter – sei es Betreuer oder Bevollmächtigter – treffen muss. Die Zwangsbehandlung stellt einen erheblichen Eingriff in die Grundrechte der betroffenen Personen dar, ist äußerst belastend und wirkt nicht selten traumatisierend. Auf der anderen Seite darf nicht verkannt werden, dass eine Behandlung psychisch kranker Menschen leider nicht immer ohne Zwang durchführbar ist. Bei Menschen mit geistiger oder seelischer Behinderung spielt die Zwangsbehandlung in der Praxis keine so große Rolle.

2.4.3.1 Zwangsmaßnahme und Selbstbestimmung

Ist die Zwangsbehandlung mit dem verfassungsrechtlich gesicherten Selbstbestimmungsrecht überhaupt in Einklang zu bringen? Ist die Zwangsbehandlung überhaupt mit unserer Verfassung in Einklang zu bringen?

Das Selbstbestimmungsrecht beruht auf dem allgemeinen Persönlichkeitsrecht aus Art. 2 Absatz 1 i.V.m. Art. 1 Absatz 1 GG, das besagt, dass jeder Mensch sein Leben so leben darf, wie er es möchte, solange er nicht die Rechte anderer verletzt oder gegen die verfassungsmäßige Ordnung verstößt. Das Selbstbestimmungsrecht geht nach der Rechtsprechung des Bundesverfassungsgerichts sogar so weit, dass generell jede Person selbst bestimmen kann, wann sie dieses Leben selbst beendet. Hier spricht das Bundesverfassungsgericht von dem Recht auf **selbstbestimmtes Sterben** als Ausdruck persönlicher Autonomie.[74] Andererseits setzt die individuelle Selbstbestimmung auf der Grundlage des allgemeinen Persönlichkeitsrechts voraus, dass die betroffene Person ihre Entscheidung **mit freiem Willen und im Bewusstsein über ihre Reichweite getroffen hat**.[75] Und nur in den Fällen, in denen dies nicht der Fall ist, kommt eine Zwangsbehandlung überhaupt in Betracht.

---

72 Diese Information ist sehr wichtig, denn nach Möglichkeit sollte der Sachverständige nicht der behandelnde Arzt sein. Es geht viel Zeit verloren, wenn das Gericht gerade den behandelnden Arzt zum Sachverständigen bestellt und dieser aus diesem Grund die Erstattung des Gutachtens verweigert.

73 Bei einer Betreuung wird das Gericht anhand des Aktenzeichens das Verfahren mit allen erforderlichen Informationen finden. Ansonsten bedarf es der Vorsorgevollmacht grundsätzlich im Original, weil nur so überprüft werden kann, ob die Vollmacht noch existiert. Vielen reicht aber eine Kopie aus. Möglich ist auch, dass man mit dem Original und der Kopie zum Gericht kommt. Dann vermerkt der Rechtspfleger, dass er das Original gesehen hat.

74 BVerfG, Urteil vom 26.2.2020 – 2 BvR 2347/15, BGBl. I S. 525 = BtPrax 2020, 114 f. (Leitsatz).

75 BVerfG, BtPrax 2021, 185.

Es handelt sich eben nicht um eine freie Entscheidung als Ausdruck eines selbstbestimmten Lebens.

Die Zwangsbehandlung wird überhaupt erst dort in Erwägung gezogen, wo die vertretene Person selbst nicht in der Lage ist, die Entscheidung über die Notwendigkeit einer Behandlung zu treffen. Die Person leidet an der Verkennung der Realität und ist als Ausfluss dieser Krankheit nicht in der Lage, selbst zu entscheiden. Man könnte auch sagen, es ist nicht die Person, die jene Hilfemaßnahmen verweigert, es sind die **Symptome der Erkrankung**, die es ihr gar nicht ermöglichen, Hilfe zu akzeptieren. Und in dieser Situation, in der die Person gar nicht in der Lage ist, sich selbst zu helfen, verlangt unsere Rechtsordnung, diese Person nicht alleinzulassen. Das Bundesverfassungsgericht drückt das so aus:

> „Es stellt zugleich eine objektive Wertentscheidung der Verfassung dar, die staatliche Schutzpflichten begründet. Danach hat der Staat die Pflicht, sich schützend und fördernd vor das Leben des Einzelnen zu stellen."[76]

Der Staat und damit letztendlich der Richter sowie der vom Staat eingesetzte rechtliche Betreuer, soweit kein von der betroffenen Person selbst eingesetzter Bevollmächtigter vorhanden ist, haben damit auf der einen Seite die Pflicht, die selbstbestimmte Entscheidung der betroffenen Personen zu respektieren. Andererseits besteht allerdings auch die Pflicht, die Personen, die die selbstbestimmten Entscheidungen nicht treffen können, vor den Folgen der eigenen Erkrankung zu schützen. Mit anderen Worten: Schließt die betroffene Person mit ihrem freien Willen Unterstützungsmaßnahmen aus bzw. hat sie durch eine frühere Entscheidung dies ausgeschlossen oder entspricht der Ausschluss ihrem mutmaßlichen Willen, so ist das von Bevollmächtigten, rechtlichen Betreuern und Richtern zu akzeptieren. Schließt der betroffene Mensch die notwendige Unterstützung allerdings krankheitsbedingt aus und ist er krankheitsbedingt zu einer freien Entscheidung nicht in der Lage und ist anzunehmen, dass er ohne die krankheitsbedingte Vorstellung anders entscheiden würde, so kann er nicht dieser Krankheit ausgeliefert werden. Hier besteht nicht nur das Recht, sondern sogar die Pflicht zum Handeln.

Wir bewegen uns hier also auf einem sehr schmalen Grat zwischen Abwehr eines erheblichen Eingriffs in elementare Grundrechte der vertretenen Person und der Pflicht zum Schutz derselben Person vor den Folgen der Erkrankung. Diese schwere Gratwanderung hat der Gesetzgeber durch die Kodifizierung der Voraussetzungen der Zwangsbehandlung in § 1832 BGB im Wesentlichen vorgenommen. Die Norm ist das Ergebnis dieser Abwägung und damit eine Unterstützung der Entscheidung für den Patientenvertreter, aber auch für das genehmigende Gericht. Dementsprechend ist ausreichend, aber auch erforderlich, sich an die Voraussetzungen des § 1832 BGB zu halten, um der oben genannten Abwägung gerecht zu werden.

2.4.3.2 Befugnis des Betreuers/Bevollmächtigten

Die Ausführungen zur Zwangsbehandlung gelten für Betreuer genauso wie für Bevollmächtigte (§ 1832 Absatz 5 BGB). Dementsprechend wird auch hier im Folgenden von

76 BVerfG, BtPrax 2018, 188.

„Vertretern" oder „Patientenvertretern" sowie von „vertretenen Personen" oder „vertretenen Patienten" gesprochen.

Ob der Betreuer für die Beantragung der Zwangsbehandlung einen ausdrücklich übertragenen Aufgabenbereich der Zustimmung zur Zwangsbehandlung bedarf, ist nicht abschließend geklärt. Jedenfalls spricht der Umkehrschluss (*argumentum e contrario*) aus § 1815 Absatz 2 BGB dagegen. Die Betreuungsrechtsreform hat die Auflistung der Bereiche, die ausdrücklich übertragen werden müssen, erheblich erweitert. Dabei hat sie den Bereich der Zwangsbehandlung nicht ausdrücklich in § 1815 Absatz 2 BGB benannt. Daher spricht vieles dafür, dass der Bereich der Gesundheitssorge auch für die Zustimmung zur Durchführung zwangsweiser Maßnahmen ausreichend sein dürfte. Dies gilt allerdings nicht für die Vorsorgebevollmächtigten. Nach § 1820 Absatz 2 Nr. 3 BGB müssen die Einwilligung in eine ärztliche Zwangsmaßnahme und die Verbringung zu einer solchen in einer schriftlich erteilten Vorsorgevollmacht ausdrücklich benannt werden.

Praxistipp

▶ *Nicht selten werden Vorsorgevollmachten – insbesondere die älterer Menschen – diese ausdrückliche Übertragung nicht beinhalten. Besteht allerdings eine Vorsorgevollmacht, die wesentliche Bereiche, wie beispielsweise die Gesundheitssorge, mitumfasst, und besteht ein Erfordernis für eine Entscheidung über eine Zwangsmaßnahme, so ist zu empfehlen, dass der Vorsorgebevollmächtigte rechtzeitig beim zuständigen Betreuungsgericht eine Anregung einer Betreuung mit genau diesem ausdrücklich nicht übertragenen Bereich stellt und sich dabei dazu äußert, ob er zur Übernahme der Betreuung bereit wäre. Es ist sicherlich nicht schädlich, wenn er bereits einen Antrag auf Genehmigung der Zwangsmaßnahme stellt, für den Fall, dass er zum Betreuer bestellt wird. Dadurch kann das Gericht sowohl über die Betreuerbestellung wie auch über die Genehmigung der Zwangsbehandlung zeitnahe entscheiden, wenn auch nicht gleichzeitig.*

2.4.3.3 Begriff der Zwangsbehandlung

Der § 1832 Absatz 1 BGB definiert zunächst einmal den Begriff der Zwangsbehandlung und normiert sieben Voraussetzungen für deren Zulässigkeit. Demnach ist eine Untersuchung des Gesundheitszustandes, eine Heilbehandlung oder ein ärztlicher Eingriff dann eine ärztliche Zwangsmaßnahme, wenn sie dem natürlichen Willen der vertretenen Person widerspricht. Sie ist unter den sieben nachfolgenden Voraussetzungen zulässig.

2.4.3.4 Notwendigkeit der Zwangsbehandlung

Zunächst einmal muss die ärztliche Maßnahme notwendig sein, um den drohenden **erheblichen** gesundheitlichen Schaden von der vertretenen Person abzuwenden. Abwenden bedeutet, dass der erhebliche gesundheitliche Schaden höchstwahrscheinlich eintreten wird, wenn die ärztliche Maßnahme nicht durchgeführt wird. Damit ist die Zwangsbehandlung zur Beschleunigung der Genesung, Milderung von Schmerzen oder Verhinderung von Komplikationen nicht ausreichend. Sie muss also in Erwägung gezogen werden, um diesen erheblichen Schaden abzuwenden. Darüber hinaus ist eine ärztliche Zwangsmaßnahme nur dann notwendig, wenn sie medizinisch indiziert ist. Das setzt einen medizinischen Konsens voraus, und zwar sowohl bezüglich der anvisierten Maßnahmen wie auch bezüglich deren zwangsweiser Durchführung. Das bedeutet, dass die anvisierte Maßnahme zum einen zur Untersuchung des Gesundheitszustandes, einer Heilbehandlung oder für einen ärztlichen Eingriff tatsächlich im konkreten Fall medizinisch indiziert ist und zum anderen deren zwangsweise Durchführung ebenfalls medizinisch indiziert ist. Unzulässig ist damit eine Maßnahme, die nicht medizinisch indiziert ist, in der Hoffnung, dass es im konkreten Fall helfen würde.[77]

2.4.3.5 Kausalität der fehlenden freien Willensbildung

Eine Zwangsmaßnahme gegen den freien Willen ist – wie oben unter 2.4.3.1 dargestellt – mit dem Selbstbestimmungsrecht nicht in Einklang zu bringen und damit stets unzulässig. Darüber hinaus ist allerdings auch die Kausalität zwischen dem fehlenden freien Willen und der Uneinsichtigkeit der vertretenen Person in die Notwendigkeit der ärztlichen Maßnahme erforderlich. Gerade aufgrund dieser psychischen Krankheit bzw. einer geistigen oder seelischen Behinderung muss die vertretene Person außerstande sein, die Notwendigkeit der ärztlichen Maßnahme zu erkennen bzw. nach dieser Einsicht zu handeln. Die Ursache für die fehlende Einsichtsfähigkeit oder Steuerungsfähigkeit muss folglich gerade in der Krankheit oder Behinderung liegen, die auch den freien Willen ausschließt.

2.4.3.6 Beachtung der Patientenverfügung

Auch wenn die vertretene Person gegenwärtig zur freien Willensbildung außerstande ist, muss geprüft werden, ob die Festlegung einer Patientenverfügung nach § 1827 Absatz 1 BGB oder ein festzustellender mutmaßlicher Wille gemäß § 1827 Absatz 2 BGB im Einklang mit der anvisierten Maßnahme steht. Eine Patientenverfügung ist die schriftliche Einwilligung in oder Untersagung von bestimmten, zum Zeitpunkt der Festlegung noch nicht unmittelbar bevorstehenden Untersuchungen des Gesundheitszustands, Heilbehandlungen oder ärztlichen Eingriffen.

Die Verfügung trifft ein einwilligungsfähiger Volljähriger für den Fall seiner Einwilligungsunfähigkeit (§ 1827 Absatz 1 BGB). Liegt eine (schriftliche) Patientenverfügung vor, so muss der Patientenvertreter zunächst einmal prüfen, ob diese Festlegungen der Patientenverfügung auf die aktuelle Lebens- und Behandlungssituation der vertretenen Person zutreffen oder nicht. Ist dies der Fall, so muss der Patientenvertreter dem Willen des Patienten „**Ausdruck und Geltung**" verschaffen (§ 1827 Absatz 1 Satz 2 BGB). In diesem Fall entscheidet rechtlich gesehen nicht der Patientenvertreter, sondern die vertretene Person selbst hat eine antizipierte Entscheidung getroffen, die im konkreten Behandlungsfall auch unmittelbar gilt. Diese Entscheidung gilt dann als Einwilligung in bestimmte Behandlungen gemäß § 630d Absatz 1 Satz 2 BGB oder als bindende Untersagung der – wenn auch ärztlich indizierten – konkreten Behandlung.

Aufgrund der erheblichen Tragweite dieser antizipierten Entscheidung muss die Erklärung in der Patientenverfügung **hinreichend bestimmt sein.** Darüber hinaus muss die konkrete Behandlungssituation von der Reichweite der Erklärung umfasst sein.

77 Näher hierzu *Gurke/Kießling/Mazur*, BtPrax, 2022, 85.

Damit stellt insbesondere die sogenannte **psychiatrische Patientenverfügung** die Patientenvertreter vor eine immense Herausforderung. Die Entwürfe solcher psychiatrischen Patientenverfügungen werden von Interessenvertretern Psychiatrieerfahrener entworfen und als Vorlagen im Internet zum Herunterladen bereitgestellt. Es ist natürlich begrüßenswert, dass Interessenvertreter gerade Patienten in dieser schwierigen Lage beratend zur Seite stehen. Einer solchen vorgefertigten Patientenverfügung kann allerdings nicht ohne Weiteres entnommen werden, welche Gedanken sich die vertretene Person gemacht hatte, als sie diese Patientenverfügung unterzeichnet hat. Insbesondere Menschen, die bereits eine Zwangsbehandlung erfahren haben, sind oft traumatisiert und möchten dies nie wieder im Leben erfahren. Das motiviert sie, solch eine psychiatrische Patientenverfügung zu treffen. Die Problematik liegt oft darin, dass nicht klar ist, ob die Verfügenden durch diese Patientenverfügung – irrtümlich – davon ausgehen, dass sie durch diese Verfügung nie wieder in diese schreckliche Situation, in der sich die Frage nach der Zwangsbehandlung stellt, gelangen werden. Die Patientenverfügung ist nicht in der Lage, zu verhindern, dass die Patienten wieder in eine akute Krankheitsphase geraten. Die Patientenverfügung ist aber dafür da, festzulegen, was zu tun ist, wenn die vertretene Person nun einmal in dieser Situation ist. Lehnt sie eine Behandlung gegen ihren natürlichen Willen im Rahmen der Patientenverfügung ab, so ist das zu respektieren. Zu hinterfragen ist daher, ob die Erklärung in der Patientenverfügung hinreichend bestimmt ist und die konkrete Behandlungssituation von der Erklärung umfasst ist. Dazu führt das BVerfG aus:

> „Hierzu gehört auch[,] zu überprüfen, ob die vom Betroffenen in der Patientenverfügung in Bezug genommene Situation auch die etwaigen Konsequenzen einer ausbleibenden Behandlung, wie den Eintritt schwerster, gar irreversibler Schäden oder einer Chronifizierung des Krankheitsbildes mit den entsprechenden Folgen etwa für die Fortdauer einer freiheitsentziehenden Maßnahme erfasst."[78]

Fallbeispiel

Der Patient B leidet unter einer paranoiden Schizophrenie. Er wurde in der Vergangenheit des Öfteren zwangsweise in die Psychiatrie eingewiesen und dort auch zwangsbehandelt. Aufgrund der Nebenwirkungen der Neuroleptika hat er diese jedes Mal nach dem Krankenhausaufenthalt abgesetzt und so einen Teufelskreis der erneuten Verschlechterung des Gesundheitszustands samt Unterbringung und Zwangsbehandlung in Gang gesetzt. Nach dem letzten Krankenhausaufenthalt möchte er ein für alle Mal diesen Teufelskreis durchbrechen und verfasst eine psychiatrische Patientenverfügung, in welcher er sowohl eine zwangsweise Unterbringung wie auch die Zwangsbehandlung mit Neuroleptika kategorisch ablehnt. In einer erneuten akuten Krankheitsphase fühlt er sich von allen verfolgt und befürchtet, vergiftet zu werden, weswegen er keinerlei Nahrung mehr zu sich nimmt.

Die Ärzte empfehlen eine sofortige freiheitsentziehende Unterbringung, Zwangsernährung durch die Magensonde und die Einleitung einer Behandlung mit Neuroleptika.

78 BVerfG, Beschluss vom 8.6.2021 – 2 BvR 1866/17 Rn. 75, BVerfGE 158, 13; siehe auch BtPrax 2021, 188, 191 (gekürzte Fassung).

Lösung:

Die Unterbringung an sich ist keine ärztliche Maßnahme und kann durch eine Patientenverfügung nicht wirksam ausgeschlossen werden. Die Zwangsernährung durch die Magensonde ist durch die Patientenverfügung nicht ausdrücklich ausgeschlossen. Dementsprechend muss der Patientenvertreter nun prüfen, ob die Zwangsernährung dem mutmaßlichen Willen von P gemäß § 1827 Absatz 2 BGB entspricht. Es ist daher zu fragen, ob P der Zwangsernährung durch die Magensonde zustimmen würde, wenn er wissen würde, dass das Essen nicht vergiftet ist und er ohne diese Maßnahme sterben wird. Ist nicht davon auszugehen, dass P sterben möchte, so spricht vieles dafür, dass er in Kenntnis seiner Situation der Zwangsernährung zustimmen würde. Nun steht der Patientenvertreter vor der Situation, dass zwar das Leben von P gerettet werden kann, sein Gesundheitszustand sich aber mangels Behandlung nicht verbessern wird. Unter Umständen muss P nun lebenslang durch die Sonde zwangsernährt werden, unter Umständen fixiert werden und muss ein Leben in ständiger Angst, die er im Rahmen der paranoiden Schizophrenie verspürt, auf einer geschlossenen Station führen. War dies der Wille von P beim Verfassen der psychiatrischen Patientenverfügung, so ist dies selbstverständlich zu akzeptieren und hinzunehmen. Es spricht allerdings einiges dafür, dass P sich über diese Situation gar keine Gedanken gemacht hat oder sogar irrtümlich davon ausgegangen ist, dass er durch die Patientenverfügung gar nicht in diese Situation kommen wird. Unter Zugrundelegung der Rechtsprechung des Bundesverfassungsgerichts würde man in dem zweiten Fall zum Ergebnis kommen müssen, dass P sich über die Konsequenzen der Verfügung nicht hinreichend Gedanken gemacht hat und damit die Patientenverfügung nicht auf den konkreten Behandlungsfall zutrifft.

Hier wurde nicht in Erwägung gezogen, dass eine Patientenverfügung durch eine Person, die krankheitsbedingt zur freien Willensbildung nicht in der Lage ist und im Nachhinein dies nicht mehr zweifelsfrei festgestellt werden kann, verfasst worden ist. Im Zweifel gilt allerdings die Patientenverfügung als wirksam, mit der Folge, dass man unter Umständen an dem Wortlaut einer Verfügung festhalten muss, die die vertretene Person so gar nicht verfassen wollte.

Das obere Beispiel zeigt, welche fatalen Folgen eine wenig reflektierte Patientenverfügung haben kann.

Praxistipp

▶ *Es ist jedem Patientenvertreter daher dringend zu raten, nach einer erfolgten Zwangsbehandlung und Besserung des Gesundheitszustandes ein reflektiertes Gespräch mit der vertretenen Person zu führen, um so ihre Wünsche und Referenzen für die Zukunft eruieren zu können.*

*Es empfiehlt sich auch der Abschluss einer sogenannten **Behandlungsvereinbarung**, in der der Patient unter Mitwirkung des Patientenvertreters mit dem behandelnden Arzt besprechen kann, wie künftig in solchen Akutphasen vorgegangen werden soll.*

Es geht hier nicht darum, der vertretenen Person auszureden, bestimmte Verfügungen zu treffen. Im Gegenteil: Es geht hier darum, dass in der konkreten akuten Situation, in der die Person nicht mehr frei eine Entscheidung über sich selbst treffen kann, der Patientenvertreter die Maßnahmen ergreifen kann, die sich die Person in jener Situation tatsächlich wünschen würde. Da man die Person in der Akutphase nicht fragen kann, ist es umso wichtiger, zu wissen, wie sie ihre Situation danach – und womöglich auch davor – sieht.[79] In der Praxis erlebt man nämlich auch, dass Patienten erleichtert und dankbar sind, dass man diesen Schritt für sie getan hat. Nicht selten schämen sie sich für ihr Verhalten in der akuten Krankheitsphase. Es ist daher extrem wichtig, ihnen gerade in dieser Phase beizustehen, Trost zu spenden, Mut zu machen, Vertrauen aufzubauen, aber auch klarzumachen, dass sie sich für ihr Verhalten nicht zu schämen brauchen, denn es war nicht ihr Verhalten, sondern die Auswirkung einer Krankheit. So kann auch ein gesunder Nährboden für eine weitere vertrauensvolle Zusammenarbeit entstehen, die eine kontinuierliche medikamentöse Therapie ermöglicht und damit erneuten akuten Krankheitsphasen vorbeugen kann.

2.4.3.7 Ernsthafte Überzeugungsversuche

Weitere – und sehr wichtige – Voraussetzungen der Zwangsbehandlung sind die ernsthaften, mit dem **nötigen Zeitaufwand** und **ohne Ausübung unerlässlichen Drucks** verbundenen Überzeugungsversuche der vertretenen Person von der Notwendigkeit der ärztlichen Maßnahme. In der Praxis erlebt man leider – was sich durch den Personalmangel in den Kliniken künftig noch verschärfen dürfte –, dass die vertretenen Personen nicht hinreichend aufgeklärt worden sind, ganz zu schweigen davon, dass man nicht hinreichend versucht hat, die vertretenen Personen von der Notwendigkeit der Maßnahme zu überzeugen.

Durch die Überzeugungsversuche soll der vertretenen Person vor allem die Angst vor der Maßnahme genommen werden und die gleichzeitige erhebliche Gefahr ohne die Durchführung der Maßnahme dargelegt werden. Das schnelle Durchlesen eines Aufklärungsbogens reicht hierfür jedenfalls nicht aus. Auch wenn eine nach § 630d Absatz 1 BGB notwendige Einwilligung hier nur der Patientenvertreter erteilen kann, ist die vertretene Person gleichwohl über die Notwendigkeit der Maßnahme aufzuklären. Übrigens müssen solche Überzeugungsversuche **dokumentiert** und auch in dem Antrag auf Genehmigung der Zwangsbehandlung dargelegt werden.

2.4.3.8 Zwangsbehandlung als letztes Mittel

Die Zwangsbehandlung ist nur als letztes Mittel zulässig. Daher ist zuvor zwingend zu prüfen, ob nicht doch andere Möglichkeiten vorhanden sind, die die vertretene Person weniger belasten. Es ist durchaus möglich, dass die vertretene Person sich vehement gegen die Vergabe bestimmter Medikamente wehrt, aber durchaus bereit ist, andere Medikamente mit ähnlicher Wirkung einzunehmen. Dafür müssen keine rationalen Gründe vorhanden

79 Dass Betroffene, die bereits Zwang in der Psychiatrie erlebt haben, durchaus zu einer erstaunlichen Reflexion der eigenen Situation in der Lage sind, zeigt der Bericht einer Betroffenen in *Gurke/Kießling/Mazur*, BtPrax 2022, 85.

sein. Das kann bereits die Farbe oder die Form des Medikamentes sein, die in dem akuten Krankheitszustand Assoziationen hervorruft, die mit Angst und Ablehnung verbunden sind. Stehen auch andere Medikamente mit ähnlicher Wirkung zur Verfügung, so sind diese stets vorzuziehen, auch wenn sie vielleicht nicht die „erste Wahl" sind.

2.4.3.9 Überwiegender Nutzen durch die Zwangsbehandlung

Wie bereits dargelegt, ist die Zwangsbehandlung immer mit einer erheblichen Belastung für die vertretene Person verbunden. Wenn man sich schon für eine derart belastende Maßnahme entscheidet, so muss der zu erwartende **Nutzen aus der Zwangsbehandlung** die zu erwartende Beeinträchtigung **deutlich überwiegen**. Der Patientenvertreter muss sich hier fragen, welchen Nutzen die vertretene Person voraussichtlich von dieser Maßnahme hat.

Hierbei geht es nicht unbedingt um den medizinischen Nutzen. Es muss hinterfragt werden, wie die vertretene Person ihr Leben nach der Durchführung der Maßnahme voraussichtlich führen kann und ob dies einen **wesentlichen Vorteil** gegenüber der **Situation ohne die Zwangsbehandlung** darstellen wird. Leidet die vertretene Person z.B. an einer unheilbaren Krankheit und lehnt sie im Rahmen dessen die weitere Behandlung ab, würde eine Behandlung, die den Krankheitsverlauf lediglich abbremst, keinen erheblichen Nutzen für die vertretene Person bringen. Ist eine Chronifizierung bereits eingetreten, mit der Folge, dass die Krankheit sich so verfestigt hat, dass eine vollständige Heilung nahezu ausgeschlossen ist, ist auch hier kritisch zu hinterfragen, welchen Nutzen die vertretene Person von der Behandlung hat, wenn eine nennenswerte Verbesserung des Gesundheitszustandes nach Einschätzung der Ärzte nicht erwartet werden kann. Im umgekehrten Fall kann eine Zwangsbehandlung, die gerade die Chronifizierung der Erkrankung abwenden soll, einen erheblichen Nutzen bringen, wenn dadurch eben die unumkehrbaren Folgen der Erkrankung abgewendet werden können und die vertretene Person voraussichtlich wieder ein selbstbestimmtes Leben ohne erhebliche Beeinträchtigungen führen kann.

2.4.3.10 Zwangsbehandlung im Rahmen des stationären Krankenhausaufenthaltes

Nach der jetzigen gesetzlichen Konzeption darf die ärztliche Zwangsbehandlung nur im Rahmen eines **stationären Aufenthalts in einem Krankenhaus**, in dem die gebotene medizinische Versorgung einschließlich einer erforderlichen Nachbehandlung sichergestellt ist, durchgeführt werden. Diese Regelung ist hoch umstritten und soll in den nächsten Jahren evaluiert werden. Selbst wenn es für eine vertretene Person mit deutlich geringerem Eingriff verbunden wäre, wenn die Maßnahme zwar stationär, nicht jedoch in einem Krankenhaus – beispielsweise in einer Senioreneinrichtung – durchgeführt werden könnte, muss sie nach dem Wortlaut der derzeitigen Gesetzesfassung in einem Krankenhaus durchgeführt werden.

Ob hier das genehmigende Gericht im Wege einer sogenannten teleologisch verfassungskonformen Reduktion des Gesetzeswortlautes zu einem anderen Ergebnis kommt, muss mit dem jeweiligen genehmigenden Gericht geklärt werden. Eine ambulante Zwangsbehandlung ist nach dem Wortlaut des Gesetzes jedenfalls unzulässig. Wäre in solch einem Fall die Zwangsbehandlung mit deutlich geringerem Eingriff in die Grundrechte der vertretenen Person verbunden, sollte sie jedenfalls beim Gericht so beantragt werden. Eine letztinstanzliche Klärung durch die Rechtsprechung dürfte hingegen sehr lange Zeit in Anspruch nehmen.

Die Zwangsbehandlung ist generell auch auf einer offenen Station durchführbar. Ist die vertretene Person also freiwillig in einem Krankenhaus oder ist sie bewegungsunfähig und kann sie selbst unter Zuhilfenahme von Hilfsmitteln die Station nicht verlassen, so kann sie nicht untergebracht werden. Gleichwohl kann die ärztliche Maßnahme ihrem natürlichen Willen widersprechen, sodass die Voraussetzungen der Zwangsmaßnahme zu prüfen wären. Häufig wird allerdings die beabsichtigte Zwangsmaßnahme nur im Zusammenhang mit einer freiheitsentziehenen Unterbringung oder sogar mit einer Fixierung zur Verabreichung von Medikamenten verbunden sein. Auch ist unter Umständen bereits Zwang erforderlich, um die vertretene Person in ein Krankenhaus bringen zu können. In diesem Fall sind die Voraussetzungen der Unterbringung oder Fixierung ebenfalls zu beachten, sind gesondert zu beantragen und zu genehmigen.

2.4.3.11 Richterliche Genehmigung

Eine ärztliche Zwangsmaßnahme kann nur mit der Genehmigung des Betreuungsgerichts durchgeführt werden. Eine Durchführung ohne Genehmigung bei Gefahr im Verzug sieht das Gesetz *nicht* vor. Ähnlich wie bei der Unterbringung hat der Patientenvertreter allerdings die Einwilligung in die ärztliche Zwangsmaßnahme zu widerrufen, wenn ihre Voraussetzungen weggefallen sind. Auch diesen Widerruf muss – ähnlich wie bei der Unterbringung – der Patientenvertreter dem Gericht anzeigen.

2.4.3.12 Formulierungsvorschlag: Antrag zur Genehmigung der ärztlichen Zwangsmaßnahme gemäß § 1832 BGB

Absender:

____
Vorname, Name

____
Straße, Hausnummer PLZ, Ort

____
Telefon beruflich privat mobil

Amtsgericht Musterhausen

– Abteilung Betreuungsgericht –

Straße/Hausnummer

PLZ Musterhausen

Antrag zur Genehmigung der ärztlichen Zwangsmaßnahme gemäß § 1832 BGB

Für

Name, Vorname:	
geboren am:	
Anschrift:	
derzeitiger Aufenthalt:	
Aktenzeichen[80]	… XVII …./..

beantrage ich/beantragen wir[81] als

□ rechtlicher Betreuer mit den Aufgabenbereichen „Aufenthaltsbestimmung und Gesundheitsfürsorge"

□ die Entscheidung über die Unterbringung und

□ die Entscheidung über die unterbringungsähnlichen Maßnahmen

□ Bevollmächtigter (gemäß § 1832 Absatz 5 BGB) mit der Entscheidungsbefugnis über die Einwilligung in eine ärztliche Zwangsmaßnahme nach § 1832 BGB

die Genehmigung der ärztlichen Zwangsmaßnahme für die Dauer von ____ □ durch die Verabreichung folgender Medikamente:[82]

– ____,

– ____,

– ____.

□ durch folgende medizinisch indizierte Maßnahme: ____________________.

□ Ferner beantrage ich für die Dauer der Zwangsbehandlung die freiheitsentziehende Unterbringung in einem psychiatrischen Krankenhaus ____, auf der beschützten Station ____________________.

□ Ich beantrage weiterhin die Genehmigung einer Fixierung mittels eines Bauchgurtes sowie an den Händen und Füßen (sogenannte 5-Punkt-Fixierung) während der Zeit der zwangsweisen Verabreichung der ärztlich indizierten Medikamente

□ und gleichzeitig beantrage ich die Erweiterung meines Aufgabenkreises um den Bereich

80 Ist ein Betreuungsverfahren anhängig, so sollte immer das Aktenzeichen angegeben werden, um so eine schnellere Bearbeitung zu ermöglichen. Bei einem Antrag durch einen Bevollmächtigten dürfte ein Aktenzeichen beim Erstantrag noch nicht gegeben sein.

81 Der Antrag ist dann von allen Betreuern und Bevollmächtigten zusammen zu stellen, wenn sie laut der Betreuerbestellung oder Vorsorgevollmacht in diesem Bereich nicht einzelvertretungsbefugt sind, sondern gemeinsam handeln müssen.

82 Hier ist nach Rücksprache mit dem behandelnden Arzt eine genaue Auflistung inklusive Menge erforderlich.

□ „Entscheidung über die mit Freiheitsentziehung verbundene Unterbringung",

□ „Entscheidung über die unterbringungsähnlichen Maßnahmen".[83]

Begründung:

Die betroffene Person leidet an folgender psychischer Krankheit bzw. Behinderung: ____.

Der Gesundheitszustand hat sich in letzter Zeit wie folgt geändert: ____.

Aus diesem Grund wird die ärztliche Zwangsbehandlung beantragt:

□ zur Untersuchung des Gesundheitszustandes. Es liegen folgende Anzeichen für eine schwerwiegende Erkrankung vor, die dringend diagnostiziert werden muss. Aus folgenden Gründen kann dies nur zwangsweise durchgeführt werden: ____.

□ zur Heilbehandlung. Folgende Heilbehandlung ist zur Abwendung eines erheblichen gesundheitlichen Schadens erforderlich: ____.

Die betroffene Person ist aus folgenden Gründen – nach meiner Einschätzung – zur freien Willensbildung nicht in der Lage: ____.

Mildere Mittel sind nicht ausreichend. Folgende Maßnahmen wurden bereits erprobt oder sind offensichtlich aussichtslos: ____.

Folgende Überzeugungsversuche wurden bereits durchgeführt: ____.

Eile ist geboten, da ____.

Angaben zur persönlichen Situation der betroffenen Person:

Die betroffene Person hält sich derzeit auf in: ____.

Vor der persönlichen Untersuchung oder Anhörung ist zu beachten: ____.

Kontakt zur betroffenen Person kann vermittelt werden durch: ____.

Der behandelnde Psychiater ist:[84] ____.

□ Die vertretene Person hat eine Patientenverfügung verfasst. Eine Kopie ist beigefügt.

□ Dem Antrag füge ich eine beglaubige Kopie meiner Vorsorgevollmacht bei.[85]

Ort, Datum Unterschrift

---

83 Dies ist nur dann erforderlich, wenn Ihnen als Betreuer dieser Aufgabenbereich bislang nicht ausdrücklich übertragen worden ist (§ 1815 Absatz 2 Nr. 1 BGB) und Sie neben der Zwangsbehandlung diese Maßnahme beantragen.

84 Es empfiehlt sich in jedem Fall, ein ärztliches Zeugnis beizufügen, aus dem sich die Notwendigkeit der Maßnahme, aber auch die beabsichtigte Maßnahme – z.B. Medikamentengabe – ergibt.

85 Bei einer Betreuung wird das Gericht anhand des Aktenzeichens das Verfahren mit allen erforderlichen Informationen finden. Ansonsten bedarf es der Vorsorgevollmacht grundsätzlich im Original, weil nur so überprüft werden kann, ob die Vollmacht noch existiert. Vielen reicht aber eine Kopie aus. Möglich ist auch, dass man mit dem Original und der Kopie zum Gericht kommt. Dann vermerkt der Rechtspfleger, dass er das Original gesehen hat.

D Die Vermögenssorge

1 Allgemeines

Im Rahmen der Vermögenssorge gibt es in den §§ 1848 bis 1854 BGB zahlreiche Genehmigungsvorbehalte für eine Vielzahl von Rechtsgeschäften. Zu beachten ist hierbei, dass **nur die Tätigkeit des Betreuers** genehmigungsbedürftig ist.

Alle Genehmigungsvorbehalte in diesem Teil sind also **nicht** entsprechend auf **Bevollmächtigte** anzuwenden. Hat ein Bevollmächtigter im Rahmen seiner Vorsorgevollmacht – oder einer anderen Vollmacht – eine besondere Vermögensbetreuungspflicht, so ist er bezüglich der Vermögensverwaltung lediglich an die Weisungen im Innenverhältnis zu seinem Vollmachtgeber gebunden. Eine Überwachung – und damit einhergehende Anzeige- oder Genehmigungspflichten – gibt es gegenüber dem Bevollmächtigten nicht. Lediglich wenn dem Gericht bekannt wird, dass ein Missbrauch der Vollmacht vorliegen könnte und die betreute Person dagegen selbst nicht vorgehen kann, prüft das Betreuungsgericht, ob eine Kontrollbetreuung eingerichtet werden muss.

→ *Zur Kontrollbetreuung siehe Teil E.*

Genehmigungsfrei ist ebenfalls die Tätigkeit der betreuten Person selbst. Das bedeutet, dass die betreute Person – unabhängig davon, ob ein Betreuer für den Aufgabenbereich der Vermögenssorge bestellt worden ist oder nicht – uneingeschränkt über ihr Vermögen verfügen kann, ohne dass es hierbei irgendeiner Anzeige- oder Genehmigungspflicht bedarf. Das setzt allerdings voraus, dass die betreute Person rechtswirksam am Geschäftsleben teilnehmen kann. Das ist dann nicht der Fall, wenn ein **Einwilligungsvorbehalt** angeordnet worden ist oder die betreute Person **geschäftsunfähig** ist.

Hinweis

▶ *Es ist allerdings davor zu warnen, die betreute Person nach außen „selbstständig" auftreten zu lassen und im Hintergrund die gesamte Vermögensverwaltung zu organisieren!*

Sicherlich besteht hier ein schmaler Grat zwischen der Pflicht, vorrangig unterstützend – und nicht stellvertretend – tätig zu sein (§ 1821 Absatz 1 Satz 2 BGB) und der durch die Übertragung der Vermögenssorge bestehenden Vermögensbetreuungspflicht. Verwaltet die betreute Person ihr Vermögen selbstständig, so stellt sich die Frage, weswegen dem Betreuer der Aufgabenbereich der Vermögenssorge übertragen worden ist.

Besteht nur in bestimmten Bereichen der Vermögenssorge Betreuungsbedarf, sollte der Betreuer auf die **Einschränkung des Aufgabenbereichs** durch das Betreuungsgericht drängen. Denn in den Bereichen, in denen er nicht zum Betreuer bestellt ist, treffen ihn auch keine Pflichten, mit Ausnahme der Anzeigepflicht einer wesentlichen Änderung, die die Erweiterung des Aufgabenkreises erforderlich machen würde (§ 1864 Absatz 2 Nr. 3 BGB). Das bedeutet im Umkehrschluss natürlich nicht, dass eine Vermögensverwaltung durch die betreute Person stets dann ausgeschlossen ist, wenn der Betreuer für den Aufgabenbereich der Vermögenssorge bestellt worden ist. Auch hier ist eine Unterstützung durch den Betreuer – ohne stellvertretendes Handeln – insbesondere bei der Verwaltung umfangreichen Vermögens möglich. Ist der Betreuer allerdings in der Vermögensverwaltung nicht ausschließlich beratend tätig, sondern verwaltet er das Vermögen – gegebenenfalls nach engerer Absprache mit der betreuten Person –, so darf die Selbstvertretung durch die betreute Person nicht zu einer faktischen Umgehung der Genehmigungsvorschriften führen.

Fallbeispiel

Der Betreuer B wurde zum Betreuer mit den Aufgabenbereichen „Gesundheitssorge, Organisation ambulanter Hilfen und Vermögensangelegenheiten" für eine ältere Dame D bestellt. D kommt im Alltag einigermaßen gut zurecht, allerdings braucht sie Unterstützung nicht nur im Haushalt und bei der Körperpflege, sondern auch in Vermögensangelegenheiten, da sie ihre Finanzen nicht mehr überblickt. Das liegt einerseits daran, dass sie sich aufgrund ihres hohen Alters mit diesen „komplizierten Dingen" überfordert sieht, und zum anderen aber auch daran, dass das umfangreiche Vermögen, bestehend aus Immobilien und Wertpapieren, bislang durch ihren vor Kurzem verstorbenen Mann verwaltet wurde.

Nachdem B ein Vermögensverzeichnis erstellt hat und sich einen guten Überblick verschaffen konnte, gibt er gegenüber dem Betreuungsgericht an, dass D ihr Vermögen mit seiner Unterstützung vollständig selbst verwaltet.

D äußert dem B gegenüber, dass sie im vertraue, und er solle das Vermögen so verwalten, wie er es für richtig halte. B will zur Finanzierung des Lebensunterhalts von D eine der Immobilien veräußern. Er sucht die passende Immobilie für die Veräußerung aus, findet einen entsprechenden Käufer und vereinbart einen Termin beim Notar. B begleitet D zum Notar. B hat mit D die Angelegenheit zwar vorher besprochen, D gab aber B zu verstehen, dass sie sich auf ihn verlasse. Zum Kaufpreis oder zur Auswahl der Immobilie äußert sich D nicht. Beim Notar unterschreibt auf der Verkäuferseite ausschließlich D den Kaufvertrag. Nach der Zahlung des Kaufpreises geht B mit D zur Bank, um das Geld auf ein Sparkonto anzulegen. Auch hier werden sämtliche Unterschriften durch D geleistet. B ist das auch recht, weil er so über das Geld besser verfügen kann, ohne lästige Sparvereinbarung.

Lösung:

Hier kann man mit Recht daran zweifeln, dass D ihr Vermögen tatsächlich selbst verwaltet. Hier spricht doch vieles dafür, dass B der tatsächliche Vermögensverwalter ist und D nur die Unterschriften leistet, ohne die Gesamtsituation der Vermögensverwaltung überblicken zu können. Von solch einem Verhalten ist dringend abzuraten.

Die Genehmigungserfordernisse im Bereich der Vermögenssorge, die in diesem Teil besprochen werden, obliegen allesamt funktional dem Rechtspfleger.

2 Genehmigung einer anderen Anlageform von Geld

Möchte der Betreuer das Vermögen der betreuten Person anders anlegen als auf einem **Anlagekonto**, so bedarf er hierfür der Genehmigung des Betreuungsgerichts (§ 1848 BGB). Nach der Legaldefinition des § 1839 Absatz 1 Satz 1 BGB ist das **Verfügungsgeld** das Geld, das die betreute Person für deren Ausgaben benötigt. Dieses Geld kann auf einem Girokonto, aber auch auf einem gesonderten, zur verzinslichen Anlage geeigneten Konto bereitgehalten werden.

Eine Pflicht zu Sperrvereinbarung besteht hierbei nicht. Über jenes Geld kann der Betreuer ohne gerichtliche Genehmigung verfügen. Er ist lediglich verpflichtet, die Eröffnung solch eines Kontos gegenüber dem Betreuungsgericht gemäß § 1846 Absatz 1 Nr. 2 BGB anzuzeigen.

Geld der betreuten Person, welches für ihre Ausgaben nicht benötigt wird, ist **Anlagegeld**, welches generell durch den Betreuer auf einem zur verzinslichen Anlage geeigneten Konto bei einem Kreditinstitut anzulegen und diesbezüglich eine Sperrvereinbarung mit dem Kreditinstitut zu treffen ist (§ 1841 Absatz 2 und § 1845 Absatz 1 BGB).

Die Anlage des Geldes auf einem Anlagekonto ist allerdings nicht die einzige Möglichkeit der Geldanlage. Unter Umständen ist bei einem größeren Vermögen diese Anlageform auch nicht sinnvoll, insbesondere, wenn durch Negativzinsen und hohe Inflation diese Anlageform mit faktischer Minderung des Vermögens einhergeht. Gegebenenfalls ist auch eine andere Anlage von Geld – insbesondere bei jüngeren Betreuten – erforderlich, um so eine angemessene Absicherung im Alter sicherzustellen.

Bei der Frage, wie das Vermögen am besten angelegt werden soll, spielen allerdings objektive Erwägungen keine Rolle. Anders als im Vormundschaftsrecht (§ 1798 Absatz 1 Satz 2 BGB) ist der Betreuer nicht zum Schutz und Erhalt des Betreutenvermögens verpflichtet.[1] Vielmehr ist hier nach dem Maßstab der sogenannten **Magna Charta** zu ermitteln, welche Anlage von Geld die betreute Person sich wünscht. Soweit durch den Wunsch nicht eine erhebliche Gefahr für das Vermögen der betreuten Person auftritt, welche sie krankheitsbedingt nicht überblicken kann, ist diesem Wunsch zu entsprechen (§ 1821 Absatz 2 BGB).

Hierbei spielen auch Anlageentscheidungen der betreuten Person in der Vergangenheit eine große Rolle. Allerdings dürfte hier ein riskantes Anlageverhalten, welches zum einen entsprechende Kenntnisse und Fähigkeiten voraussetzt und zum anderen eines vertieften und fortlaufenden Beobachtens des Marktgeschehens bedarf, insbesondere um Haftungsrisiken nicht ausgesetzt zu sein, dem Betreuer nicht zuzumuten sein.[2]

Bei der Verwaltung größerer Vermögensbestände kommt auch die Beauftragung eines externen Dritten mit entsprechendem Sachverstand in Betracht. Allerdings darf und kann die **Einschaltung eines Vermögensverwalters** nicht dazu führen, dass Genehmigungsvorbehalte umgangen werden. Der Betreuer kann nämlich auf den Vermögensverwalter nicht

1 *Felix*, in: Bienwald, Betreuungsrecht, § 1848 BGB Rn. 110.
2 *Felix*, in: Bienwald, Betreuungsrecht, § 1848 BGB Rn. 100.

mehr Rechte übertragen, als er selbst innehat.[3] Ferner kann die Vermögensverwaltung als Ganzes nicht auf einen Dritten übertragen werden. Die grundsätzliche Verantwortung für die Vermögensverwaltung obliegt nach wie vor dem Betreuer selbst.

Es bleibt festzuhalten, dass bei der Vermögensverwaltung zunächst einmal **den Wünschen der betreuten Person** zu entsprechen ist, soweit dies keine erhebliche Gefahr für das Vermögen der betreuten Person birgt und auch dem Betreuer zuzumuten ist. Auf Wünsche und persönliche Belange Dritter, insbesondere von Verwandten und potenziellen Erben, hat allerdings weder der Betreuer noch das Betreuungsgericht Rücksicht zu nehmen.[4] Auch ist es nicht die Aufgabe des Betreuers, möglichst viel Vermögen für die Erben zur erhalten, es sei denn, dass dies der Wunsch der betreuten Person ist.

Hat die betreute Person keinen konkreten – zu beachtenden – Wunsch zur Anlegung des Geldes gemacht, so ist ihr mutmaßlicher Wille hierbei zu ermitteln. Dabei spielt die sogenannte Anlegerpersönlichkeit eine Rolle.[5] Dabei hat der Betreuer festzustellen, ob die betreute Person eine sichere Geldanlage verlangt oder sie auf eine höhere Rendite hofft – beispielsweise weil sie sich eine Vermehrung des Vermögens für ihre Erben wünscht. Auch die Verfügbarkeit des Geldes spielt eine Rolle.

Man kann das Zusammenspiel dieser drei Aspekte anhand eines Dreiecks gut visualisieren.

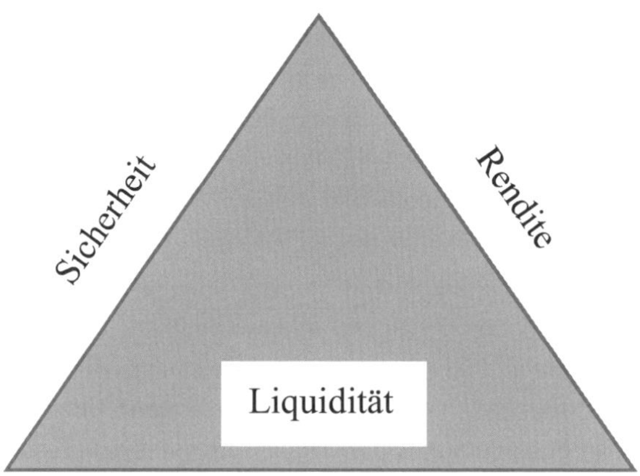

Verändert man eine Seite des Dreiecks, so verändern sich automatisch auch die anderen beiden Seiten.[6] Eine hohe Rendite – z.B. Kursgewinne, Dividenden, Fest- und Tagesgeldzinssätze, Mieteinnahmen oder Zinseinkünfte – hat meistens eine geringere Sicherheit zur Folge.

3 *Felix*, in: Bienwald, Betreuungsrecht, § 1848 BGB Rn. 100.
4 BGH, BtPrax 2017, 77.
5 *Felix*, in: Bienwald, Betreuungsrecht, § 1848 BGB Rn. 106.
6 Näher hierzu *Felix*, in: Bienwald, Betreuungsrecht, § 1848 Rn. 108 ff.

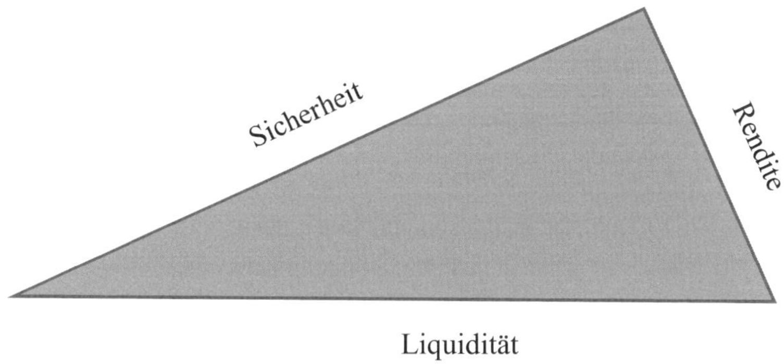

Geldanlagen mit einer höheren Liquidität, also Verfügbarkeit der Geldanlage, haben ebenfalls eine geringere Rendite. Vor der Geldanlage muss der Betreuer folglich prüfen, wie schnell der Betreute gegebenenfalls über das in einer Geldanlage investierte Geld verfügen können muss, wie lange also die Mindesthaltefristen oder Kündigungsfristen sind und ob gegebenenfalls eine Kündigung vor Fälligkeit möglich ist.[7] Hier kann aber auch die voraussichtliche Dauer der Betreuung eine Rolle spielen. Ist die Betreuung beispielsweise aufgrund eines Unfalls eingerichtet worden und ist damit zu rechnen, dass sie in wenigen Monaten entbehrlich wird, so dürfte eine Bindung des Vermögens in einer Anlage, die über diese Zeit hinausgeht, kaum dem mutmaßlichen Wunsch der betreuten Person entsprechen.

Weitere Entscheidungskriterien können auch die Höhe und die Zusammensetzung des vorhandenen Vermögens darstellen. Je geringer das Vermögen ist, desto flexibler und risikoärmer sollte es angelegt werden.[8]

Das sind aber unter Umständen nicht die einzigen Aspekte, die für die betreute Person eine Rolle spielen. Es können auch andere Anlageziele durch die betreute Person verfolgt werden, die auch ökologische oder ethische Gesichtspunkte, wie etwa Umweltschutz, Nachhaltigkeit, faire Arbeitsbedingungen oder Unterstützung von bestimmten Startup-Unternehmen in bestimmten Bereichen, beinhalten. Bei jüngeren Betreuten ist hingegen zu prüfen, ob zur Vermeidung von Versorgungslücken im Alter unter Beachtung der demoskopischen Entwicklung nicht eine private Altersvorsorge durch fondsgebundene Renten- oder Lebensversicherungen oder die staatliche geförderte Riesterrente sinnvoll wäre.[9]

Folgende **andere Anlagen** können vom Betreuer in Erwägung gezogen werden:[10]

- Anlageformen, die bereits nach altem Recht als „mündelsicher" galten:
  - Forderungen, die dinglich gesichert sind (z.B. durch Hypothek, Grundschuld oder Rentenschuld),
  - verbriefte oder eingetragene Forderungen gegen Bund oder Land,

7 *Felix*, in: Bienwald, Betreuungsrecht, § 1848 BGB Rn. 115.
8 *Felix*, in: Bienwald, Betreuungsrecht, § 1848 BGB Rn. 120.
9 *Felix*, in: Bienwald, Betreuungsrecht, § 1848 BGB Rn. 120.
10 Eine genaue Erklärung der Charakteristik sowie der Vor- und Nachteile jener Anlageformen ist zu finden bei *Felix*, in: Bienwald, Betreuungsrecht, § 1848 BGB Rn. 17–98.

  - für geeignet erklärte verbriefte Forderungen (z.B. Pfandbriefe oder verbriefte Forderungen inländischer kommunaler Körperschaften)
- Anlage in Wertpapieren:
  - Aktien,
  - Anleihen,
  - Zertifikate,
  - Optionsscheine,
  - Rohstoffe, wie z.B. Gold,
  - Beteiligungskapital,
  - Anlage in virtuelle Währungen oder Kryptowährungen (z.B. Bitcoin) – sehr spekulativ (!)
- Anlage in Investmentfonds:
  - Aktienfonds,
  - Rentenfonds,
  - Immobilienfonds,
  - Mischfonds

Je nach Anlageform, sind die diversen Anlagemöglichkeiten mit hohen Risiken – und damit gegebenenfalls auch Haftungsfolgen – verbunden. Das rechtfertigt auch das Genehmigungserfordernis, wobei hierbei zu beachten ist, dass dem Betreuungsgericht gegenüber dem Betreuer auch im Rahmen der Aufsichtspflicht keine Pflicht zur Anlageberatung obliegt.[11] Der Prüfungsmaßstab des Gerichts beschränkt sich auf die Prüfung der rechtlichen Voraussetzungen der Genehmigung, nicht hingegen auf die Zweckmäßigkeit der einzelnen Entscheidungen. Nach § 1862 Absatz 1 Satz 2 BGB i.V.m. § 1821 Absatz 2 bis 4 BGB richtet sich die Genehmigungsfähigkeit der beabsichtigten Maßnahme nach den zu beachtenden Wünschen bzw. dem mutmaßlichen Willen der betreuten Person, wobei hier die gesetzliche Vermutung nach § 1838 Absatz 1 Satz 1 BGB zu beachten ist.

Praxistipp

▶ *Es empfiehlt sich dringend, Wünsche der betreuten Person aktenkundig zu machen.*

Schließlich ist zu beachten, dass die betreuungsgerichtliche Genehmigung einer anderen Anlage von Geld nicht von den Vorschriften über die **Sperrvereinbarung** entbindet. Diese sind – soweit keine Befreiung vorliegt – zu beachten. Genehmigt das Betreuungsgericht den Erwerb von Wertpapieren, so sind diese bei einem Kreditinstitut zu verwahren bzw. zu hinterlegen und eine entsprechende Sperrvereinbarung ist abzuschließen.

11 *Felix*, in: Bienwald, Betreuungsrecht, § 1848 BGB Rn. 102.

3 Genehmigung bei Verfügung über Rechte und Wertpapiere

Der Genehmigungsvorbehalt in § 1849 BGB bezweckt den Schutz der betreuten Person vor Veruntreuung von Geld und Wertpapieren durch den Betreuer.[12] Durch diese Norm sollen Verfügungen über Rechte und Wertpapiere von der Genehmigung des Betreuungsgerichts abhängen. Unter einer **Verfügung** ist insbesondere eine Veräußerung, ein Erlass, ein Verzicht, eine Abtretung, eine Belastung oder eine Kündigung zu verstehen.[13] Aber nicht nur durch die Verfügung droht ein Verlust eines Rechts oder Wertpapiers.

Die **Annahme** einer Leistung ist zwar keine Verfügung, jedoch bedarf sie ebenfalls der betreuungsgerichtlichen Genehmigung gemäß **§ 1849 Absatz 4 BGB**. Auch durch die Eingehung der Verpflichtung zu solch einer Verfügung – durch Abschluss eines entsprechenden Geschäfts – droht der Verlust, da der Geschäftspartner – Anspruchsgläubiger – auf die Erfüllung aus dem Geschäft klagen kann und spätestens im Rahmen der Zwangsvollstreckung der Verlust, wie durch eine Verfügung, eintreten könnte.[14] Daher gilt das über die Verfügung Gesagte bezüglich der Verpflichtung zu solch einer Verfügung gemäß § 1849 Absatz 1 Satz 2 BGB entsprechend.

3.1 Verfügung über Rechte

Gemäß **§ 1849 Absatz 1 Satz 1 Nr. 1 Alt. 1 BGB** bedarf der Betreuer der Genehmigung des Betreuungsgerichts zu einer Verfügung über ein Recht, kraft dessen der Betreute **eine Geldleistung** verlangen kann. Keiner Genehmigung bedarf der Betreuer hingegen, wenn er über ein Recht verfügt, kraft dessen der Betreute eine andere Art von Leistung, z.B. Dienst- oder Sachleistung, verlangen kann. Solch eine Verfügung über ein Recht auf eine Geldleistung kann z.B. sein:[15]

- Abtretung von Forderungen des Betreuten, die auf eine Geldleistung abstellen (z.B. Anspruch auf Schadensersatzzahlung),
- Erlassvertrag bezüglich einer Forderung des Betreuten (z.B. indem auf die Schadensersatzleistung verzichtet wird),
- Kündigung eines Mietvertrages des Betreuten als Vermieter (weil der Betreute dadurch den Anspruch auf Miete verliert),
- Kündigung einer Lebensversicherung,
- Verzicht auf Darlehensrückzahlung gegen Gegenleistung.

12 BT-Drucks. 19/24445, S. 283.
13 BT-Drucks. 19/24445, S. 283.
14 *Felix*, in: Bienwald, Betreuungsrecht, § 1849 BGB Rn. 81.
15 Eine nähere Übersicht ist zu finden bei *Felix*, in: Bienwald, Betreuungsrecht, § 1849 BGB Rn. 49.

In der Praxis dürfte im Vordergrund die Annahme einer Leistung stehen, die in Form von Geld bewirkt wird. Dazu kann beispielsweise gehören:

- Entgegennahme der Auszahlung einer Versicherungsleistung,
- Annahme der geschuldeten Leistung in Form von Barzahlung, Überweisung.

3.2 Leistung eines Wertpapiers

Nach § 1849 Absatz 1 Satz 1 Nr. 1 Alt. 2 BGB bedarf der Betreuer für die Verfügung über ein Recht, kraft dessen der Betreute die Leistung eines Wertpapiers verlangen kann, der Genehmigung des Betreuungsgerichts. Dazu kann z.B. das Recht auf Herausgabe eines Wertpapiers gehören. Solch ein Recht kann sich auch als Nebenpflicht z.B. aus einem – unversperrten – Depotvertrag nach dessen Kündigung ergeben.[16]

Über jenes Recht auf Herausgabe kann der Betreuer nicht ohne Genehmigung des Betreuungsgerichts verfügen, indem er z.B. das Herausgaberecht an einen Dritten abtritt (zum Erfordernis der Sperrvereinbarung bezüglich solcher Wertpapierdepots siehe in Teil B unter 1.2.2). Der Genehmigungsvorbehalt findet in dieser Variante vor allem in den Fällen Anwendung, in denen ein Recht aus dem Depotvertrag auf einen Dritten übertragen werden soll oder die Kündigung des Depotvertrages beabsichtigt ist.[17]

3.3 Verfügung über Wertpapiere und hinterlegte Wertgegenstände

Nach § 1849 Absatz 1 Satz 1 Nr. 2 BGB bedarf der Betreuer der Genehmigung des Betreuungsgerichts, wenn er über ein **Wertpapier** des Betreuten **verfügen** möchte. Hat beispielsweise der Betreuer bei der Betreuungsübernahme Wertpapiere vorgefunden, die nicht durch eine Sperrvereinbarung gesichert waren – also unversperrt waren –, so kann er gleichwohl über diese Wertpapiere nicht wirksam ohne Genehmigung des Betreuungsgerichts verfügen.

Gemäß § 1849 Absatz 1 Satz 1 Nr. 3 BGB gilt dasselbe bezüglich **hinterlegter Wertgegenstände**. Im Hinblick auf Wertgegenstände, die der Betreuer auf Anordnung des Betreuungsgerichts gemäß § 1844 BGB zu hinterlegen hat, gilt die Pflicht zur Sperrvereinbarung gemäß § 1845 Absatz 2 Satz 2 BGB. § 1849 Absatz 1 Satz 1 Nr. 3 BGB stellt nun sicher, dass solche Wertgegenstände nicht nur ohne Genehmigung des Betreuungsgerichts herausgenommen werden, sondern darüber hinaus, dass über solche Gegenstände nicht verfügt werden kann. So kann der Betreuer auch nicht gemäß §§ 930, 931 BGB über diese beweglichen Sachen verfügen, indem er einem Dritten einen Anspruch auf Herausgabe dieser Sachen abtritt. Damit soll verhindert werden, dass Gegenstände, die verwahrt sind, ohne Herausnahme aus der Verwahrung übereignet werden.

16 BT-Drucks. 19/24445, S. 283.
17 BT-Drucks. 19/24445, S. 283.

3.4 Ausnahmen von der Genehmigungspflicht

§ 1849 Absatz 2 BGB enthält allerdings eine Reihe von Ausnahmen von der Genehmigungspflicht. So bedarf es nach § 1849 Absatz 2 Satz 1 Nr. 1a BGB für Verfügungen über Geldleistungen keiner Genehmigung des Betreuungsgerichts, wenn der aus dem Recht folgende **Zahlungsanspruch 3.000 €** nicht übersteigt. Von dieser Ausnahme enthält § 1849 Absatz 3 Satz 1 Alt. 1 BGB wiederum eine Gegenausnahme. Danach bedarf der Betreuer doch einer Genehmigung, wenn er über einen Zahlungsanspruch aus einer Geldanlage verfügt, für die eine **Sperrvereinbarung** vereinbart worden ist. Gemäß § 1845 Absatz 1 BGB muss nämlich der Betreuer für Geldanlagen im Sinne des § 1841 Absatz 2 BGB eine Sperrvereinbarung abschließen. Konsequenterweise bedeutet dies, dass bei Verfügungen über Zahlungsansprüche aus Anlagekonten auch dann eine Genehmigung erforderlich ist, wenn der Zahlungsanspruch den Betrag von 3.000 € nicht überschreitet.

Praxistipp

▶ *Zinsen und Ausschüttungen aus seinem Depotvertrag unterliegen gemäß § 1845 Absatz 2 Satz 1 BGB nicht der Sperrvereinbarung. Über solche Zahlungsansprüche darf der Betreuer genehmigungsfrei verfügen.*

Gemäß § 1849 Absatz 2 Satz 1 Nr. 1b und 1c BGB bedarf der Betreuer ebenfalls keiner Genehmigung, wenn er über ein Guthaben verfügt, welches sich auf einem Girokonto oder auf einem Anlagekonto für **Verfügungsgeld** – welches nicht der Sperrvereinbarung unterliegt – befindet, und zwar unabhängig davon, ob die Freigrenze von 3.000 € überschritten ist oder nicht.

Weiterhin bedarf der Betreuer gemäß § 1849 Absatz 2 Satz 1 Nr. 1d BGB ebenfalls der betreuungsgerichtlichen Genehmigung nicht, wenn er über eine Geldleistung verfügt, zu der **Nutzungen des Vermögens** des Betreuten gehören. Nutzungen sind die Früchte einer Sache oder eines Rechts sowie die Vorteile, welche der Gebrauch der Sache oder des Rechts gewährt (§ 100 BGB).[18]

Genehmigungsfrei ist gemäß § 1849 Absatz 2 Nr. 2 BGB ebenfalls die Verfügung über ein Wertpapier, wenn die Verfügung die **Nutzung des Vermögens** des Betreuten darstellt. Wie bereits erörtert, ist die Entgegennahme von Nutzungen gemäß § 1849 Absatz 2 Satz 1 Nr. 1d BGB ohnehin genehmigungsfrei. Dementsprechend soll auch die Einlösung von Wertpapieren, die nicht das Stammrecht, sondern lediglich Nutzungen – wie beispielsweise Dividenden oder Zinsleistungen – betreffen, genehmigungsfrei sein. Dies korrespondiert im Übrigen mit der Regelung des § 1845 Absatz 2 Satz 1 BGB, wonach Zinsen und Ausschüttungen aus Wertpapieren ebenfalls nicht der Sperrvereinbarung unterliegen.[19]

Ferner enthält § 1849 Absatz 2 Nr. 2b BGB eine Ausnahme für die **Umschreibung** des Wertpapiers auf den Namen des Betreuten. Gemäß § 806 BGB kann der Aussteller einer auf den Inhaber lautenden Schuldverschreibung diese auch auf den Namen eines bestimmten Berechtigten umschreiben. Durch die Umschreibung vom Inhaberpapier zum

18 *Felix*, in: Bienwald, Betreuungsrecht, § 1849 BGB Rn. 95.
19 Näher hierzu *Felix*, in: Bienwald, Betreuungsrecht, § 1849 BGB Rn. 104.

Namenspapier wird allerdings die Verkehrsfähigkeit des Papiers eingeschränkt, mit der Folge, dass die Forderung nicht durch die Übereignung des Papiers, sondern lediglich durch eine Abtretung der Forderung erfolgen kann. Die Umschreibung ist daher nicht genehmigungspflichtig.

Schließlich bedarf es gemäß **§ 1849 Absatz 2 Nr. 3 BGB** für eine **Verfügung** nach § 1849 Absatz 1 Satz 1 BGB dann keiner (gesonderten) Genehmigung, wenn das Verpflichtungsgeschäft bereits durch das Betreuungsgericht genehmigt worden ist. Es handelt sich hierbei um eine gesetzliche Klarstellung, dass die Genehmigung des Verpflichtungsgeschäfts auch die Genehmigung zur Erfüllung jener Verpflichtung – nämlich der Verfügung – umfasst.[20]

3.5 Formulierungsvorschlag: Antrag auf Erteilung einer Genehmigung bei durch Sperrvereinbarung gesicherten Vermögenswerten

Absender: ______________________________

Vorname, Name

____

Straße, Hausnummer PLZ, Ort

____

Telefon tagsüber mobil

Amtsgericht Musterhausen

– Abteilung Betreuungsgericht –

Straße/Hausnummer

PLZ Musterhausen

Antrag auf Genehmigung

Für

Name, Vorname:	
geboren am:	
Anschrift:	
derzeitiger Aufenthalt:	

20 BT-Drucks. 19/24445, S. 285.

Sehr geehrte Damen und Herren,

☐ ich beantrage die betreuungsgerichtliche Genehmigung

☐ zur Abhebung eines Betrages von ___________ €, welches auf folgendem Anlagekonto Konto Nr. ____ bei der Bank/Kreditinstitut/Sparkasse ____ angelegt ist.

☐ zur Überweisung eines Betrages von ___________ €, welches auf folgendem Anlagekonto Konto Nr. ____ bei der Bank/Kreditinstitut/Sparkasse ____ angelegt ist, auf das Girokonto der betreuten Person.

☐ zur Veräußerung bei dem Kreditinstitut ___________ verwahrter folgender Wertpapiere: ____.

☐ zur Herausnahme zwecks Veräußerung bei dem Kreditinstitut ___________ hinterlegter folgender Wertpapiere: ____.

☐ zur Herausnahme zwecks Veräußerung bei der Hinterlegungsstelle ___________ hinterlegter folgender Wertgegenstände: ____.

Begründung:

Die beantragte Maßnahme ist erforderlich

☐ zur Finanzierung des Lebensunterhalts der betreuten Person.

☐ zur Finanzierung folgender Anschaffung: ____.

☐ ____

Die betreute Person hat sich wie folgt zu der beantragten Maßnahme geäußert:

☐ Sie stimmt der Maßnahme zu und erklärt hierzu: ____.

☐ Sie wünscht sich, dass ☐ das Geld ☐ der Erlös für die oben dargelegte Finanzierung verwendet wird. Das Erfordernis der Maßnahme selbst kann sie hingegen nicht erfassen. Da die Finanzierung auf anderem Wege nicht zu erreichen ist, ist davon auszugehen, dass die Maßnahme ihrem mutmaßlichen Willen entspricht.

☐ Sie ist zu einer Äußerung außerstande. Aus folgenden Gründen ist davon auszugehen, dass die Maßnahme ihrem mutmaßlichem Willen entspricht:[21] ________.

☐ Sie widerspricht der Maßnahme. Die Maßnahme ist gleichwohl zur Abwehr einer erheblichen Gefahr für das Leben bzw. das Vermögen der betreuten Person erforderlich. Folgende konkrete Gefahr droht, wenn die Maßnahme nicht ergriffen wird: ____. Die betreute Person verkennt allerdings nach meiner Einschätzung die Gefahr aufgrund ihrer ☐ Krankheit ☐ Behinderung. Dafür sprechen[22] ______.

Mit freundlichem Gruß

Ort, Datum Unterschrift

21 Der mutmaßliche Wille sollte nicht mit den eigenen, für vernünftig gehaltenen Erwägungen vermischt werden. Ist die Maßnahme z.B. zur Finanzierung des Heimplatzes erforderlich, kann man vom mutmaßlichen Einverständnis ausgehen, wenn die betreute Person zu einer Zeit, zu der sie sich noch äußern konnte, mit der Heimunterbringung einverstanden war. Aus dem früheren Einverständnis kann man schließen, dass sie sich auch heute eine adäquate Versorgung wünscht, die entsprechend finanziert werden muss.

22 Sie sind kein Psychiater und können genauso wenig wie das Gericht die fehlende freie Willensbildung feststellen. Aber Sie können die Anhaltspunkte dafür benennen, z.B. die Feststellungen des Sachverständigen in früheren Gutachten, oder die Tatsachen benennen, die für einen freien Willen sprechen.

4 Genehmigung für Rechtsgeschäfte über Grundstücke und Schiffe

Genehmigungserfordernisse für Rechtsgeschäfte über Grundstücke und Schiffe sind in § 1850 BGB geregelt. Von dem Genehmigungserfordernis des § 1850 Nr. 1 bis 3 und Nr. 5 BGB werden alle ein Grundstück des Betreuten betreffenden Verfügungs- und Verpflichtungsgeschäfte erfasst.

Keiner Genehmigung des Betreuungsgerichts gemäß § 1850 BGB bedarf es jedoch, wenn Vertreter einer juristischen Person (z.B. AG, GmbH, e.V.) im Namen der juristischen Person Rechtsgeschäfte abschließen, an denen die betreute Person beteiligt ist.[23] Das Gleiche gilt auch für die Beteiligung an einer OHG, KG und BGB-Gesellschaft, sofern diese als Erwerbsgeschäfte betrieben werden. Hier sind jedoch die Genehmigungserfordernisse gemäß § 1852 BGB zu beachten. Bezüglich ausschließlich vermögensverwaltender Gesellschaften sind die Genehmigungserfordernisse im Einzelnen umstritten.[24] Auch hier gilt die Empfehlung, notfalls Rücksprache mit dem zuständigen Rechtspfleger des Betreuungsgerichts zu halten.

4.1 Verfügung über ein Grundstück

Nach § 1850 Nr. 1 Alt. 1 BGB bedarf der Betreuer einer Genehmigung zur **Verfügung** über ein Grundstück. Eine Verfügung über ein Grundstück stellen beispielsweise dar:

- die **Übertragung** des Eigentums,
- die **Aufgabe** des Eigentums,
- die **Belastung** oder
- die **inhaltliche Änderung** des Eigentums.

Eine Übertragung des Eigentums findet klassischerweise in Form der Auflassung statt. Die betreuungsgerichtliche Genehmigung der Verfügung in Form der Auflassung umfasst aber – soweit sich aus der Genehmigung nichts anderes ergibt – auch die Genehmigung des der Auflassung zugrunde liegenden Verpflichtungsgeschäfts – also beispielsweise des Grundstückskaufvertrags. Wird umgekehrt zunächst einmal das Verpflichtungsgeschäft – also beispielsweise der Kaufvertrag – genehmigt, so ist von der Genehmigung generell auch die Erfüllung der genehmigten Verfügung in Form der Auflassung umfasst.

23 *Felix*, in: Bienwald, Betreuungsrecht, § 1850 Rn. 4.
24 *Felix*, in: Bienwald, Betreuungsrecht, § 1850 Rn. 6 ff.

Darüber hinaus stellen aber auch weitere Rechtsgeschäfte eine Übertragung im Sinne des § 1850 Nr. 1 Alt. 1 BGB dar. Beispielsweise stellt auch die **Teilung** eines im Miteigentum mehrerer Personen stehenden Grundstücks unter den bisherigen Miteigentümern oder die **Umwandlung** einer Gesamthandgemeinschaft in eine Bruchteilsgemeinschaft solch eine Übertragung des Eigentums dar.[25]

Eine Verfügung über ein Grundstück in Form der **Belastung** mit einem dinglichen Recht kann z.B. die Belastung mit einer Grunddienstbarkeit (§ 1018 BGB), mit einem unentgeltlichen Wohnrecht (§ 1093 BGB) oder mit einer Reallast, die Bestellung von Hypotheken, Grund- und Rentenschulden, die Bestellung eines dinglichen Vorkaufsrechts (§ 1094 BGB) oder die Bewilligung einer Auflassungs- oder Löschungsvormerkung zulasten des Betreuten darstellen.[26]

Eine **inhaltliche Änderung** des Eigentums kann beispielsweise durch eine Bewilligung einer Vormerkung, eine Grundbuchberichtigung zum Nachteil des Betreuten, eine Umwandlung einer Hypothek in eine Grundschuld oder einer Sicherungshypothek in eine Verkehrshypothek oder einer Rentenschuld in eine Grundschuld (wegen möglicher Haftungserweiterung) oder durch den Verzicht auf eine Grundbuchberichtigung bewirkt werden.[27]

Gemäß § 1850 Nr. 1 Alt. 2 BGB bedarf die Verfügung über ein **Recht** an einem Grundstück ebenfalls der betreuungsgerichtlichen Genehmigung. Von den „Rechten an einem Grundstück" sind auch Hypotheken, Grundschulden und Rentenschulden erfasst.[28] Auch deren Inhaltsänderung, Übertragung oder Aufhebung bedarf der betreuungsgerichtlichen Genehmigung.

4.2 Vorrang des § 1833 BGB

§ 1850 Nr. 1 a.E. BGB stellt allerdings klar, dass die **Genehmigungserfordernisse gemäß § 1833 Absatz 3 Satz 1 Nr. 4 BGB** bei der Aufgabe des vom Betreuten selbst genutzten Wohnraums **vorrangig zu prüfen** sind. Hierzu gehört beispielsweise auch die Pflicht zur persönlichen Anhörung gemäß § 299 FamFG. Auch die Löschung des Wohnrechts würde hierzugehören, wenn es nicht der Regelung des § 1833 Absatz 3 Nr. 4 BGB unterfällt. Ist mit der Löschung des Wohnrechts auch die Aufgabe des Wohnraums verbunden, so erfolgt die Genehmigung nach § 1833 Absatz 3 Nr. 4 BGB, in den übrigen Fällen richtet sich die Genehmigung nach § 1850 Nr. 1 BGB. Dies gilt insbesondere, wenn ein Wohnrecht bei einer von der betreuten Person nicht (mehr) bewohnten Immobilie gelöscht werden soll, bei der solch eine Ausübung des Wohnrechts gar nicht in Betracht kommt, weil beispielsweise die Person aufgrund ihrer Pflegebedürftigkeit das Wohnrecht gar nicht ausüben kann und will.

25 Näher hierzu *Felix*, in: Bienwald, Betreuungsrecht, § 1850 Rn. 25.
26 Näher hierzu mit weiteren Beispielen *Felix*, in: Bienwald, Betreuungsrecht, § 1850 Rn. 28.
27 Näher hierzu mit weiteren Beispielen *Felix*, in: Bienwald, Betreuungsrecht, § 1850 Rn. 27.
28 BT-Drucks. 19/24445, S. 286.

4.3 Verfügung über eine Forderung mit Grundstücksbezug

Nach § 1850 Nr. 2 BGB bedürfen auch Verfügungen über Forderungen mit bestimmtem Grundstücksbezug einer betreuungsgerichtlichen Genehmigung. Solch eine Verfügung über eine Forderung ist in § 398 BGB geregelt. Danach kann der Gläubiger – also derjenige, der eine Leistung fordern darf – durch Vertrag mit einem Dritten seine Forderung auf diesen Dritten übertragen. Man spricht hierbei von einer **Abtretung**. Durch die Abtretung tritt der Dritte als neuer Gläubiger – auch Zessionar genannt – an die Stelle des bisherigen Gläubigers – auch Zedent genannt. Solch eine Abtretung bedarf der betreuungsgerichtlichen Genehmigung, wenn die Forderung auf die **Übertragung des Eigentums** an einem Grundstück, auf **Begründung** oder **Übertragung** eines **Rechts an einem Grundstück** oder auf **Befreiung** eines Grundstücks von einem solchen Recht gerichtet ist. Dazu kann z.B. gehören:

- die Abtretung eines Anspruchs auf Grundstücksübereignung,
- die Abtretung eines Anspruchs auf Reallastbestellung oder ein entsprechender Aufhebungsvertrag,
- die Abtretung des Anspruchs auf Übertragung eines Nießbrauchs oder der Reallast,
- die Übertragung eines Vorkaufsrechts (§ 514 BGB) oder Wiederkaufsrechts (§ 497 BGB) oder
- die Übertragung eines Anwartschaftsrechts auf Erwerb des Grundstücks.[29]

Ähnlich wie bei Verfügungen über Wertpapiere (§ 1849 Absatz 1 Satz 3 BGB, vgl. dazu. oben 2) soll auch im Rahmen der Grundstücksgeschäfte nach § 1850 Nr. 5 BGB bereits die Eingehung einer Verpflichtung zu einer Verfügung nach § 1850 Nr. 1 bis 3 BGB oder eines Erwerbs nach § 1850 Nr. 4 BGB dem Genehmigungserfordernis unterfallen. Ähnlich wie bei der Verfügung über die Wertpapiere soll auch bei Grundstücken so verhindert werden, dass die genehmigungsbedürftige Verfügung durch die Eingehung einer Verpflichtung hierzu umgangen wird. So könnte der Gläubiger auf Erfüllung des Verpflichtungsgeschäfts klagen und im Rahmen der Zwangsvollstreckung die genehmigungsbedürftige Verfügung genehmigungsfrei erzwingen oder zumindest die betreute Person Schadensersatzansprüchen wegen Nichterfüllung aussetzen. Zu solchen Verpflichtungsgeschäften können z.B. gehören:

- der Abschluss eines Vertrags, durch den sich der Betreute zur Veräußerung oder Belastung des eigenen Grundstücks verpflichtet,
- der Abschluss eines verbindlichen Vorvertrags, in dem die Verpflichtung zur Eigentumsübertragung enthalten ist,
- die Verpflichtung des Betreuten zur Einräumung eines Vorkaufsrechts oder eines Wiederkaufsrechts oder
- eine Verpflichtung zur Verfügung über Hypotheken, Grundschulden und Rentenschulden.[30]

---

29 Näher hierzu mit weiteren Beispielen *Felix*, in: Bienwald, Betreuungsrecht, § 1850 BGB Rn. 47.
30 Näher hierzu mit weiteren Beispielen *Felix*, in: Bienwald, Betreuungsrecht, § 1850 BGB Rn. 55.

Will die betreute Person sich zu einer unentgeltlichen Zuwendung – z.B. Schenkung – verpflichten, so richtet sich das Genehmigungserfordernis nicht nur nach § 1850 Nr. 1 und 5 BGB, sondern darüber hinaus auch nach § 1854 Nr. 8 BGB.

4.4 Unentgeltlicher Erwerb von Wohnungs- oder Teileigentum

Durch die Betreuungsrechtsreform wurde nun in § 1850 Nr. 4 BGB das Genehmigungserfordernis des **unentgeltlichen Wohnungs- oder Teileigentumserwerbs** durch den Betreuten neu geregelt.[31] Damit bedarf auch ein Rechtsgeschäft, durch welches die betreute Person **unentgeltlich** Wohnungseigentum erwirbt, der betreuungsgerichtlichen Genehmigung. Der Grund hierfür liegt in der persönlichen Haftung der betreuten Person, die mit dem Erwerb einhergeht.

4.5 Entgeltlicher Grunderwerb

Das Genehmigungserfordernis des entgeltlichen Erwerbs eines Grundstücks – oder eines Rechts an einem Grundstück oder einer Forderung auf Übertragung eines Grundstücks bzw. eines Rechts an einem Grundstück – ist in § 1850 Nr. 6 BGB geregelt. Auch die Verpflichtungsgeschäfte,[32] die auf solch einen Erwerb zielen, bedürfen der besonderen Kontrolle durch das Betreuungsgericht.

4.6 Verfügung über Schiffe

Das Genehmigungserfordernis nach § 1850 Nr. 3 BGB bezieht sich ausschließlich auf im Schiffsregister eingetragene Schiffe und Schiffsbauwerke.[33] Gemäß § 3 Absatz 1 SchRegO werden Seeschiffsregister und Binnenschiffsregister getrennt geführt. In das Seeschiffsregister werden die Kauffahrteischiffe und andere zur Seefahrt bestimmten Schiffe (Seeschiffe) eingetragen, die nach § 1 oder § 2 des Flaggenrechtsgesetzes die Bundesflagge zu führen haben oder führen dürfen (§ 3 Absatz 2 SchRegO). In das Binnenschiffsregister werden die zur Schifffahrt auf Flüssen und sonstigen Binnengewässern bestimmten Schiffe (Binnenschiffe) eingetragen (§ 3 Absatz 3 SchRegO).

4.7 Wirksamkeit eines genehmigungsbedürftigen Rechtsgeschäfts

Wie bereits in Teil B unter 3.3 dargelegt, hängt die **Wirksamkeit** eines nicht (wirksam) genehmigten Rechtsgeschäfts von der Einordnung als mehrseitigem (zweiseitigem) oder einseitigem Rechtsgeschäft ab, wobei bei einseitigen Rechtsgeschäften, die gegenüber einem

31 BT-Drucks. 19/24445, S. 286.
32 BT-Drucks. 19/24445, S. 287.
33 *Felix*, in: Bienwald, Betreuungsrecht, § 1850 BGB Rn. 52.

Gericht oder einer Behörde abgegeben werden, § 1858 Absatz 3 BGB eine Sonderregelung trifft. Hierunter fallen insbesondere die Erklärungen, die gegenüber einem Grundbuchamt abzugeben sind. So sind etwaige Eintragungs- oder Löschungsbewilligungen, die ohne eine vorherige betreuungsgerichtliche Genehmigung abgegeben wurden, schwebend unwirksam. Mit der Rechtskraft der betreuungsgerichtlichen Genehmigung wird auch die zu genehmigende Erklärung wirksam. Das Betreuungsgericht teilt dem Grundbuchamt nach Rechtskraft seine Entscheidung mit.[34]

4.8 Formulierungsvorschlag: Antrag auf Genehmigung zum Verkauf eines Grundstücks

Absender:

____

Vorname, Name

____

Straße, Hausnummer | PLZ, Ort

____

Telefon | tagsüber | mobil

Amtsgericht Musterhausen

– Abteilung Betreuungsgericht –

Straße/Hausnummer

PLZ Musterhausen

Antrag auf Genehmigung zum Verkauf eines Grundstücks

Für

Name, Vorname:	
geboren am:	
Anschrift:	
derzeitiger Aufenthalt:	

34 Näher hierzu *Felix*, in: Bienwald, Betreuungsrecht, § 1850 Rn. 72.

Sehr geehrte Damen und Herren,

in dem oben genannten Verfahren bin ich zum Betreuer bestellt. Der Aufgabenkreis erstreckt sich unter anderem auf den Bereich der Vermögenssorge.[35]

Ich beantrage die entsprechende Genehmigung zum Verkauf des Grundstücks der betroffenen Person in ____, eingetragen im Grundbuch des Amtsgerichts ____ unter der Grundbuch-Nummer ____ (Band und Blatt), sowie zur Bewilligung der entsprechenden Auflassungsvormerkung zugunsten des Erwerbers und Auflassung an den Käufer nach vollständiger Zahlung des Kaufpreises.

Einen entsprechenden notariellen Vertragsentwurf füge ich in Kopie bei.

- ☐ Die Immobilie ist und war auch in der Vergangenheit nicht von der betreuten Person selbst genutzt.
- ☐ Die Immobilie stellt keinen von der betreuten Person selbst genutzten Wohnraum dar. In der Vergangenheit hat die betreute Person zwar dort gewohnt, lebt aber seit ____ in ____.
- ☐ Die Immobilie war bis zum ____ von der betreuten Person selbst genutzt. Seitdem lebt sie allerdings in der Pflegeeinrichtung ____. Eine Rückkehr in diesen bis dahin selbst genutzten Wohnraum kommt aus folgenden Gründen nicht in Betracht: ____.[36]

Begründung:

Die beantragte Maßnahme ist erforderlich

- ☐ zur Finanzierung des Lebensunterhalts der betreuten Person.
- ☐ ____.
- ☐ Die bis ____ selbst genutzte Immobilie muss veräußert werden, weil ____.
- ☐ da trotzt Ausschöpfung aller der betreuten Person zur Verfügung stehenden finanziellen Ressourcen eine weitere Finanzierung des Wohnraums nicht möglich ist.[37] ____

35 Soll eine von der betreuten Person noch bewohnte Immobilie veräußert werden, so müssen die Voraussetzungen des § 1833 Absatz 3 BGB zusätzlich beachtet werden (vgl. dazu Teil C unter 1.2.2). Hierfür bedarf der Betreuer zusätzlich des Aufgabenbereiches des Aufenthaltsbestimmungsrechts und gegebenenfalls – für die Räumung der Immobilie – der Wohnungsangelegenheiten. Gegebenenfalls muss eine Erweiterung des Aufgabenkreises zuvor beantragt werden.

36 Bereits die Absicht zur Aufgabe des selbst genutzten Wohnraums ist dem Gericht anzuzeigen (§ 1833 Absatz 2 BGB). Wenn eine betreute Person in eine Pflegeeinrichtung umzieht, wird in der Praxis in den seltensten Fällen die bis dahin selbst genutzte Immobilie veräußert. Erst wenn eine Rückkehr in die eigene Immobilie ausgeschlossen ist und die Verwertung zur Finanzierung des Heimplatzes erforderlich ist, wird über den Verkauf entschieden. Ist aber zu diesem Zeitpunkt die Immobilie noch „selbst genutzt“ oder bereits aufgegeben? Hier ist vor dem Versuch einer Umgehung des Genehmigungserfordernisses nach § 1833 Absatz 3 Nr. 4 BGB dringend zu warnen. Zur Sicherheit sollte dieser Umstand immer dem Gericht mitgeteilt werden.

37 Hier sollte nun eine weitere Begründung folgen, insbesondere, welche Vermögenswerte vorhanden sind und wie sie bereits eingesetzt worden sind.

☐ da trotz umfassender Zuhilfenahme aller ambulanten Dienste und anderer Hilfen weiterhin eine erhebliche gesundheitliche Gefährdung der betreuten Person bestehen würde, aus folgenden Günden:[38] ______

☐ Die Angelegenheit wurde mit der betreuten Person ausführlich besprochen.

Die betreute Person hat sich wie folgt zu der beantragten Maßnahme geäußert:

☐ Sie stimmt der Maßnahme zu und erklärt hierzu: ______.

☐ Sie wünscht sich, dass ☐ das Geld ☐ der Erlös für die oben dargelegte Finanzierung verwendet wird. Das Erfordernis der Maßnahme selbst kann sie hingegen nicht erfassen. Da die Finanzierung auf anderem Wege nicht zu erreichen ist, ist davon auszugehen, dass die Maßnahme ihrem mutmaßlichen Willen entspricht.

☐ Sie ist zu einer Äußerung außerstande. Aus folgenden Gründen ist davon auszugehen, dass die Maßnahme ihrem mutmaßlichen Willen entspricht:[39] ______.

☐ Sie widerspricht der Maßnahme. Die Maßnahme ist gleichwohl zur Abwehr einer erheblichen Gefahr für das Leben bzw. das Vermögen der betreuten Person erforderlich. Folgende konkrete Gefahr droht, wenn die Maßnahme nicht ergriffen wird: ______. Die betreute Person verkennt allerdings nach meiner Einschätzung die Gefahr aufgrund ihrer ☐ Krankheit ☐ Behinderung. Dafür sprechen[40] ______.

Mit freundlichem Gruß

Ort, Datum Unterschrift

5 Genehmigung für erbrechtliche Rechtsgeschäfte

Alle Genehmigungserfordernisse, die im Zusammenhang mit erbrechtlichen Rechtsgeschäften stehen, sind nun in § 1851 BGB geregelt. Bislang waren sie teils in § 1822 BGB a.F., aber auch zwischen den Vorschriften des Erbrechts im 5. Buch des BGB verstreut (vgl. die Übersicht der Änderungen im neuen Recht in Teil B unter 2.2).

---

38 Auch hier ist eine weiter gehende Begründung erforderlich, insbesondere ob weitere Hilfen bereits ausprobiert worden sind oder weshalb sie von vornherein nicht erfolgversprechend sind.

39 Hier sollte man darauf achten, dass man den mutmaßlichen Willen nicht mit den eigenen, für vernünftig gehaltenen Erwägungen vermischt. Ist die Maßnahme z.B. zur Finanzierung des Heimplatzes erforderlich, kann man vom mutmaßlichen Einverständnis ausgehen, wenn die betreute Person zu einer Zeit, zu der sie sich noch äußern konnte, mit der Heimunterbringung einverstanden war. Aus dem früheren Einverständnis kann man schließen, dass sie sich auch heute eine adäquate Versorgung wünscht, die entsprechend finanziert werden muss.

40 Sie sind kein Psychiater und können genauso wenig wie das Gericht die fehlende freie Willensbildung feststellen. Aber Sie können die Anhaltspunkte dafür benennen, z.B. die Feststellungen des Sachverständigen in früheren Gutachten, oder die Tatsachen benennen, die für einen freien Willen sprechen.

5.1 Ausschlagung einer Erbschaft

§ 1851 Nr. 1 BGB regelt die **Ausschlagung** einer **Erbschaft** oder eines **Vermächtnisses**, den **Verzicht** auf die Geltendmachung eines Vermächtnisses oder Pflichtteilsanspruchs oder eines Gegenstandes aus einem Vermächtnis sowie zu einem **Auseinandersetzungsvertrag**. Dies dürften die wohl am häufigsten vorkommenden Fälle einer erbrechtlichen Regelung im Rahmen einer Betreuung sein.

Zum Erben wird man gemäß § 1822 Absatz 1 BGB durch den Erbfall, also durch den Tod der vererbenden Person. Damit geht das gesamte Vermögen auf einen oder mehrere Personen über. Die Erbschaft kann aktiv angenommen werden, muss aber nicht. Wird die Erbschaft nämlich nicht binnen der Ausschlagungsfrist aktiv ausgeschlagen, so gilt sie als angenommen (§ 1843 BGB). Die Ausschlagung der Erbschaft kann nur binnen sechs Wochen ab dem Zeitpunkt, in welchem der Erbe von dem Anfall und dem Grund der Berufung zum Erben Kenntnis erlangt hat, erfolgen. Ist der Erbe durch Verfügung von Todes wegen – beispielsweise Testament – berufen, beginnt die Frist nicht vor Bekanntgabe der Verfügung von Todes wegen durch das Nachlassgericht – also nicht vor Eröffnung des Testamentes. Eine längere Frist – nämlich eine solche von sechs Monaten – sieht das Gesetz nur in den Fällen vor, in denen der Erblasser seinen letzten Wohnsitz ausschließlich im Ausland gehabt hat oder wenn sich der Erbe zu Beginn der Frist im Ausland aufhält. Bei einem geschäftsunfähigen volljährigen Erben ist allein die Kenntnis des Betreuers als gesetzlicher Vertreter entscheidend.[41]

5.2 Verzicht auf Geltendmachung eines Vermächtnisses und dessen Ausschlagung

Da es sich bei einem **Vermächtnis** um einen schuldrechtlichen Anspruch handelt, wurde die Regelung um den Verzicht auf die Geltendmachung eines Vermächtnisses ergänzt. Mit erfasst ist auch der Teilverzicht, wenn das Vermächtnis mehrere Gegenstände umfasst. Gleiches gilt für den Verzicht auf die Geltendmachung eines entstandenen Pflichtteilanspruchs, da der Verzicht auf den Pflichtteil nicht möglich ist. Unter diese Genehmigungspflicht fällt auch der Erlass als vertraglich bindender Verzicht. Die Ausschlagung der Erbschaft kann insbesondere bei einem Erbe mit hohen Schulden sinnvoll und wichtig sein.

Fallbeispiel

Die Betreuerin B mit dem Aufgabenbereich der Vermögenssorge erfährt nun vom Tod des Sohnes (S) der an Demenz erkrankten Betreuten D. B wusste schon zu Lebzeiten von S, dass keine weiteren Angehörigen von D und S vorhanden sind. S litt an einer bipolaren Störung, an deren Folgen er letztendlich verstorben ist. Von dem Betreuer von S kann B in Erfahrung bringen, dass S sehr hohe Schulden in seinen manischen Phasen angehäuft hatte. Ein Testament ist nicht vorhanden. S hatte au-

41 OLG Hamm, Urteil vom 11.5.2017 – I-10 U 72/16, Rn. 26, juris.

ßer der D auch keine anderen Bezugspersonen. Nennenswertes Vermögen ist nicht vorhanden.

Lösung:

Hier wird man davon ausgehen müssen, dass D die gesetzliche Erbin von S geworden ist. Nun hat B seit der Kenntnis „von dem Anfall und den Gründen der Berufung" sechs Wochen Zeit, um die Erbschaft auszuschlagen. Die Ausschlagung der Erbschaft bedarf allerdings der Genehmigung des Betreuungsgerichts. Da die Ausschlagung gemäß § 1945 Absatz 1 BGB durch eine Erklärung gegenüber dem Nachlassgericht – entweder zur Niederschrift des Nachlassgerichts oder in öffentlich beglaubigter Form – erfolgen muss, ist eine Ausschlagung ohne betreuungsgerichtliche Genehmigung gemäß § 1858 Absatz 3 BGB nur **schwebend** unwirksam. Darüber hinaus wird der Ablauf dieser gesetzlichen Frist für die Dauer des Genehmigungsverfahrens gehemmt (§ 1858 Absatz 3 Satz 3 BGB).

Gemäß § 1851 Nr. 1 Alt. 2 BGB kann auch ein **Vermächtnis ausgeschlagen** werden. Diese Ausschlagung hat gegenüber dem Beschwerten – also beispielsweise dem Erben (§§ 2147 ff. BGB) – zu erfolgen. Zu beachten ist hierbei, dass hier die Regelung des § 1858 Absatz 2 BGB nicht greift, da die Erklärung nicht gegenüber dem Nachlassgericht, sondern gegenüber dem Beschwerten abzugeben ist. Allerdings ist diese Erklärung nicht fristgebunden und formfrei möglich, sodass hier keine Fiktion der Annahme durch Zuwarten droht.

Nach § 1851 Nr. 1 Alt. 3 BGB bedarf auch die **Erklärung des Verzichts** auf **Geltendmachung eines Vermächtnisses** der betreuungsgerichtlichen Genehmigung. Der Unterschied zwischen der Ausschlagung des Vermächtnisses und dem Verzicht auf deren Geltendmachung dürfte darin liegen, dass das Vermächtnis erst nach Eintritt des Erbfalls ausgeschlagen werden kann.[42] Nach **§ 1851 Nr. 1 Alt. 4 BGB** bedarf auch der Verzicht auf die Geltendmachung eines Pflichtteilsanspruchs der Genehmigung. Wie auch beim Vermächtnis handelt es sich bei dem Pflichtteilsanspruch um einen schuldrechtlichen Anspruch, der erst geltend gemacht werden muss und auf dessen Geltendmachung verzichtet werden kann. Abzugrenzen sind diese beiden Genehmigungserfordernisse vom nach § 1851 Nr. 9 BGB genehmigungsbedürftigen Erbverzichtsvertrag.

5.3 Erbauseinandersetzungs- und Erbteilungsvertrag

Laut § 1851 Nr. 1 Alt. 5 BGB bedarf der Betreuer der Genehmigung des Betreuungsgerichts für einen **Erbauseinandersetzungsvertrag bzw. Erbteilungsvertrag**. Durch solch einen Vertrag wird die Erbengemeinschaft aufgehoben. Nicht geklärt ist noch, ob eine Erbauseinandersetzung stets genehmigungsbedürftig ist oder nur dann, wenn sie nicht nach den Regeln der §§ 2042 Absatz 2 i.V.m. §§ 752 ff. BGB vollzogen werden soll.[43]

42 Näher hierzu *Felix*, in: Bienwald, Betreuungsrecht, § 1851 BGB Rn. 13 ff.
43 Näher hierzu *Felix*, in: Bienwald, Betreuungsrecht, § 1851 BGB Rn. 42.

5.4 Erbschaftsveräußerung

Nach den erbrechtlichen Vorschriften der §§ 2371 ff. BGB kann ein Erbe durch einen notariell beurkundeten Vertrag die bereits angefallene **Erbschaft veräußern**. Nach § 1851 Nr. 2 BGB bedarf auch dieser Verpflichtungsvertrag – also meistens Kaufvertrag – der Genehmigung. Dasselbe gilt für einen Verpflichtungsvertrag über den künftigen gesetzlichen Erbteil oder den künftigen Pflichtteil der betreuten Person, der gemäß § 311b Absatz 5 BGB ebenfalls der notariellen Beurkundung bedarf. Ein weiter gehender Vertrag über Nachlass, Pflichtteil oder Vermächtnis unter noch lebenden Personen ist jedoch nichtig (§ 311b Absatz 4 BGB).

5.5 Verfügung über einen Anteil an der Erbschaft

Auch die **Verfügung** des Betreuers über einen **Anteil** der betreuten Person an einer Erbschaft bedarf nach **§ 1851 Nr. 3 BGB** der Genehmigung. Dieses Genehmigungserfordernis korrespondiert mit der erbrechtlichen Möglichkeit, durch einen notariell beurkundeten Vertrag über seinen Anteil am Nachlass zu verfügen (§ 2033 BGB). Sind mehrere Personen Erben geworden, so wird der Nachlass zum gemeinschaftlichen Vermögen der Erben (§ 2032 BGB). Die Erbengemeinschaft wird dann zu einer sogenannten **Gesamthandsgemeinschaft** mit der Folge, dass über den Nachlass oder auch nur über einen Gegenstand aus dem Nachlass nur gemeinschaftlich verfügt werden kann.

Fallbeispiel

Der Erblasser E hinterlässt seinen einzigen Erben, dem Sohn S und der Tochter T, zwei gleichwertige Fahrzeuge. Man könnte meinen, dass S ein Fahrzeug erbt und T das andere. So ist es aber nicht. Das könnte die Folge einer Erbauseinandersetzung nach § 2042 BGB sein, welche nach § 1851 Nr. 1 Alt. 5 BGB ebenfalls genehmigungsbedürftig ist. Bis zu solch einer Auseinandersetzung gehören beide Fahrzeuge vollständig der Erbengemeinschaft bestehend aus S und T. S und T können eines der Fahrzeuge auch veräußern, aber eben nur gemeinsam. T oder S können über ihren Teil am Nachlass verfügen, aber nur als Gesamtanteil. Unzulässig wäre hingegen eine Verfügung über ihren Anteil an einem Gegenstand, also über ihren Anteil an einem der Fahrzeuge.

Im Erbrecht sehen die §§ 2274 ff. BGB als Legaldefinition eines Erbvertrages vor, dass eine unbeschränkt geschäftsfähige Person eine vertragsmäßige Verfügung von Todes wegen über die Erbeinsetzung, Vermächtnisse, Auflagen und die Wahl des anzuwendenden Erbrechts trifft. Im Prinzip handelt es sich hierbei um eine **höchstpersönliche** Entscheidung, ob man solch einen Vertrag schließen möchte oder nicht. Hier ist daher eine Stellvertretung durch einen Betreuer nicht möglich. Wird eine betreute Person nach Abschluss solch einen Vertrages geschäftsunfähig, so wäre sie „auf Gedeih und Verderb“ ausgeliefert, ohne eine Möglichkeit, sich von dem Erbvertrag wieder zu lösen.

5.6 Anfechtung des Erbvertrages

Um diesen Nachteil auszugleichen, erlaubt § 2282 Absatz 2 BGB die **Anfechtung des Erbvertrages** durch den Betreuer. Dies bedarf aber der betreuungsrechtlichen Genehmigung nach **§ 1851 Nr. 4 BGB**. Im Übrigen sind die Voraussetzungen für die Anfechtung durch den Betreuer gleich denen der Anfechtung durch einen geschäftsfähigen Erblasser. Demnach kann nach den §§ 2281, 2078 BGB ein Erbvertrag angefochten werden, soweit der Erblasser sich über den Inhalt seiner Erklärung im Irrtum befand oder den Erbvertrag gar nicht – jedenfalls nicht mit diesem Inhalt – abschließen wollte oder er durch Drohung zu dem Abschluss bestimmt worden ist. Ferner kann der Erblasser den Vertrag nach den §§ 2081, 2079 BGB auch anfechten, wenn der Erblasser die zur Zeit der Anfechtung vorhandenen Pflichtteilberechtigten übergangen hat, weil ihm diese nicht bekannt waren oder erst später geboren wurden, es sei denn, dass er auch bei Kenntnis der Sachlage diesen Vertrag so geschlossen hätte.

Die Anfechtung durch den Erblasser kann nur binnen einer Jahresfrist seit Kenntnis des Irrtums oder Beendigung der Zwangslage bei Drohung durch eine notariell beurkundete Erklärung erfolgen. Hat der Betreuer den Erbvertrag nicht rechtszeitig angefochten, so kann die betreute Person nach Wegfall der Geschäftsfähigkeit binnen einer Frist von sechs Monaten nach dem Wegfall seiner Geschäftsunfähigkeit den Vertrag noch anfechten (§ 2283 Absatz 3 i.V.m. § 210 BGB).

5.7 Weitere erbrechtliche Verträge

Der Erbvertrag kann aber auch durch einen neuen – notariell beurkundeten – Vertrag, den **Aufhebungsvertrag**, von den Personen, die den Erbvertrag geschlossen haben, aufgehoben werden (§ 2290 BGB). Das gilt freilich nur so lange, wie alle diese Personen noch leben. Der Erblasser kann aber den Vertrag nur persönlich schließen. Der andere Teil kann aber durch einen Betreuer vertreten werden, allerdings nur mit einer betreuungsgerichtlichen Genehmigung nach § 1851 Nr. 5 BGB.

Der Erblasser kann nach § 2291 BGB eine erbvertragliche **Anordnung** eines Vermächtnisses, einer Auflage oder einer Rechtswahl durch Testament **aufheben**. Dies bedarf jedoch einer notariell beurkundeten Zustimmung des anderen Vertragsschließenden. Ist der andere Vertragsschließende geschäftsunfähig, so bedarf diese Zustimmung wiederum der betreuungsgerichtlichen **Genehmigung nach § 1851 Nr. 6 BGB.** Nicht davon erfasst ist die vertragsmäßige Erbeinsetzung. Hierfür bedarf es eines Aufhebungsvertrages nach § 2290 BGB und einer Genehmigung nach § 1851 Nr. 5 BGB.

Ein zwischen Ehegatten oder Lebenspartnern geschlossener **Erbvertrag** kann gemäß § 2292 BGB auch durch ein gemeinschaftliches Testament aufgehoben werden. Der Betreuer kann die betreute Person hierbei – mit **Genehmigung des Betreuungsgerichts nach § 1851 Nr. 7 BGB** – vertreten, wenn die betreute Person nicht zugleich Erblasser ist.

Ist die betreute Person zugleich Erblasser, kann sie ein Aufhebungstestament nur errichten, wenn sie selbst testierfähig ist.[44]

Die Wirkung der Aufhebung eines Erbvertrages hat auch die Rücknahme des Erbvertrages aus der amtlichen oder notariellen Verwahrung nach § 2300 BGB zur Folge. Allerdings gilt dies nur für einen Erbvertrag, der nur Verfügungen von Todes wegen enthält. Das gilt also nicht für Verträge, die mit einem Ehevertrag oder einem Erb- oder Pflichtteilsverzicht verbunden sind.[45] Der Vertragspartner, der nicht testierender Erblasser ist, kann hierbei durch den Betreuer mit Genehmigung des Betreuungsgerichts nach § 1851 Nr. 8 BGB vertreten werden. Der testierende Erblasser muss wiederum testierfähig sein, wenn er die Rücknahme verlangt.

Verwandte sowie der Ehegatte des Erblassers können nach § 2346 BGB mit dem Erblasser einen notariell beurkundeten Vertrag schließen, wonach sie auf ihr **gesetzliches Erbrecht verzichten**. Der Vertrag hat die Wirkung des Ausschlusses von der gesetzlichen Erbfolge. Der Abschluss solch eines Vertrages oder die Aufhebung solch eines bereits geschlossenen Vertrages durch den Betreuer bedarf der betreuungsgerichtlichen **Genehmigung nach § 1851 Nr. 9 BGB.** Personen, die durch Testament als Erbe eingesetzt oder mit einem Vermächtnis bedacht oder als Dritte durch einen Erbvertrag – den sie nicht mit abgeschlossen haben – bedacht sind, können gemäß § 2352 BGB auf diese Zuwendung verzichten. Als Rechtsfolge wird die verzichtende Person von der gesetzlichen Erbfolge ausgeschlossen.

Auch dieser Abschluss ist nach § 1851 Nr. 9 BGB genehmigungsbedürftig. Auch der Abschluss eines – in der Praxis äußerst relevanten – Pflichtteilsverzichtsvertrages bedarf der betreuungsgerichtlichen Genehmigung.

44 Näher hierzu *Felix*, in: Bienwald, Betreuungsrecht, § 1851 BGB Rn. 58.
45 *Felix*, in: Bienwald, Betreuungsrecht, § 1851 BGB Rn. 59.

5.8 Formulierungsvorschlag: Ausschlagung einer Erbschaft (§ 1822 Nr. 2 BGB)

Absender: ______________________________

Vorname, Name

____

Straße, Hausnummer PLZ, Ort

____

Telefon tagsüber mobil

Amtsgericht Musterhausen

– Abteilung Betreuungsgericht –

Straße/Hausnummer

PLZ Musterhausen

Antrag auf Genehmigung zur Ausschlagung einer Erbschaft

Für

Name, Vorname:	
geboren am:	
Anschrift:	
derzeitiger Aufenthalt:	

Sehr geehrte Damen und Herren,

in dem oben genannten Verfahren bin ich zum Betreuer bestellt, unter anderem mit dem Aufgabenbereich der Vermögenssorge.

Am ____ ist

☐ ____ der betreuten Person, Herr/Frau ____,

☐ Herr/Frau ____

verstorben.

Hiermit beantrage ich die Genehmigung zur Ausschlagung der Erbschaft.

Die betreute Person ist aufgrund[46] ____ ☐ zusammen mit ____ zur Erbin geworden.

☐ Der Nachlass ist überschuldet. Eine Kopie des diesbezüglichen Vermögensverzeichnisses füge ich bei. Die Erblasserin/Der Erblasser verfügt über keine weiteren

46 Hier sollte die Angabe folgen, ob aufgrund der gesetzlichen Erbfolge oder eines Testaments oder aus welchen Gründen sonst hier von einer Erbenstellung ausgegangen wird.

Vermögensgegenstände. Alle weiteren erbberechtigten Verwandten haben das Erbe bereits ausgeschlagen.

☐ Bei dem Nachlass sind folgende Vermögenswerte verfügbar: ____. Gleichwohl möchte die betreute Person aus folgenden Gründen die Erbschaft nicht annehmen: ____________________.[47]

☐ Die Angelegenheit wurde mit der betreuten Person ausführlich besprochen.

Die betreute Person hat sich wie folgt zu der Ausschlagung der Erbschaft geäußert:

☐ Sie stimmt der Ausschlagung der Erbschaft zu und erklärt hierzu: __________.

☐ Sie ist zu einer Äußerung außerstande. Aus folgenden Gründen ist davon auszugehen, dass die Ausschlagung der Erbschaft ihrem mutmaßlichen Willen entspricht:[48] ____________________.

☐ Sie widerspricht der Maßnahme. Die Maßnahme ist gleichwohl zur Abwehr einer erheblichen Gefahr für das Leben bzw. das Vermögen der betreuten Person erforderlich.[49] Folgende konkrete Gefahr droht, wenn die Maßnahme nicht ergriffen wird: ____. Die betreute Person verkennt allerdings nach meiner Einschätzung die Gefahr aufgrund ihrer ☐ Krankheit ☐ Behinderung. Dafür sprechen[50] _____.

Mit freundlichem Gruß

Ort, Datum Unterschrift

47 Die Entscheidung der betreuten Person muss nicht immer wirtschaftlich „vernünftig" sein. Es können auch persönliche Gründe für die Ausschlagung sprechen. Wurde die betreute Person z.B. von dem Erblasser in der Vergangenheit missbraucht, liegt ein nachvollziehbarer Grund für die Ausschlagung auch außerhalb der wirtschaftlichen Erwägungen vor. Zur Vermeidung von sogenannten Flashbacks wäre unter Umständen die Ausschlagung geboten. Wünscht die betreute Person die Ausschlagung, so ist der Betreuer an diesen Wunsch gebunden, wenn kein Fall des § 1821 Absatz 3 BGB vorliegt.

48 Hier sollte man darauf achten, dass man den mutmaßlichen Willen nicht mit den eigenen, für vernünftig gehaltenen Erwägungen vermischt. Ist die Maßnahme z.B. zur Finanzierung des Heimplatzes erforderlich, kann man vom mutmaßlichen Einverständnis ausgehen, wenn die betreute Person zu einer Zeit, zu der sie sich noch äußern konnte, mit der Heimunterbringung einverstanden war. Aus dem früheren Einverständnis kann man schließen, dass sie sich auch heute eine adäquate Versorgung wünscht, die entsprechend finanziert werden muss.

49 Hier ist allerdings Zurückhaltung geboten, wenn die betreute Person aus emotionalen Gründen die Erbschaft nicht ausschlagen möchte. Hier wäre auch die Nachlassinsolvenz als milderes Mittel in Betracht zu ziehen.

50 Sie sind kein Psychiater und können genauso wenig wie das Gericht die fehlende freie Willensbildung feststellen. Aber Sie können die Anhaltspunkte dafür benennen, z.B. die Feststellungen des Sachverständigen in früheren Gutachten, oder die Tatsachen benennen, die für einen freien Willen sprechen.

6 Genehmigung für handels- und gesellschaftsrechtliche Rechtsgeschäfte

Alle Rechtsgeschäfte, die mit dem Handels- und Gesellschaftsrecht in Verbindung stehen und einer betreuungsgerichtlichen Genehmigung bedürfen, werden in § 1852 BGB zusammengefasst. Der Schwerpunkt der Betreuertätigkeit in der Praxis dürfte wohl in der Veräußerung eines bestehenden Erwerbsgeschäfts liegen.

Denkbar sind aber auch Konstellationen, in denen der Betreuer über den Erwerb eines solchen Erwerbsgeschäfts entscheiden muss. Das kommt beispielsweise in Betracht, wenn die betreute Person selbst dabei war, solch ein Geschäft vorzunehmen, aufgrund einer Krankheit oder Behinderung nun aber daran gehindert ist, das Geschäft aber nach wie vor ihrem Wunsch oder mutmaßlichen Willen entspricht. Hier kann sowohl eine familiäre Bindung wie auch die Absicht, eine bestimmte Art des Erwerbsgeschäfts zu unterstützen, eine Rolle spielen, wobei hier bei der Entscheidung des Betreuers – und des Gerichts – die wirtschaftlichen Vorteile der Entscheidung mit den bestehenden Risiken abzuwägen sind.

Auch hier gilt – wie im gesamten Bereich der genehmigungserforderlichen Rechtsgeschäfte –, dass nur die Handlungen des Betreuers der betreuungsgerichtlichen Genehmigung bedürfen, nicht hingegen die Handlungen der betreuten Person selbst, was allerdings ihre Geschäftsfähigkeit voraussetzt. Das Genehmigungserfordernis soll hierbei die betreute Person vor gesetzlichen Haftungsfolgen schützen, die mit dem Erwerb oder der Veräußerung eines Geschäfts einhergehen können und die Inanspruchnahme für fremde Verbindlichkeiten zur Folge haben könnten.

Gemäß § 1852 Nr. 1a BGB bedürfen die Verfügung und die Verpflichtung zu solch einer Verfügung der betreuungsgerichtlichen Genehmigung, durch welche ein Erwerbsgeschäft durch den Betreuer erworben oder veräußert wird. Der Verfügungsbegriff ist derselbe wie in den übrigen Genehmigungstatbeständen und umfasst ein auf ein bestehendes Recht einwirkendes Rechtsgeschäft, mit dem das Recht **übertragen**, **aufgehoben**, **belastet** oder sein **Rang oder Inhalt verändert** wird.[51] Ähnlich aber wie bei den anderen Genehmigungstatbeständen (z.B. § 1849 Absatz 1 Satz 2, § 1850 Nr. 5 oder § 1851 Nr. 2 BGB) bedarf auch die Verpflichtung zu solch einer Verfügung einer betreuungsgerichtlichen Genehmigung.

Der Begriff des Erwerbsgeschäfts umfasst jede auf selbstständigen Erwerb ausgerichtete Berufstätigkeit, z.B. in Form von Handel, Betreiben einer Fabrik, eines Handwerks, einer Landwirtschaft oder der Ausübung eines künstlerischen oder wissenschaftlichen Berufes.[52] Dementsprechend gehören Personengesellschaften (GbR, OHG und KG) ebenso dazu wie Kapitalgesellschaften (GmbH, AG usw.), aber auch freiberufliche Erwerbsgeschäfte (Arztpraxen, Anwaltskanzleien oder Architekturbüros).[53] Zu unterscheiden ist allerdings zwischen dem Erwerbsgeschäft und der Vermögensverwaltung.[54]

51 *Felix*, in: Bienwald, Betreuungsrecht, § 1852 BGB Rn. 4.
52 *Veit*, in: BeckOGK-BGB, § 1645 Rn. 3; ähnlich schon die Motive zum BGB: Mot. I, 142.
53 *Felix*, in: Bienwald, Betreuungsrecht, § 1852 BGB Rn. 8.
54 *Felix*, in: Bienwald, Betreuungsrecht, § 1852 BGB Rn. 9 ff.

Nach § 1852 Nr. 1b BGB ist auch der Erwerb oder die Veräußerung eines **Anteils an einer Personen- oder Kapitalgesellschaft**, die ein Erwerbsgeschäft betreibt, genehmigungsbedürftig.

Genehmigungsbedürftig sind demnach:

- der Erwerb eines Erwerbsgeschäfts,
- der Erwerb von Gesellschaftsanteilen an einem Erwerbsgeschäft,
- die Veräußerung und Übertragung eines Erwerbsgeschäfts und
- Veräußerung und Übertragung von Gesellschaftsanteilen an einem Erwerbsgeschäft.

Der Betreuer bedarf für den Erwerb oder die Veräußerung von Gesellschaftsanteilen an einer Personengesellschaft genauso der Genehmigung des Betreuungsgerichts wie für den Erwerb oder Veräußerung eines Anteils an der GmbH, wodurch Mitgliedschaftsrechte und die darin enthaltenen Vermögensstammrechte auf den Erwerber übergehen.[55] Der Erwerb von Aktien als Erwerb von Wertpapieren ist nach Maßgabe der §§ 1848 f. BGB genehmigungsbedürftig, nicht jedoch nach § 1852 BGB, es sei denn, dass die betreute Person Aktien in einem Umfang erwirbt, die ihr eine Sperrminorität oder eine faktische Beherrschung der Aktiengesellschaft verschafft.[56]

Nach § 1852 Nr. 2 BGB bedarf der Betreuer zum **Abschluss eines Gesellschaftsvertrages**, welcher auf den Betrieb eines Erwerbsgeschäfts gerichtet ist, der Genehmigung des Betreuungsgerichts. Dazu zählt der Abschluss eines Gründungsvertrags einer Personengesellschaft (OHG, KG, GbR) oder einer Kapitalgesellschaft (GmbH, AG usw.). Ebenso bedarf der **Eintritt** der betreuten Person in eine bestehende Personengesellschaft der Genehmigung.[57] Umstritten ist hingegen die Frage, ob die **Änderungen** des Gesellschaftsvertrages der Genehmigung bedürfen.[58] Auch hier gilt die Empfehlung, dies entweder mit dem Rechtspfleger rechtzeitig abzuklären und aktenkundig zu machen oder einen entsprechenden Genehmigungsantrag zu stellen.

Schließlich bedarf auch die Erteilung einer **Prokura** durch den Betreuer in Vertretung der betreuten Person einer Genehmigung nach § 1852 Nr. 3 BGB. Die Prokura ist eine Vollmacht, die zu allen Arten von gerichtlichen und außergerichtlichen Geschäften und Rechtshandlungen, die der Betrieb eines Handelsgewerbes mit sich bringt, ermächtigt (§ 49 Absatz 1 HGB). Eine Beschränkung der Prokura Dritten gegenüber ist nicht möglich (§ 50 Absatz 1 HGB). Nur zur Veräußerung und Belastung von Grundstücken bedarf der Prokurist einer besonderen Befugnis. Die Prokura kann nur von dem Inhaber des Handelsgeschäfts oder seinem gesetzlichen Vertreter erteilt werden (§ 48 Absatz 1 HGB). Die Erteilung der Prokura ist von dem Inhaber des Handelsgeschäfts – oder dem gesetzlichen Vertreter – zur Eintragung in das Handelsregister anzumelden (§ 53 Absatz 1 HGB).

55 *Felix*, in: Bienwald, Betreuungsrecht, § 1852 BGB Rn. 42 ff.
56 *Felix*, in: Bienwald, Betreuungsrecht, § 1852 BGB Rn. 48.
57 *Felix*, in: Bienwald, Betreuungsrecht, § 1852 BGB Rn. 58.
58 *Felix*, in: Bienwald, Betreuungsrecht, § 1852 BGB Rn. 67.

7 Genehmigung bei Verträgen über wiederkehrende Leistungen

§ 1853 BGB regelt das Genehmigungserfordernis für Verträge über wiederkehrende Leistungen. Hierbei spielt es keine Rolle, ob die vertretene betreute Person hier zu wiederkehrenden Zahlungen bzw. zu wiederkehrenden Leistungen aus einem Miet-, Pacht-, Dienst-, Arbeits- oder anderen Dauerschuldverhältnis verpflichtet ist.[59] Ebenfalls unerheblich ist, ob die betreute Person auf der Seite des Leistungserbringers oder des Zahlungspflichtigen auftritt.

Gemäß **§ 1**853 Satz 1 Nr. 1 BGB bedarf der Betreuer für den Abschluss eines **Miet- oder Pachtvertrages** der betreuungsgerichtlichen Genehmigung. Bei dem Mietvertrag dürfte es sich hierbei um einen Wohnraummietvertrag (§§ 553 ff. BGB) handeln. Bei dem Pachtvertrag handelt es sich um einen Pachtvertrag über Räume (§§ 581 ff. BGB) wie auch über Land (§§ 585 ff. BGB), wobei hier die Sonderregelung des § 1853 Satz 1 Nr. 2 BGB zu beachten ist, wonach ein Pachtvertrag über einen gewerblichen oder land- oder forstwirtschaftlichen Betrieb, unabhängig von der Vertragslaufzeit, stets genehmigungsbedürftig ist.

Das Genehmigungserfordernis nach § 1853 Satz 1 Nr. 1 BGB bezieht sich aber nicht nur auf Miet- oder Pachtverträge, sondern auch auf alle anderen Verträge, durch die die betreute Person sich zu wiederkehrenden Leistungen verpflichtet. Dazu können auch – neben Arbeits- und Dienstleistungsverträgen – **Verträge über Lebensversicherungen, Rentenverträge, Bausparverträge oder andere Spar- und Versicherungsverträge** gehören.

Weiterhin besteht das Genehmigungserfordernis für diese Dauerschuldverhältnisse nach § 1853 Satz 1 Nr. 1 BGB – also *nicht* für die Pachtverträge über einen gewerblichen oder land- oder forstwirtschaftlichen Betrieb – nur dann, wenn das Vertragsverhältnis **länger als vier Jahre** dauern soll. Damit fallen auch alle auf unbestimmte Zeit geschlossenen Verträge darunter. Davon enthält allerdings § 1853 Satz 2 BGB eine Ausnahme in den Fällen, in denen die betreute Person das Vertragsverhältnis ohne eigene Nachteile vorzeitig kündigen kann. Ausschlaggebend ist hier die vertragliche Regelung der Möglichkeit der Kündigung. Ist beispielsweise ein Heimvertrag auf unbestimmte Zeit geschlossen worden, beinhaltet der Heimvertrag allerdings die Möglichkeit, dass die betreute Person ohne eigene Nachteile – also ohne Pflicht zur Zahlung einer Vertragsstrafe oder Ähnlichem – den Vertrag kündigen kann, wenn auch gegebenenfalls unter Einhaltung einer bestimmten Kündigungsfrist, so bedarf der Abschluss solch eines Heimvertrages keiner gerichtlichen Genehmigung.

59 *Schmidt-Recla,* in: BeckOGK-BGB, § 1907 Rn. 39.

8 Genehmigung für sonstige Rechtsgeschäfte

§ 1854 BGB enthält eine Reihe von weiteren genehmigungsbedürftigen Rechtsgeschäften, die sich allerdings weder in einer der bisherigen Kategorien fassen lassen noch sonst unter einem anderen Oberbegriff zusammengefasst werden können. Es handelt sich damit um einen Auffangtatbestand, der auch den Katalog der genehmigungsbedürftigen Rechtsgeschäfte abschließt.[60]

So bedarf der Betreuer für eine Verpflichtung zu einer **Verfügung über das Vermögen** der betreuten Person **im Ganzen** gemäß § 1854 Nr. 1 BGB der betreuungsgerichtlichen Genehmigung. Auch hier ist unter der Verfügung ein auf ein bestehendes Recht einwirkendes Rechtsgeschäft zu verstehen, mit dem jenes Recht übertragen, aufgehoben, belastet oder sein Rang bzw. Inhalt verändert wird. Unter dem Vermögen ist die Gesamtheit der der betreuten Person zustehenden Güter und Rechte von wirtschaftlichem Wert zu verstehen.[61] Schwieriger ist allerdings die Definition des Begriffs „Vermögen im Ganzen". So besteht insbesondere dahingehend Uneinigkeit, ob die Übertragung von Einzelgegenständen, die tatsächlich oder zumindest beinahe das gesamte Vermögen der betreuten Person darstellen, unter den Begriff des Vermögens im Ganzen fallen oder nicht. Der Schutzzweck des § 1854 Nr. 1 BGB, die betreute Person vor einem Vermögensverlust zu schützen, dürfte für ein Genehmigungserfordernis in solch einem Fall sprechen. Daher wird hier sicherheitshalber dem Betreuer empfohlen, in jedem Fall bei solch einer Verpflichtung die Genehmigung des Betreuungsgerichts einzuholen, selbst dann, wenn das Betreuungsgericht den Genehmigungsantrag als nicht genehmigungserforderlich ablehnt.

Einen Schutz vor Überschuldung und Kosten einer Kreditaufnahme bietet § 1854 Nr. 2 BGB. Danach bedarf die Aufnahme von Geld auf Kredit einer Genehmigung, mit Ausnahme einer eingeräumten Überziehungsmöglichkeit für das auf dem Girokonto des Betreuten bei einem Kreditinstitut bereitgehaltene Verfügungsgeldes im Sinne von § 1833 Absatz 1 BGB. In diesem Bereich soll der betreuten Person die Möglichkeit verbleiben, von ihrem Dispokredit auf dem eigenen Girokonto Gebrauch zu machen.[62] Das Genehmigungserfordernis bezieht sich aber auf die Aufnahme von Geld auf Kredit, unabhängig davon, ob die Aufnahme unverzinslich oder verzinslich oder aufgrund welcher Art von Rechtsgeschäft sie erfolgt. Damit ist neben der Aufnahme eines Darlehens auch ein Kreditkauf oder Sachdarlehen von diesem Genehmigungserfordernis umfasst. Nicht von diesem Genehmigungserfordernis umfasst sind allerdings die Inanspruchnahme einer Prepaid-Kreditkarte auf Guthabenbasis, der Kauf auf Ratenzahlung oder die Stundung eines Kaufpreises.[63]

Einen ähnlichen Schutz bezweckt § 1854 Nr. 3 BGB, wonach zur Ausstellung einer **Schuldverschreibung auf den Inhaber** oder zur Eingehung einer Verbindlichkeit aus einem **Wechsel** oder einem anderen Papier, das durch Indossament übertragen werden kann, ebenfalls eine betreuungsgerichtliche Genehmigung erforderlich ist. Die Schuldverschrei

60 BT-Drucks. 19/24445, S. 288 f.

61 *C. Bienwald*, in: Bienwald, Betreuungsrecht, § 1853 BGB Rn. 5.

62 BT-Drucks. 19/24445, S. 289.

63 Näher hierzu *C. Bienwald*, in: Bienwald, Betreuungsrecht, § 1853 BGB Rn. 14 ff.

bung auf den Inhaber ist in § 793 Absatz 1 BGB geregelt (sogenannte Inhaberschuldverschreibung). Demnach kann der Inhaber solch einer Schuldverschreibung von dem Aussteller der Urkunde die versprochene Leistung verlangen. Die Urkunden sind für den Umlauf bestimmt und somit leicht übertragbar, soweit der Verfügende zur Verfügung berechtigt ist. Das hat zur Folge, dass sich aus der Verfügung Zahlungspflichten für die betreute Person ergeben können. Das Recht aus dem Papier folgt dem Recht am Papier.

Auch die Eingehung einer Verbindlichkeit aus einem Wechsel bedarf der betreuungsgerichtlichen Genehmigung. Das Wechselgesetz unterscheidet zwischen dem gezogenen Wechsel (Art. 1 ff. WG) und dem eigenen Wechsel (Art. 75 ff. WG). Beim gezogenen Wechsel übergibt der Wechselaussteller (Gläubiger) die Urkunde an den Wechselnehmer (auch Remittent genannt), in welcher er den Bezogenen (den Schuldner, auch Akzeptant genannt) anweist, die angegebene Summe gegen Vorlage jener Urkunde zu zahlen. Bei einem eigenen Wechsel verspricht der Aussteller selbst die Zahlung der Summe an den Wechselnehmer. Der gezogene Wechsel wird nach Art. 11 WG durch das sogenannte Indossament übertragen. Unter einem Indossament versteht man einen schriftlichen Übertragungsvermerk auf dem Wechsel oder einem anderen Orderpapier, durch den die Rechte aus dem Wechsel oder einem anderen Orderpapier übertragen werden.[64] Andere Orderpapiere, die durch ein Indossament übertragen werden können, sind in § 363 HGB geregelt. Das Gleiche gilt auch für die Übertragung eines sogenannten Orderschecks nach Art. 14 Absatz 1 ScheckG.[65]

Nach § 1854 Nr. 4 BGB ist auch ein Rechtsgeschäft genehmigungsbedürftig, welches auf die **Übernahme einer fremden Verbindlichkeit** gerichtet ist. Ausgenommen ist nunmehr nach dem Willen des Gesetzgebers die Haftung der betreuten Person für eine Verbindlichkeit, die sich lediglich **als Nebenfolge** eines anderen Rechtsgeschäfts ergibt. Sinn und Zweck der Vorschrift ist der Schutz der betreuten Person vor einer nicht zutreffenden Erwartung, dass die betreute Person nicht in Anspruch genommen wird oder beim Schuldner Regress nehmen kann. Daher ist vom § 1854 Nr. 4 BGB nur die Übernahme von Schulden erfasst, für die der Betreute nur **subsidiär** haftet und Regress nehmen kann. So ist beispielsweise von dieser Vorschrift der Schuldbeitritt bzw. die Schuldmitübernahme erfasst, da die betreute Person durch den Schuldbeitritt bzw. die Schuldmitübernahme einen Ersatzanspruch gegen den ursprünglichen Schuldner erwirbt. Nicht erfasst ist hingegen die Schuldübernahme, bei der die Schuld als eigene übernommen wird.[66]

Ein ähnliches Risiko birgt für die betreute Person auch die **Bürgschaft**. Daher bedarf auch die Eingehung einer Bürgschaft gemäß **§ 1854 Nr. 5 BGB** der Genehmigung. Durch die Bürgschaft verpflichtet sich der Bürge gegenüber dem Gläubiger eines Dritten, für die Erfüllung der Verbindlichkeit des Dritten einzustehen (§ 765 Absatz 1 BGB). Wenn also ein Dritter eine Verbindlichkeit gegenüber seinem Gläubiger ganz oder teilweise nicht erfüllen kann, so muss der Bürge für diesen Ausfall einstehen. In der Praxis dient die Bürgschaft meistens der Absicherung eines Kredits.

---

64 *Welter*, in: Ellenberger/Bunte, BankR-HdB, § 41 Rn. 111.
65 *C. Bienwald*, in: Bienwald, Betreuungsrecht, § 1853 BGB Rn. 23.
66 BT-Drucks. 19/24445, S. 289.

Fallbeispiel

> Der Sohn S der betreuten Person B macht sich selbstständig und beantragt hierfür einen höheren Kredit. S hat kein nennenswertes Vermögen. Die Bank ist nur bereit, den Kredit zu gewähren, wenn sich eine solvente Person für S verbürgt.

Ein weiterer Schutz der betreuten Person wird durch das Genehmigungserfordernis zu einem **Vergleich** oder einer auf ein **Schiedsverfahren** gerichteten Vereinbarung nach **§ 1854 Nr. 6 BGB** gewährleistet. Ein Vergleich ist nach der sogenannten Legaldefinition des § 779 Absatz 1 BGB ein Vertrag, durch den der Streit oder die Ungewissheit der Parteien über ein Rechtsverhältnis im Wege des gegenseitigen Nachgebens beseitigt wird. Das schiedsgerichtliche Verfahren ist in den §§ 1025 ff. ZPO bzw. den jeweiligen Schiedsgesetzen der Bundesländer geregelt. Das Genehmigungserfordernis nach § 1854 Nr. 6 BGB beinhaltet allerdings zwei Ausnahmen, bei denen davon ausgegangen wird, dass es keines zusätzlichen Schutzes durch einen Genehmigungsvorbehalt des Gerichts bedarf. Zum einen bedarf es solch eines zusätzlichen Schutzes nicht, wenn der Wert des Streites 6.000 € nicht übersteigt. Zum anderen bedarf es des Schutzes bei einem Vergleich auch dann nicht, wenn dieser Vergleich einem schriftlichen oder protokollierten gerichtlichen Vergleichsvorschlag entspricht.

Des Weiteren bedarf auch eine **Aufhebung oder Minderung** einer zugunsten der betreuten Person bestehenden **Sicherheit nach § 1854 Nr. 7 BGB** der Genehmigung. Dementsprechend bedarf ein Rechtsgeschäft, durch welches für eine Forderung der betreuten Person eine bereits bestehende Sicherheit aufgehoben oder gemindert werden soll, der gerichtlichen Genehmigung. Dasselbe gilt, wenn lediglich die Verpflichtung zur Aufhebung oder Minderung einer bestehenden Sicherheit eingegangen werden soll. Die Aufhebung einer Sicherheit könnte beispielsweise in der Aufhebung eines Pfandrechts oder der Entlassung des Bürgen aus der Haftung bestehen. Die Minderung der Sicherheit könnte in dem Austausch einer Sicherheit gegen eine geringere Sicherheit oder in einer Herabsetzung des Sicherheitsbetrages einer Bürgschaft liegen.[67]

Schließlich bedarf auch eine **Schenkung** oder **unentgeltliche Zuwendung** gemäß **§ 1854 Nr. 8 BGB** der betreuungsgerichtlichen Genehmigung, es sei denn, dass diese Schenkung nach den Lebensverhältnissen der betreuten Person angemessen oder als Gelegenheitsgeschenk üblich ist. Damit wurde durch die Reform des Betreuungsrechts ein allgemeines Schenkungsverbot durch ein Genehmigungserfordernis ersetzt.[68] Ein solches allgemeines Schenkungsverbot ist mit dem Selbstbestimmungsrecht der betreuten Person nicht zu vereinbaren. Demnach muss sich künftig die Entscheidung über eine mögliche Schenkung ebenfalls nach dem Wunsch oder mutmaßlichen Willen der betreuten Person im Sinne von § 1821 Absatz 2 BGB bis zur Grenze der Zumutbarkeit oder einer krankheitsbedingt nicht erkannten erheblichen Gefahr für das Vermögen der betreuten Person (§ 1821 Absatz 3 BGB) richten.

---

67 Näher hierzu *C. Bienwald*, in: Bienwald, Betreuungsrecht, § 1853 BGB Rn. 56 f.

68 BT-Drucks. 19/24445, S. 290.

Einer Genehmigung für die Schenkung bedarf der Betreuer dann nicht, wenn die Schenkung nach den Lebensverhältnissen der betreuten Person angemessen ist. Wenn sich unter Berücksichtigung des Anlasses der Schenkung diese innerhalb dessen bewegt, was sich auch die betreute Person in der Vergangenheit geleistet hat und nach den derzeitigen Vermögensverhältnissen auch nach wie vor leisten kann, ist von einer angemessenen Schenkung auszugehen. Hier spielt insbesondere eine Rolle, welches Schenkungsverhalten die betreute Person gegebenenfalls vor einer Betreuung an den Tag gelegt hat, aber auch die gegenwärtigen Vermögensverhältnisse der betreuten Person sind zu berücksichtigen.[69] Ebenso bedarf es der Genehmigung nicht, wenn die Schenkung als Gelegenheitsgeschenk für die betreute Person als üblich zu betrachten ist. Auch hierbei spielen die bisherigen Lebensverhältnisse und Verhaltensweisen der betreuten Person in der Vergangenheit, aber auch der Anlass der Schenkung und die Person des Beschenkten eine Rolle. Damit ist bei der Beurteilung, ob es sich um ein übliches Gelegenheitsgeschenk handelt, zu berücksichtigen, wie nahe der Beschenkte der betreuten Person steht und was den Anlass der Schenkung ist (Geburtstag, Weihnachten, Kommunion bzw. Konfirmation oder eine Hochzeit).

Praxistipp

▶ *Auch hier gilt für die Betreuer die Empfehlung, in Zweifelsfällen, insbesondere bei hochwertigen Geschenken, Rücksprache mit dem Betreuungsgericht zu halten.*

69 *C. Bienwald*, in: Bienwald, Betreuungsrecht, § 1853 BGB Rn. 65 f.

E Widerruf der Vorsorgevollmacht

Der Bestellung eines rechtlichen Betreuers bedarf es nicht, wenn die Angelegenheiten der betroffenen Person aufgrund einer Vorsorgevollmacht durch einen Bevollmächtigten gleichermaßen besorgt werden können (§ 1814 Abs. 3 Nr. 1 BGB, siehe dazu Teil A unter 2.1). Daher ist auch derjenige, der solch eine Vorsorgevollmacht besitzt, verpflichtet, das Betreuungsgericht hiervon unverzüglich zu unterrichten, wenn er von der Einleitung eines Betreuungsverfahrens Kenntnis erlangt (§ 1820 Abs. 1 BGB). Bestimmte besonders sensible Bereiche – die auch im Bereich der Personensorge dem Genehmigungsvorbehalt unterfallen – sind in einer schriftlichen Vorsorgevollmacht ausdrücklich zu übertragen (§ 1820 Abs. 2 BGB).

Die Vorsorgevollmacht ist eine Möglichkeit der Vorsorge für den Fall, dass man seine Angelegenheiten nicht selbst besorgen kann, die am wenigsten das Selbstbestimmungsrecht beeinträchtigen. Hier kann die vertretene Person selbst bestimmen, wem sie die Befugnis der Erledigung der Angelegenheiten durch eine Vollmacht überträgt und in welchem Umfang sie das tut. Sie kann sogar die im Außenverhältnis recht umfangreich erteilte Vollmacht im Innenverhältnis durch bestimmte Anweisungen an den Bevollmächtigten noch detaillierter regeln (siehe dazu Teil A unter 3.1). So kann die bevollmächtigende Person beispielsweise eine umfassende Vollmacht im Bereich der Vermögenssorge, Wohnungsangelegenheiten und Aufenthaltsbestimmungsrecht erteilen, im Innenverhältnis die bevollmächtigte Person aber anweisen, bestimmte Maßnahmen zu ergreifen, um eine häusliche Versorgung sicherzustellen.

Da die Vorsorgevollmacht durch die vertretene Person selbst erteilt worden ist, ist davon auszugehen, dass die vertretene Person jemanden bevollmächtigt, weil sie ihr vertraut und sich sicher ist, dass diese Person die Vollmacht entsprechend den Vorgaben der vertretenen Person ausüben wird. Damit entzieht sich die Ausübung der Vorsorgevollmacht – anders als die Betreuertätigkeit – generell der Aufsicht des Betreuungsgerichts. Nur in ganz wenigen Bereichen der Personensorge sieht das Gesetz auch für die Bevollmächtigten einen Genehmigungsvorbehalt vor (siehe hierzu die Übersicht in Teil B unter 2.3). Andererseits sind gerade diese, aufgrund einer Vorsorgevollmacht vertretenen Personen am wenigsten vor Missbrauch geschützt. Das Betreuungsrecht versucht in § 1820 BGB, diesem Konflikt zwischen der Wahrung des Selbstbestimmungsrechts, welches in der Vorsorgevollmacht zum Ausdruck gekommen ist, und dem Schutz der vertretenen Person vor dem Missbrauch jener Vollmacht gerecht zu werden.

1 Kontrollbetreuung

Einen ersten niederschwelligen Schritt zum Schutz der vertretenen Person stellt die Kontrollbetreuung dar. Das Betreuungsgericht bestellt nach § 1820 Abs. 3 BGB einen Kontrollbetreuer, wenn zum einen die vertretene Person aufgrund einer Krankheit oder Behinderung nicht mehr in der Lage ist, ihre Rechte gegenüber dem Bevollmächtigten auszuüben, und zum anderen aufgrund konkreter Anhaltspunkte davon auszugehen ist, dass der Bevollmächtigte die Angelegenheiten der vertretenen Person nicht entsprechend der Vereinbarung oder dem erklärten oder mutmaßlichen Willen der vertretenen Person besorgt. Es muss also einerseits die vertretene Person aufgrund ihrer Krankheit oder Behinderung selbst außerstande sein, die Kontrolle auszuüben. Andererseits bedarf es eines konkreten Überwachungsbedarfs, der die Bestellung eines Kontrollbetreuers erforderlich macht.

Dabei muss nicht stets die Unredlichkeit des Bevollmächtigten der Grund für die Bestellung eines Kontrollbetreuers sein. Es ist durchaus denkbar, dass der Bevollmächtigte sich mit der Ausübung der Vollmacht schlicht und ergreifend überfordert sieht. Insbesondere wenn schwierige Entscheidungen und schwierige Aufgaben zur Erledigung anstehen, kann es zur Überforderung der bevollmächtigten Person kommen. Anders als bei der Betreuerbestellung wird nämlich vor der Erteilung der Vollmacht nicht geschaut, welche Aufgaben zu erfüllen sind und ob die in Betracht kommende Person hierfür sachlich und persönlich geeignet erscheint. In der Praxis macht allerdings diese Konstellation keine großen Schwierigkeiten. Oft nehmen die Bevollmächtigten bereitwillig die Unterstützung durch Kontrollbetreuer an und lassen sich gern durch diese bei der Ausübung der Vollmacht unterstützen. Sind die schwierigen Angelegenheiten erledigt, kann die Kontrollbetreuung wieder aufgehoben werden. Schwieriger sind allerdings die Fälle, bei denen es konkrete Anhaltspunkte dafür gibt, dass die bevollmächtigte Person die Vollmacht unredlich ausübt.

Fallbeispiel

Vor Jahren hat die bereits an Demenz erkrankte D ihrer Tochter T eine umfassende Vorsorgevollmacht erteilt. Nachdem mehrere Monate keine Kosten für die stationäre Unterbringung der D in der Pflegeeinrichtung bezahlt wurden und T auf die Anfrage der Einrichtung gar nicht reagiert, teilt die Pflegeeinrichtung diesen Sachverhalt dem Betreuungsgericht mit.

Lösung:

Zunächst einmal ist noch nicht klar, weshalb die Kosten der Pflegeeinrichtung nicht beglichen wurden. Es ist nicht klar, ob D vermögend ist. Allerdings gibt es konkrete Anhaltspunkte dafür, dass T nicht alles Erforderliche getan hat, um die pflegerische Versorgung von D sicherzustellen. Mangels anderer Anhaltspunkte kann man allerdings davon ausgehen, dass es zumindest dem mutmaßlichen Willen der D entspricht, in der Pflegeeinrichtung weiterhin adäquat versorgt zu werden. Dies ist allerdings nur möglich, wenn die Kosten regelmäßig bezahlt werden.

Im vorliegenden Fall spricht vieles dafür, dass hier ein Kontrollbetreuer bestellt werden sollte. Das Gericht wird hier ein Betreuungsverfahren einleiten, in welchem es alle Beteiligten – also auch die bevollmächtigte Person – anhört, dann ein Sachverständigengutachten einholt und schließlich nach persönlicher Anhörung der betroffenen Person – gegebenenfalls mit einem Verfahrenspfleger – einen Betreuer mit dem Aufgabenbereich *„Geltendmachung von Rechten des Betreuten gegenüber seinem Bevollmächtigten"* und unter Umständen zusätzlich mit dem Aufgabenbereich *„Geltendmachung von Auskunfts- und Rechenschaftsansprüchen des Betreuten gegenüber Dritten"* bestellt.

2 „Suspendierung" der Vorsorgevollmacht

Durch die Betreuerbestellung wird allerdings die Bevollmächtigung nicht unwirksam. Auch sind die Befugnisse des Kontrollbetreuers entsprechend seinem Aufgabenbereich eingeschränkt. Zwar kann trotz der bestehenden Vollmacht auch für andere Bereiche ein Betreuer bestellt werden, nämlich dann, wenn das Gericht zu dem Schluss kommt, dass die Angelegenheiten der betreuten Person eben nicht gleichermaßen wie durch einen Betreuer besorgt werden können. Aber auch dann bleibt die Vollmacht mit all ihren Befugnissen bestehen.

Fallbeispiel (Fortsetzung 1)

Der Kontrollbetreuer holt in der Folgezeit Auskünfte von Banken, Rentenversicherung und anderen Versicherungen ein. Es stellt sich heraus, dass D über ein erhebliches Einkommen durch eine entsprechende Rente verfügt und auch darüber hinaus recht wohlhabend ist. Die Bankauszüge der letzten Monate zeigen, dass das gesamte Einkommen der D offensichtlich nicht für die Versorgung von D verwendet wird. So werden beispielsweise von dem Konto monatliche Raten für mehrere hochwertige Fahrzeuge abgeführt. Es werden von dem Girokonto mehrere Beträge für getätigte Einkäufen in Supermärkten, Möbelhäusern und Bekleidungsgeschäften abgebucht. Nach Auskunft der Einrichtung wird D in der Einrichtung vollversorgt, verlässt die Einrichtung nur zwecks Arztbesuchen und führt auch sonst, was Kleidung und persönliche Ausgaben angeht, ein sehr bescheidenes Leben.

Lösung:

Durch die Kontrollbetreuung konnte sich zumindest der Verdacht erhärten, dass T nicht aus Überforderung die Kosten nicht übernimmt, sondern die Einkünfte der D zweckentfremdet einsetzt. Selbst wenn man die Betreuung um den Aufgabenbereich der Vermögenssorge erweitern würde, ist damit nicht sichergestellt, dass T weiterhin Gelder veruntreut. Dies kann nur durch eine Anordnung des Gerichts, die Vollmacht nicht auszuüben, verhindert werden.

Das Betreuungsgericht kann daher gemäß § 1820 Abs. 4 BGB **anordnen**, dass die bevollmächtigte Person die ihr erteilte **Vollmacht nicht ausüben darf** und die Vollmachtsurkunde an den Betreuer **herauszugeben hat**, wenn entweder die dringende Gefahr besteht, dass die bevollmächtigte Person nicht den Wünschen des Vollmachtgebers entsprechend handelt und dadurch die Person des Vollmachtgebers oder dessen Vermögen erheblich gefährdet ist oder wenn die bevollmächtigte Person den Betreuer bei der Wahrnehmung seiner Aufgaben behindert.

Diese durch die Reform des Betreuungsrechts eingeführte Möglichkeit der Untersagung der Ausübung der Vorsorgevollmacht durch das Betreuungsgericht ermöglicht einerseits, das Vermögen der betreuten Person vor weiterem Missbrauch zu schützen, andererseits müssen hierfür keine vollendeten Tatsachen geschaffen werden. In der Vergangenheit war man nämlich oft geneigt, die bestehende Vorsorgevollmacht möglichst schnell zu widerrufen, um so einem weiteren Missbrauch vorzubeugen. Ist aber die vertretene Person nicht mehr geschäftsfähig – wofür die Tatsache spricht, dass sie selbst ihre Rechte gegenüber der bevollmächtigten Person nicht wahrnehmen kann –, so ist sie außerstande, eine neue Vorsorgevollmacht zu erteilen. Eine einmal widerrufene Vorsorgevollmacht kann auch nicht „rückwiderrufen" werden. Sie ist dann für alle Zeiten beseitigt. Durch die Möglichkeit der „Suspendierung" der Vorsorgevollmacht sollen keine vollendeten Tatsachen geschaffen werden.

3 Widerruf der Vollmacht

Inwieweit die Untersagung der Ausübung der Vollmacht einen wirksamen Schutz für die vertretene Person bewirken kann, wird die künftige Praxis zeigen. Allerdings wird auch diese Möglichkeit den Widerruf der Vollmacht nicht gänzlich entbehrlich machen.

Fallbeispiel (Fortsetzung 2)

Obwohl das Betreuungsgericht die Ausübung der Vollmacht der T untersagt hat und die Herausgabe der Vorsorgevollmacht an den Kontrollbetreuer angeordnet hat, weigert sich T, dem Folge zu leisten. Sie gibt dem Gericht gegenüber an, die Vorsorgevollmacht verloren zu haben. Im Übrigen gibt sie an, sich keiner Schuld bewusst zu sein, die Fahrzeuge würden doch finanziert, um die D zum Arzt fahren zu können, und ihre Mutter habe ihr die Vollmacht erteilt, damit es ihr auch gut gehen könne. Der Kontrollbetreuer erfährt allerdings, dass T mit jener Vorsorgevollmacht weiterhin tätig ist. So hat sie den Dauerauftrag bezüglich der Überweisung der Kosten der Einrichtung widerrufen und erneut größere Geldbeträge von der Bank abgehoben, um sie – wie sie gegenüber dem Kontrollbetreuer äußert – vor dem Zugriff der gierigen Einrichtung zu sichern.

Lösung:

Hier ist die Suspendierung der Vorsorgevollmacht zum einen nicht ausreichend, um das Vermögen der vertretenen Person zu schützen, und zum anderen haben sich die Verdachtsmomente einer Untreue durch T noch weiter erhärtet. Es ist auch kaum vorstellbar, dass angesichts des krassen Missbrauchs der Vollmacht T jemals als geeignet zur Ausübung der Vollmacht – zumindest im Bereich der Vermögenssorge – gesehen werden kann. Das hätte dann nämlich zur Folge, dass ihr die Vollmacht nach § 1820 Abs. 4 Satz 2 BGB herauszugeben wäre und die Untersagung der Ausübung der Vollmacht aufzuheben wäre. Hier könnte der Widerruf der Vollmacht ein geeignetes Mittel sein, um weiteren Missbrauch zu verhindern.

Zunächst einmal kann der Betreuer die Vollmacht nur im Rahmen des ihm zugewiesenen Aufgabenkreises widerrufen. Zwar ist es – anders als vor der Reform des Betreuungsrechts – nach der Rechtsprechung des BGH[1] nicht mehr erforderlich, dass ihm ein eigenständiger Aufgabenbereich mit ausdrücklicher Zuweisung der Befugnis zum Widerruf der

1 BGH, BtPrax 2015, 241.

Vollmacht übertragen worden ist, allerdings kann der Betreuer eine Vollmacht nicht in Bereichen widerrufen, in denen ihm keine Vertretungsmacht übertragen worden ist. So kann ein Kontrollbetreuer, der den Aufgabenbereich der Geltendmachung von Rechten der vertretenen Person gegenüber ihrem Bevollmächtigten übertragen bekommen hat, die gesamte Vorsorgevollmacht problemlos widerrufen. Ein Betreuer, dem allerdings nur der Aufgabenbereich der Vermögenssorge übertragen worden ist, kann nur in diesem Bereich die Vorsorgevollmacht widerrufen. Zum Widerruf der Vorsorgevollmacht im Bereich der Personensorge ist er jedoch nicht befugt.

Nach wie vor ist allerdings der Widerruf nur als *Ultima Ratio* gerechtfertigt, wenn das Festhalten an der Vollmacht eine künftige Verletzung der Person oder des Vermögens der vertretenen Person **mit hinreichender Wahrscheinlichkeit** und von **erheblicher Schwere** befürchten lässt und mildere Mittel zur Abwehr eines Schadens für die vertretene Person nicht geeignet erscheinen (§ 1820 Abs. 5 Satz 1 BGB).[2]

Das strenge Genehmigungserfordernis gilt allerdings nur für eine Vollmacht, *„die den Bevollmächtigten zu Maßnahmen der Personensorge oder zu Maßnahmen in wesentlichen Bereichen der Vermögenssorge ermächtigt"* (§ 1820 Abs. 5 Satz 1 BGB). Dementsprechend sind andere Vollmachten wie etwa Post- oder Kontovollmachten nach dem Willen des Gesetzgebers ohne Genehmigung des Betreuungsgerichts widerruflich, vorausgesetzt der Betreuer hat den entsprechenden Aufgabenkreis beispielsweise der Vermögenssorge für die Kündigung einer Bankvollmacht.[3]

Möglich ist auch ein Teilwiderruf, wenn die erteilte Vorsorgevollmacht nur in Teilen erlöschen soll. Ebenso ist es möglich, eine Vollmacht, die an mehrere Personen erteilt wurde, nur für einzelne Personen zu widerrufen.[4]

Ähnlich wie beim Unterbringungsverfahren ist auch beim Widerrufsverfahren nicht eindeutig gesetzlich geregelt, ob es für die Genehmigung des Widerrufs der Vollmacht eines förmlichen Antrags bedarf. Jedenfalls muss allerdings der Betreuer dem Gericht gegenüber deutlich zum Ausdruck bringen, dass er jene Vollmacht zu widerrufen beabsichtigt. Für den Widerruf der Genehmigung ist formell der Richter zuständig. Vor der Erteilung der Genehmigung hat der Richter die betreute Person persönlich anzuhören (§ 299 Satz 1 FamFG).

Bei dem Widerruf der Vollmacht handelt es sich um ein (einseitiges) Rechtsgeschäft. Dementsprechend wird der Genehmigungsbeschluss erst mit Rechtskraft wirksam (§ 40 Abs. 2 FamFG). So kann die bevollmächtigte Person noch binnen zwei Wochen (§ 63 Abs. 2 Nr. 2 FamFG) Beschwerde gegen den Genehmigungsbeschluss einlegen. So kann die erstinstanzliche Entscheidung nochmals überprüft werden, ohne dass man Gefahr läuft, dass durch den Widerruf vollendete Tatsachen geschaffen werden.

2 BGH, BtPrax 2015, 241, und BT-Drucks. 19/24445, S. 248.
3 BT-Drucks. 19/24445, S. 248.
4 BT-Drucks. 19/24445, S. 248.

4 Formulierungsvorschlag: Antrag auf Genehmigung des Widerrufs der Vorsorgevollmacht

Absender: ______________________________
Vorname, Name

____
Straße, Hausnummer PLZ, Ort

____
Telefon tagsüber mobil

Amtsgericht Musterhausen
– Abteilung Betreuungsgericht –
Straße/Hausnummer
PLZ Musterhausen

Antrag auf Genehmigung des Widerrufs der Vorsorgevollmacht

Für

Name, Vorname:	
geboren am:	
Anschrift:	
derzeitiger Aufenthalt:	

Sehr geehrte Damen und Herren,

in dem oben genannten Verfahren bin ich zum

☐ Kontrollbetreuer bestellt.

☐ Betreuer mit dem Aufgabenbereich der Vermögenssorge bestellt.

☐ Betreuer mit dem Aufgabenbereich ____________ bestellt.

Ich beantrage die Genehmigung des ☐ Teilwiderrufs ☐ Widerrufs der Vorsorgevollmacht vom ____________, erteilt an ____________.

☐ Gleichzeitig rege ich die Bestellung eines rechtlichen Betreuers für die Aufgabenbereiche ____________ an.

☐ Gleichzeitig zeige ich an, dass nach dem Widerruf der Vollmacht zugunsten der bevollmächtigten Person ____________ die vertretene Person weiterhin durch den/die Bevollmächtigte ____________ vertreten wird. Die Kontrollbetreuung ist dann nicht mehr erforderlich und kann aufgehoben werden.

Begründung:

Der Widerruf der Vollmacht ist erforderlich, um künftige Verletzung der vertretenen Person bzw. ihres Vermögens zu verhindern. Eine solche Verletzung von erheblicher Schwere ist mit hinreichender Wahrscheinlichkeit aus folgenden Gründen zu befürchten: ______________________________.

☐ Die Angelegenheit wurde mit der vertretenen Person besprochen. Sie hat sich wie folgt dazu geäußert: ______________________________.[5]

☐ Die Angelegenheit konnte mit der vertretenen Person nicht besprochen werden, weil ______________________________.[6]

Mit freundlichem Gruß

Ort, Datum Unterschrift

5 Hier muss insbesondere darauf eingegangen werden, ob der Widerruf dem Wunsch der vertretenen Person entspricht oder aus welchen Gründen man im konträren Falle von einer fehlenden freien Willensbildung ausgeht.

6 Hier muss näher dargelegt werden, weshalb die Angelegenheit mit der vertretenen Person nicht besprochen werden kann, beispielsweise weil sie im Koma liegt oder aus anderen Gründen nicht ansprechbar ist.

Stichwortverzeichnis

E

F

G

H

Z